张娟娟 著

看见思维的建构与韵律
微观课堂话语分析研究

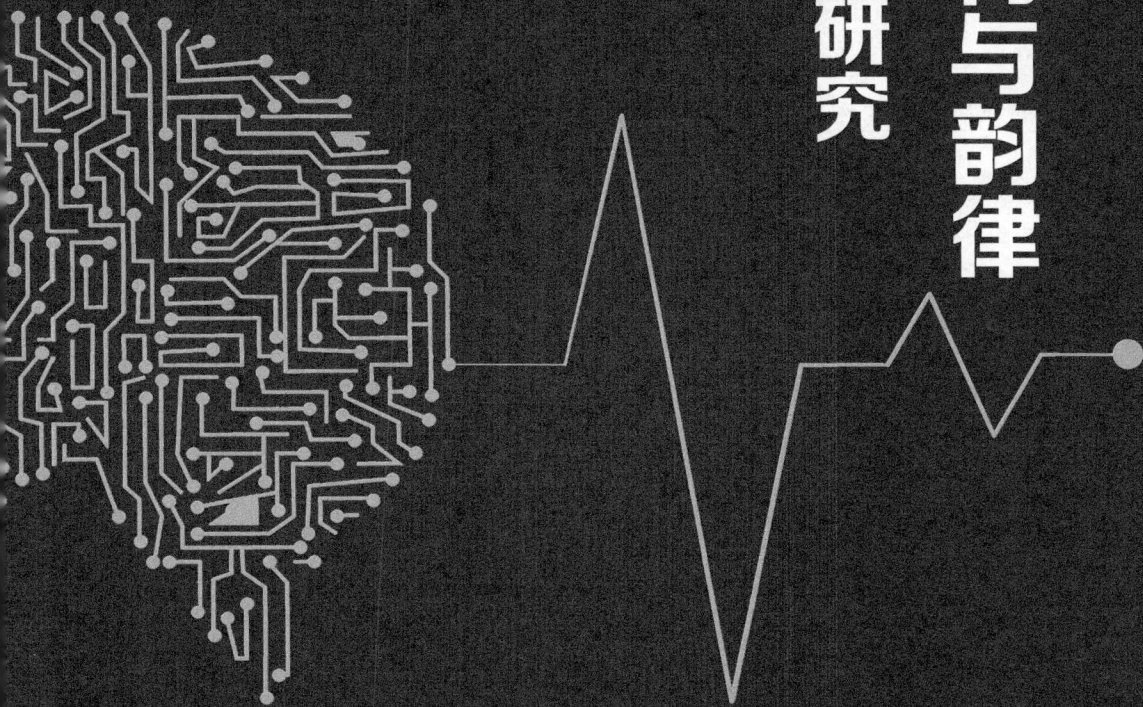

九州出版社 JIUZHOUPRESS | 全国百佳图书出版单位

图书在版编目（CIP）数据

看见思维的建构与韵律：微观课堂话语分析研究 /
张娟娟著. —— 北京：九州出版社，2024. 7. —— ISBN
978-7-5225-3135-9

Ⅰ. G424.21

中国国家版本馆CIP数据核字第20240DT726号

看见思维的建构与韵律：微观课堂话语分析研究

作　　者	张娟娟　著
责任编辑	肖润楷
出版发行	九州出版社
地　　址	北京市西城区阜外大街甲 35 号（100037）
发行电话	（010）68992190/3/5/6
网　　址	www.jiuzhoupress.com
印　　刷	北京九州迅驰传媒文化有限公司
开　　本	720 毫米 ×1020 毫米　16 开
印　　张	17
字　　数	240 千字
版　　次	2024 年 9 月第 1 版
印　　次	2024 年 9 月第 1 次印刷
书　　号	ISBN 978-7-5225-3135-9
定　　价	58.00 元

　　本书为新疆幼儿园国家通用语言文字教育质量研究，伊犁师范大学提升学科综合实力项目（项目编号：22XKSY02）成果。

序　言

在这个知识爆炸、学科交叉融合的时代，每一部学术专著的诞生，都是对未知世界的一次勇敢探索，当我翻开这本由我的博士生张娟娟精心撰写的专著时，倍感欣慰，同时也被其中所蕴含的细致入微的语言学分析深深吸引。

作为我指导的青年学生，张娟娟自踏入学术殿堂以来，便以严谨的治学态度、敏锐的学术洞察力和不懈探索的精神，在课堂话语这个领域深耕细作，不断深入。这部专著，正是他多年研究成果的结晶，凝聚了他对微观课堂话语分析领域的深刻理解与独到贡献。

本书围绕优质小学语文课堂上的师生对话过程，采用"归纳分析"路径建构了话轮、组织（结构）、场景三个层次的分析框架，以"会话分析"（Conversation Analysis）作为理论视角，借助比勒菲尔德转写系统，在精确到 0.1 秒的尺度上，事无巨细地呈现师生之间的对话，细致入微地呈现了师生对答中"思维的构建与韵律"，以及我国集体教学课堂上师生"以言行事"所完成的行为，行为实现的方式；微观的话语结构、权利关系；场景中的时间空间特征，以及师生中的信息流向和关系。这些分析丰富了课堂话语领域的研究成果，也为课堂教学实践提供了有益的指导，展现了作者深厚的学术功底和宽广的学术视野。

尤为值得一提的是，本书在研究方法上继承了常人方法学（Ethnomethodology）的理念，沿用了加芬克尔（Harold Garfinkel）、萨克斯、谢格洛夫 (Emanuel Schegloff) 的研究传统，把日常课堂中的师生对话视为宏观的教育结构的"倒影"和"片段"，以"滴水折射世界"的手法去呈现教育的结构和肌理。在分析师生的身势语时融入了欧文·潘诺夫斯基的图像学方法，以获得对日常生活实践的"前反身性"理解，使得沉淀于课堂惯习中的"缄默知识"得以显现，这些细致的分析，让读者能够"见微知著"地理解我国的课堂场域惯习和教育文化。

我们的课堂教学改革不但需要理论层面的探索，更需要扎根于日常的课堂互动场景，教育学研究者们只有尊重课堂日常生活世界中的"日用行常"，积累对课堂复杂互动的理解，才能推动课堂的深化改革。我相信，这部专著的出版，不仅是作者个人学术生涯的一座重要里程碑，更是对课堂话语领域的一份重要贡献，将激发更多学者投身这一领域进行研究和探索。

在此，我要特别感谢我的博士生，感谢她在学术道路上所付出的辛勤努力和取得的优异成绩。同时，我也要感谢所有在本书撰写过程中给予支持的同学、同事和家人，没有你们的支持和鼓励，这部专著的顺利完成将难以想象。

最后，我衷心希望这部专著能够得到学术界的关注和认可，为课堂话语领域的发展与进步贡献一份力量。同时，我也期待我的博士生能够继续保持这种学术热情和探索精神，在未来的学术道路上取得更加辉煌的成就。

是为序

陈旭远
2024 年 7 月

目　录

绪　论

一、研究缘起

语言是人类文明的基石，是一种极富创造力的表征系统，是人类最重要的交际、思维、记录工具。哲学上的"语言转向"对整个社会学科都产生了广泛的影响，在更加具体的层面，教学也得以被理解为一个"语言过程"，话语分析成了教学研究的重要视角。

（一）他山之石：用语言学理论审视课堂教学过程的可能性

"'语言学转向'最早由维也纳学派的古斯塔夫·伯格曼在《逻辑与实在》一书中提出，但这个提法的广泛流传则得益于理查德·罗蒂所编的《语言学转向—哲学方法论文集》。"[①]"语言学转向"是 20 世纪西方哲学的一个重要趋势，语言不再仅仅是传统哲学研究中涉及的工具，而是成了哲学反思自身传统的一个起点和基础。这一转向对社会科学产生了广泛的影响，教育学也不例外。教育的语言学转向有双重意蕴：语言是教育的工具，语言是教育的家。不同的语言与教育相遇，展现的是不同的教育研究和教育生活图景。[②]在更加具体的层面，课程与教学也受到了语言转向的影响。古往今来，教学都离不开语言，教学理解就是对语言的理解，教学过程被认为是"情感语言、工具语言、智慧语言的游戏"。[③]随着语言学转向对教学的影响逐渐深入，课堂话语研究日益受到关注。1974 年，美国国家教育研究所（National Institute of Education，简称 NIE）的研讨会中，第十组的主题"文化情境中的教学：作为一个语言过程"（Teaching as a Linguistic Process in a Cultural Setting）引起了极大反响。"学习过程通过课堂话语互动展开"已经成为教育学界的一种共识，社会语言学界也认

---

① 张宪军，赵毅.简明中外文论辞典 [M].成都四川巴蜀书社，2015:336.

② 谢延龙，杨春芳.通向语言之途的教育——论教育的语言转向 [J].全球教育展望，2008(08):25.

③ 熊华军.教学过程：在语言理解中生成意义 [J].湖南师范大学教育科学学报，2009，8(04):65.

1

为，只有通过语言，人们才能理解特定情境中人类互动的含义。①因此，话语成了研究课堂最重要的切入角度。不同范式、不同内容、不同方法的课堂话语研究大量涌现。早期的语言学家和社会学家对课堂话语的研究主要是各自领域的"拓荒活动"，即把课堂话语作为一个特殊的"语言对象"进行研究，探究课堂场景中的语言规律和特征，并没有积极而充分地回应课堂教学的专业问题。但是对于教育学研究者来说，应该结合我国社会文化环境，解构课堂话语的运作机制和权力关系，进而寻求课堂话语的改进与重构。②

（二）见微知著：微观课堂互动研究对深化课堂改革的必要性

2014年，教育部印发《关于全面深化课程改革 落实立德树人根本任务的意见》，肯定了新时期课程改革在立德树人工作中发挥的重要作用，也提出了深化课程改革的任务。课堂改革是课程改革的核心领域之一，探讨已有课程改革的成效和探究深化课程改革的路径都离不开微观的课堂互动研究。正如国内课堂微观互动研究的倡导者肖思汉博士指出的那样，"与理论世界的纵横捭阖一样，扎根于日常情境的课堂互动研究也能切实地推动变革，这样的研究需要我们尊重课堂生活世界中的'日用行常'，积累对课堂互动的复杂理解，才能推动更宏大、更壮阔的教育变革"。③基于这样的认识，课堂话语研究从20世纪60年代起逐渐受到重视，在发展过程中形成了两种主要研究范式，基于科学主义和实证主义的"过程—产出"范式和深受人类学和解释学影响的"描述—解释"范式。④形成了三个主要研究类别：课堂话语的社会认知分析、社会文化分析和学校话语实践的特征分析。⑤直面真实课堂教学情境的微观话语研究能够揭示教学以及学生学习的机制，课堂话语的形式（话语本身的形态和模式）、课堂话语功能（话语在互动中的作用）、课堂规范（课堂上教师规定或者集体约定俗成的行为标准）、身份认同（教师和学生对自身角色的认知对课堂话语的影响）都从不同的方面影响学生的学习。⑥如果要改进或者提升课堂教学的质量，改善课堂话语形态可以成为一个重要的路径。

① 肖思汉，刘畅 . 课堂话语如何影响学习——基于美国课堂话语实证研究的述评 [J]. 教育发展研究，2016，36(24):45.

② 安桂清 . 话语分析视角的课堂研究：脉络与展望 [J]. 全球教育展望，2013，42(11):28.

③ 肖思汉 . 听说 探索课堂互动的研究谱系 [M]. 上海：华东师范大学出版社，2017.296.

④ 黄山 . 课堂话语研究：学术史的考察 [D]. 上海：华东师范大学，2018.2.

⑤ Susan Jean Mayer. *Analyzing Agency and Authority in the Discourse of Six High School English Classrooms* [D] .Cambridge: Harvard University, 2006: 9-12.

⑥ 肖思汉，刘畅 . 课堂话语如何影响学习——基于美国课堂话语实证研究的述评 [J]. 教育发展研究，2016，36(24):47.

（三）小处着手：个人对真实教学情境中"师生对话过程"的兴趣

研究者一直对"课题话语"这个领域比较感兴趣，在多次观摩小学的优质课和专家汇报课的过程中，逐渐开始想要探究"优质课上教师是如何与学生进行话语互动的"，这个问题属于微观课堂互动研究。在查阅相关文献的过程中研究者发现，当前的微观课堂话语分析的路径包括：课堂话语结构及功能分析，课堂话语微观情境分析，课堂互动中的语言、知识与文化分析，课堂互动的批判向度的分析以及基于学习科学的课堂话语分析。这些研究又受到情境分析（context analysis）、沟通民族志（ethnography of communication）、常人方法学（ethnomethodology）、会话分析（conversation analysis）、互动社会语言学（interactional sociolinguistics）、"大写 D"的话语分析（capital-D Discourse analysis）等理论的影响。[①] 经过比较课堂话语分析的不同领域及其理论基础，研究者选择了会话分析作为理论基础，这个脱胎于社会学的话语分析理论，关注真实情境中言语的微观的生成过程，例如某一话轮建构单位（turn-constructional unit，简称 TCU，其基本形态表现为分句、短语或词）完成了的什么样的行为（act），从语料发生的语境、相关举止所实施的惯例以及其他参与者的应答来探寻说话者看起来在做什么，即完成了何种行为。[②] 参与者如何取得了话轮，并通过话轮获得实施某一行为的机会，话轮是如何交接出去的，前后相关的话轮如何组织成了更大一级的话语单位相邻对（adjacency pair）的，有的研究者将其称为"对答"。[③] 比如以及时时对这些行为和结构产生重要影响的场景特征是怎样的。研究者希望从小处着手，分析这些优质课上师生对话的微观特征，窥见师生对话中的"思维的建构与韵律"。希望这些直观、细致的经验能够被其他教师所借鉴，从改善教师和学生的言说形态的角度促进课堂教学的深化改革。

二、研究问题

语言学转向之后，文化情境中的教学被看作一个语言过程，教学内容由话语内容呈现，教学特征通过话语特征传达，这为我们从话语角度分析教学提供了契机。本研究的核心问题是优质课堂上的教师是如何与学生进行话语互动的？从语言学的角度来看，这种话语互动具有哪些特征？

研究者以曾荣获"全国教育系统先进集体"的 D 小学为个案学校，筛选

---

① 肖思汉 . 听说：探索课堂互动的研究谱系 [M]. 上海：华东师范大学出版社 ,2017.8.

② ［美］伊曼纽尔·谢格洛夫 . 对话中的序列组织 [M]. 马文等译 . 北京：北京大学出版社 ,2013.8.

③ ［美］伊曼纽尔·谢格洛夫 . 对话中的序列组织 [M]. 马文等译 . 北京：北京大学出版社 ,2013.3.

该校的优秀教师汇报课作为分析对象，通过会话分析理论这个微观透镜分析这些课的话语特征。会话分析以微观互动分析见长，该理论专属的转写系统能在精确到 0.1 秒的尺度上，事无巨细地呈现师生之间的对话，这种细致入微地呈现能够帮助研究者看到师生对答中"思维的构建与韵律"。① 研究者借助会话分析理论的行为（act）、话轮（turn）、对答（adjacency pair，相邻对）、序列（sequence）场景等概念工具，层层向外解析优质学校课堂的话语特征。

在这些概念中，行为是话轮的建构单位，话轮是对答（相邻对）的建构单位，对答（相邻对）又是序列的建构单位，对答是至少包含了两个人说出的两个相关话轮的微观"对白单位"②，是会话分析的微观结构，前人已经提出了在课堂话语分析领域广泛使用的"I-R-F"对答结构，因此本研究以"对答"这个微观结构作为"核心概念"。基于会话分析理论的微观透镜，本研究的核心研究问题可以分解为以下三个具体的问题：

1. 会话分析视野下，课堂对答中师生以什么样的方式完成了哪些行为？

"I-R-F"对答结构和省略反馈 F 的 IR 结构是课堂上最主要的对答结构。"I-R-F"对答结构由引发（Initiate）—回答（Respond）—反馈（Feedback）三部分组成。研究者拟从 I、R、F 三个话轮完成的主要行为、话轮完成的主要方式来分析 D 小学师生对答的话轮特征。

2. 会话分析视野下，课堂对答中师生话轮的组织与转换具有哪些特征？

单个话轮按照一定的社会规则有序地组织在一起，就会形成不同的对答结构。话轮的获得和转换不仅体现着课堂"惯习"也呈现着课堂上的"权力关系"。研究者拟通过话轮的组织形式，分析 D 小学课堂上话轮组成的对答结构的类型，以及在话轮的获得与转换过程中呈现的师生之间的权力关系。

3. 会话分析视野下，课堂对答中师生所处的微观场景具有哪些特征？

会话分析理论主张在场景中研究对话，场景是理解对话含义的核心要素。场景由时空特征、参与者构成，具体到课堂教学语境中，主要包括时空范围（空间形式与时间特征）、参与者（师生）间的信息流向与关系特征。因此研究者拟从这两个维度探究 D 小学课堂对答的场景特征。

最终研究者希望通过深描 D 小学课堂对答内部话轮完成的行为与方式、话轮之间的组织和转换、课堂对答外的场景特征，从内向外地勾勒会话分析理论视野下 D 小学的课堂对答特征，并探究其影响因素，为其他学校的课堂教学改革提供可以借鉴的经验。

---

① 肖思汉 . 如何呈现一场课堂互动 [J]. 全球教育展望 ,2020(12): 15.

② 相对于"独白单位"而言，独白单位是一个人说出的一段话，没有发生说话人的角色转换，"对白单位"则至少包含两个对话者说出的前后相关的两个话轮。

三、研究意义

对优质示范学校的课堂对答特征进行研究，不仅可以丰富和发展课堂对话相关研究的理论，还能为我国其他小学的课堂教学改革提供启示，具有重要的理论意义和实践意义。

（一）研究的理论意义

研究的理论意义与研究的理论基础密不可分，本研究作为运用语言学理论探究教育实践的研究，同时丰富了教育学和语言学的相关理论。

1. 丰富教育学中课堂对答的相关研究

语言学分析对教育学的重要贡献之一是发现了课堂对话中的"I-R-F"对答结构，即由引发（Initiate）—回应（Respond）—反馈（Feedback）组成的三元结构。这是一个在师生言语互动中反复出现的、普遍性的序列模式，具有一定的规则性和可预测性，体现着课堂中内隐的、稳定的秩序，也体现着学校教育机构"规训"和"教化"的本质，是课堂对话区别于日常对话最重要的特征。"I-R-F"对答结构的发现说明，运用社会语言学的视角来分析课堂会话的语料，不但能揭示课堂对话的语言规律，还能对教育学本身做出重要的理论贡献。本研究借助会话分析理论和大量中国课堂上的真实语料，详细描述和解释了课堂对答中教师和学生话轮完成的行为，以及这些行为实现的方式，包括教师使用的礼貌策略和学生的语言风格等。归纳了优质小学课堂上出现的"回音"（I-R-Rv-E）结构和"架构—发展—评价"（F–D–E）结构以及师生话轮的获得与交接过程中呈现的权力关系。最后详细阐述了师生对答的场景特征，包括场景中的空间形式、时间特征、信息流向和师生关系，这些分析能够丰富教育学中课堂对答的相关研究。

2. 丰富语言学关于中国课堂机构对话的研究

课堂对话作为一种典型的机构对话，是会话分析的主要对象。国内外以会话分析为理论基础的机构对话研究正在逐渐发展，例如警民对话、医患对话、法庭对话、名人对话等。当机构对话研究拓展到课堂领域，则主要涉及英语和对外汉语课堂，具体内容包括师生对话中的修正现象、小组对话、反馈研究、沉默研究、教师身份、言语风格、对答结构等。但是缺少系统的依据会话分析理论的师生对话研究。本研究依据会话分析理论和优质小学的课堂语料，系统描述了课堂对答中师生话轮完成的行为、行为实现的方式，话轮的组织和转换特征以及场景特征等。并分析了这些特征是如何被社会思潮、教育政策、学校文化以及教师和学生自身所塑造，又如何反作用于文化与时代的，对于作为

"话语分析"流派的会话分析而言，这都是值得拓展的领域。也就是说，对于肇始于微观社会互动和话语分析的会话分析而言，中国优质小学课堂对答特征是一个值得"拓荒"的领域，本研究能够拓展会话分析理论机构对话研究版图的"中国部分"。

（二）研究的实践意义

1. 探索将"会话分析"作为一种分析课堂微观互动的途径

会话分析是一种可观察的、实证的社会科学研究方法，这种方法坚持使用录音或者视频记录实际发生的语料，并且开发了一套详细的口语语料转写系统，可以在精确到 0.1 秒的尺度上，事无巨细地转录对话，这种细致入微地呈现，能帮助我们看见师生对答中"思维的建构与韵律"。会话分析对医患对话、法庭对话等不同类型的机构会话的研究为课堂会话研究积累了大量的"概念工具"，例如行为、话轮、对答结构、序列、场景等。以"行为"作为基础的分析单位，能够帮助我们看到课堂师生话轮完成的具体行为，即这些对话在社会交往中的目的和功能，并能分析这些行为实现的方式。通过分析互动中话轮的获得与转换揭示师生之间的说话权力，发现我们习以为常的师生互动中的"惯习"以及这种"惯习"对师生对话过程的支配作用。场景概念能帮助我们从对话的角度重新审视课堂对话场景中的空间特征、时间形式、师生关系、信息流向等。这种倡导尊重课堂生活世界中的"日用行常"，扎根于课堂情境的微观研究有利于我们积累对课堂复杂互动的理解，并在此基础上推动课堂教学的深化改革。但是当前基于会话分析的课堂对话实证研究较少，本研究具有一定方法论上的探索意义。

2. 细致入微地呈现优质小学的课堂对答特征

在中国教育界，"人们对优质教育的渴求与优质学校的匮乏日益成为基础教育的主要矛盾"。[①] 课堂教学依赖师生言语互动实现，优质学校的教学特征一定会反映在话语特征中，因此从语言角度切入，探究优质学校的课堂教学特征，为其他学校的教学改革提供经验具有重要的实践意义。本研究借助会话分析理论关注师生言语发生过程的微观尺度特征，来解析优质学校的课堂对答特征，包括师生话轮完成的行为、行为完成的方式；话轮组成的对答结构类型、话轮交接过程中的权力关系；对答场景中的空间形式、时间特征、师生关系、信息流向等，为其他学校的课堂教学改革提供可以模仿的"对话理念"和"言谈方式"，对促进优质学校教学经验传播，深化基础教育改革具有重要意义。

---

① 项红专. 优质学校的阶段性发展与策略性推进 [J]. 中国教育学刊,2018(07):43.

四、核心概念

本研究所研究的领域是教育学与语言学的交叉领域，对教育学研究者来说陌生的概念比较多，且存在一些内涵和外延相近的概念混用的现象，因此为了更清楚地阐述研究观点，在说明核心概念之前先辨析几个相关概念。

（一）相关概念辨析

本研究是课堂话语研究的子领域，因此有必要界定清楚"话语"和课堂话语的概念，并且梳理混用的课堂话语、课堂对话、课堂会话之间的关系。

1. 话语

从词源来看，话语对应英文中的"discourse"，由拉丁动词"discurrere"（到处跑）变化而来。[①]《牛津现代高阶英汉双解词典》对"discourse"的解释是"continuous piece of spoken or written English"，意为口头或者书面的连贯的语段。[②]《辞海》中话语指"运用中的语言，其构造单位相当于句子或大于句子的言语作品"。[③]《汉语大字典》中"话语"指"人们用来表达思想感情的声音，包括用文字将对话记录下来形成的书面语"。[④] 这里，话语既包括说出来也包括写下来的语言。诺曼·费尔克拉夫认为"话语指的是对目标或者主题的谈论方式，包括口语、文字以及其他的表述方式"。[⑤]

随着语言学中"话语分析"相关理论的发展，学界对"话语"的认识也进一步拓展。心理与社会语言学家詹姆斯·保罗·吉区分了大写的"Discourse"和小写的"discourse"，他认为小写的"discourse"指运用中的语言（language-in-use），即一般认识中的"话语"，大写的"Discourse"包括使用中的语言和与语言融为一体的非语言材料，二者融为一体来开展特定活动并确定言说者的身份。[⑥] 吉认为，口头或者书面语只有在沟通"谁"和"什么"时才有意义。"谁"是一种社会情境身份（social situated identity）是话语现场人们谋求促成并成为的"那种人"。"什么"是话语协助构成的社会情景活动（social situated activity）。在提出大写的"Discourse"概念的基础上，吉提出了"大写 D 的话语分析（Capital–D Discourse analysis）"。他在《话语分析导论：理论与方法》一书中指出这种分析方法的特点是"对使用语言'现场'开展活动和确立身份

① 张灵芝.话语分析与中国高等教育变迁 [M].北京:清华大学出版社,2015.18.
② [英]霍恩比.牛津高阶英汉双解词典 [M].李北达编译.北京:商务印书馆,2002.1002.
③ 辞海编辑委员会.辞海 1999 年版彩图珍藏本 [M].上海:上海辞书出版社,1999.1064.
④ 汉语大字典编辑委员会.汉语大字典 [M].武汉:湖北长江出版集团,2010.4224.
⑤ [英]诺曼·费尔克拉夫.话语与社会变迁 [M].殷晓蓉译.北京:华夏出版社,2003.36.
⑥ [美]詹姆斯·保罗·吉.话语分析导论:理论与方法 [M].杨炳钧译.重庆:重庆大学出版社，2011.8.

的方式感兴趣"。而不仅是分析语料本身。"一个人说什么，永远与其相信什么、喜欢什么、重视什么、关心什么、做过什么、成为什么息息相关"，[①] 课堂上教师的话语就与教师的教育理念、个人爱好、个人关切、教学目标，以及想要扮演的角色密切相关。"言说与行事的并不是'单独'的个人，而是被历史与社会所界定的各种话语在借由个人之口彼此言说。"[②]

因为话语既是一个交际过程、也是一个社会互动的过程，还是一个认知过程，话语研究涉及语言学、心理学和社会学等多个学科，因此"话语分析"现在已经逐渐发展成了一个跨学科的综合领域，话语分析技术也延伸到社会科学研究的多个领域，例如教育学中的课堂话语领域。

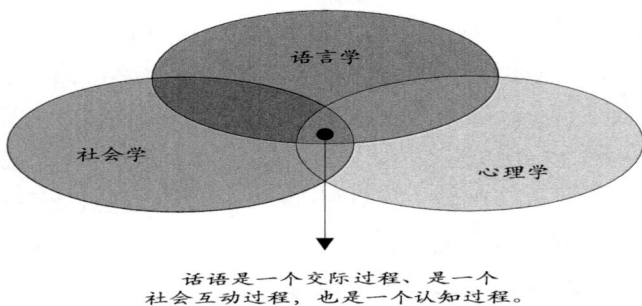

语言学

社会学

心理学

话语是一个交际过程、是一个
社会互动过程，也是一个认知过程。

图 x‑1 课堂话语是一个跨学科的综合研究领域分析图

综合以上内容，本研究中"话语"的内涵包括以下几个方面：第一，话语是句子以上的语言单位组成的连贯的语段。第二，话语是使用过程中的语言，也是言语活动的成果，口头言语转瞬即逝，但是当其被记录为文字、录音、录像等则可以保存下来。第三，话语既包括口头言语也包括书面语篇，口头层面包括独白言语，例如演讲，也包括"对话"这样的社会互动过程，书写层面包括用书面语符号表达出来的不同类型的语篇。第四，话语通常涉及语言的内容和形式两个方面，既要关注说了什么，也要关注用什么方式说的。[③]

2. 课堂话语

课堂话语是教育学中的"课堂研究"和语言学、人类学、社会学中的"话语研究"交叉形成的一个研究领域，它与其母领域的关系如图 x–2 所示：

① 肖思汉 . 听说 探索课堂互动的研究谱系 [M]. 上海：华东师范大学出版社 ,2017.25.
② 肖思汉 . 听说 探索课堂互动的研究谱系 [M]. 上海：华东师范大学出版社 ,2017.26.
③ 张灵芝 . 话语分析与中国高等教育变迁 [M]. 北京：清华大学出版社 ,2015.19.

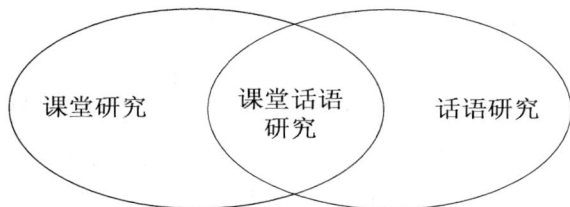

图 x‑2 课堂话语是课堂研究和话语研究的交叉领域图

哲学中的语言转向之后，社会语言学界认为"只有通过语言，我们才能理解特定情境中的人类互动的含义"。[①] 教育学界也普遍承认课堂上的"学习过程经由课堂互动及其话语展开"，因此课堂话语成为教学论的重要研究领域。与"话语"宽泛的概念不同，"课堂话语"是一个外延相对清晰的概念。

因为课堂场景从时空范围、参与者和交流目标三个方面对话语进行了限制。

从时空范围来看，空间指教学发生的地点，在实际的应用中主要指正式的集体教学发生的地方，可以是教室，也可以是公开课的舞台。时间是指上课的 30 ～ 45 分钟，下课后，课堂也就短暂地结束了。从参与者来看，主要指教师和学生，课堂上其他人之间的闲语通常不被认为是课堂话语。从交流目标来看，师生对话的目的是"教学"。综上所述，符合以上时空范围、参与者和交流目标特征的场景就可以被称为"课堂"。

有了课堂场景的限制，课堂话语的概念变得明晰起来，即课堂教学场景中，师生、生生之间的口头和书面的对话。[②]书面的仅指课堂上师生在任务卡片或黑板上的少量"对话"。

3. 课堂话语、课堂对话与课堂会话

课堂话语、课堂对话、课堂会话这三个合成词的前半部分是一样的，区别在于后半部分。从概念范畴来看，课堂话语大于课堂对话和课堂会话。

根据上文的论述，课堂话语指课堂教学场景中，师生、生生之间发生的口头或书面对话。相比之下，课堂对话的概念则小一些，仅仅指课堂上，师生、生生之间的口头对话，因为对话一词的英文"conversation"指向口头交谈，不包括书面交谈。而课堂会话一词通常是在使用会话分析理论的论文中使用的。课堂话语、课堂会话和课堂对话分别译自英语 classroom discourse、classroom conversation 和 classroom dialog。在研究课堂教学的英文文献中，标

---

① 肖思汉，刘畅 . 课堂话语如何影响学习——基于美国课堂话语实证研究的述评 [J]. 教育发展研究 ,2016，36（24）:45.

② 钟启泉 . "课堂话语分析"刍议 [J]. 全球教育展望 ,2013，42(11):11.

题中有直接使用 classroom dialog 的 [①]，有使用 classroom conversation 的 [②]，也有使用 classroom discourse 的 [③]。虽然 discourse、conversation、dialog 这三个词的本义和使用的范围有所不同，但是在课堂研究中，其核心内涵都是师生之间或者生生之间的口头言语产出（utterances）。在国内课堂言语的相关研究中，课堂话语和课堂对话也常常混用，截止到 2020 年 10 月份，在知网中搜索篇名包含"课堂话语"的 CSSCI 期刊论文有 60 篇，包含课堂会话的有 7 篇，包含课堂对话的则有 22 篇。由此可见，不管在英文还是在中文文献中，在对课堂师生言语行为进行研究时，这三个概念常常是混用的，并未刻意做出区分。而本研究的核心概念"课堂对答"的范畴则是与它们三个完全不同的概念。

（二）核心概念阐述

本研究的核心概念涉及作为理论基础的"会话分析"的概念介绍，以及作为研究内容的"课堂对答"的界定与分析，并对课堂对答中最普遍的 I-R-F 对答结构做了说明。

1. 课堂对答（相邻对）

课堂对答一词由"课堂"和"对答"两个词合成，课堂指对答发生的场景，上文已经做过阐述，而"对答"则是一个会话分析学派的专有名词，由会话分析理论早期的概念"相邻对"（Adjacency pair）发展而来，本研究中的"对答"就是中文语境中的"相邻对"。

（1）从"相邻对"到"对答"

"相邻对"指日常对话中像"询问—回答"这种相关语句成对出现的现象，具有五个特征：

第一，相邻对包含两个不同的话轮。

第二，这两个话轮由两个说话人产生。

第三，两个话轮是相邻的。

第四，两个话轮有前后之分，例如"询问"总是在"回答"之前。

第五，第一个话轮对第二个话轮具有限制作用。

在相邻对中，第一个话轮产生以后，第二个话轮就可以预见了。如果第一个话轮是问候，可以预测第二个话轮也是问候，例如"你好—你好"，如果第一

---

① Howe, C. & Abedin, M. Classroom dialogue: a systematic review across four decades of research [J].*Cambridge Journal of Education*，2013, 43(3): 325–356.

② King B. W. Inverting virginity, abstinence, and conquest: Sexual agency and subjectivity in classroom conversation [J]. *Sexualities*. 2014, 17(3): 310-328.

③ Hattan, C., Alexander, P. A. Prior knowledge and its activation in elementary classroom discourse [J]. *Read Writ 33*, 2020: 1617–1647 .

个说话人说了"你好"，第二个说话人说"再见"就会显得非常奇怪，除非是为了搞笑。如果第一个话轮，例如"你好"已经说出了，而第二话轮"缺失"，也会非常奇怪，甚至显得非常不礼貌。这体现了对话行为的内在"配对"规律或者说"条件相关性"，并且相邻对中的每一个话轮都是在对前一个话轮进行分析和理解基础上完成的，这种"互解"（inter-subjectivity）是对话得以顺利进行的基础。

中国学者刘虹基于汉语语境，发展了"相邻对"这个概念，将其改称为"对答"，理由如下：第一，日常生活中组成相邻对的两个语句有时候并不相邻，例如说话人 A 提出了一个问题 Q1，说话人 B 经过了几轮对答才回答了 Q1，此时的询问和回答已经不是相邻的了。第二，有时这种相邻对结构是由两个以上的部分组成，不是"对"了，因此应该采用"对答"这一术语，并且把"相邻对"看作对答的一种基本类型。把这种前后相关语句的前一部分称为"引发语"，后一部分称为"应答语"。"相邻对"和"对答"的概念基本上是一致的，只是，有些"对答"之间可能隔了几个话轮，不是相邻的；而有些对答不是"一对"，而是三部或者多部结构。因此，在汉语语境中，选择"对答"这个概念更为贴切。

在话语分析的众多分支和流派中，产生了多个和"对答"范畴相当的词语。例如交流（伯明翰学派以及费尔克拉夫）、相邻对（萨克斯和谢格洛夫）、对白单位（韦罗尼克）[①]、对答（刘虹）、对语（雅库宾斯基）[②]。由于"对答"是中国学者刘虹基于大量汉语语料提出的概念，因此本研究还是选择了"对答"作为核心概念。

结合课堂这个场景，本研究中的核心概念"课堂对答"指的是：课堂场景中，由两个或者两个以上的人说出的，有前后制约和对应关系的两个以上的话轮组成的微观"对白单位"。在不同文化背景中的课堂上，由引发（Initiation）—回应（Response）—反馈（Feedback）三个话轮组成的"I-R-F 对答结构"，是课堂话语中的"默认"结构。

（2）行为、话轮、对答（相邻对）、序列之间的关系

由于对答（相邻对）由话轮构成，话轮又由"行为"（Act）构成，因此这里要同时说明会话分析理论中"行为"和"话轮"的概念。

"行为"是话轮的构成单位，行为指的是交谈的一方通过相关常规，将话轮中所表现出的某些特征识别为一个与说话目的有关的"活动"。谢格洛夫指出，人与人的互动其实包含着"构成行为"（action formation）的过程，说话者在说

---

① ［法］韦罗尼克·特拉韦索.会话分析 [M].杨玉平译.天津：天津人民出版社,2017.99.

② 徐翁宇.俄语对话分析 [M].北京：外语教学与研究出版社,2008.27-28.

话时，产生了一个可识别的行为 X，交谈的另一方根据社会规则，识别了这个行为 X，这就是一个构成行为的过程。在具体的人际互动中，人们可以通过相关社会规则将话轮中的某些特征识别为一个"行为"。观察对话中的说话者以某种方式说话是在做什么或者目的是什么，并试着通过听话者的应答来判断说话者完成了什么"行为"。例如 A 说，"晚上有空吗？我发现了一家不错的餐厅"。B 说，"好啊，正好不想回家做饭"。A 的话轮中虽然没有出现"邀请"两个字，但在语境中可以根据社会规则将其识别为一个"邀请"行为，而 B 的行为则可以被识别为一个"接受"行为。

"话轮"是相邻对的构成单位，话轮是由句子（分句）、短语、词构成的语法单位，通过语音实现，在具体语境中构成了一个以上可以识别的行为，同时满足这些条件的言语产出可以被称为一个话轮。构成话轮的要素被称为话轮建构单位（Turn Constructional Unit，缩写为 TCU）。[①] 随着会话分析理论传入中国，中国学者刘虹基于汉语的使用特征和中国人的说话习惯进一步明确了话轮的概念。刘虹指出，话轮有以下两个标准：第一，话轮指的是一个人连续说出的，停顿在 2 秒以内的话，如果停顿超过 2 秒（发生沉默现象），则被认为是两个话轮。第二，是否发生了说话者和听话者的角色互换，如果说话人换了，即发生了话轮的转换，就可以认为产生了两个话轮。[②]

"相邻对"则是序列（Sequence）的构成单位。从范畴来看，行为＜话轮＜对答（相邻对）＜序列，并且它们之间是逐级构建的关系，如表 x–1 所示：

表 x–1 美国会话分析学派核心概念的内涵及关系表

概念	内涵
行为	指交际的双方根据交际的具体场景和社会规则从对方的"所说"中识别出的交际目的。例如，提问，抗议、嘲讽。建构了一个行为的语料被认为是一个话轮建构单位；行为构成话轮。
话轮	指说话人所说出的连续的（沉默小于 2 秒）尚未发生说话者和听话者角色互换的一段话；话轮构成对答（相邻对）。
相邻对（对答）	指两位说话者前后相接说出的两个相关的话轮；由引发语和应答语组成；对答（相邻对）构成序列。
序列	由一个以上的彼此联系的相邻对组成的一段对话。

上表中概念的关系，可以通过对话 1 更清楚地说明：

---

① ［美］伊曼纽尔·谢格洛夫. 对话中的序列组织 [M]. 马文等译. 北京：北京大学出版社,2013.4.

② 刘虹. 会话结构分析 [M]. 北京：北京大学出版社.2004,46.

对话，某公司小白和小蓝的一段对话

01 小白：下班没？（询问行为）晚上一起吃饭呀？（邀请行为）楼下有个新开的西餐厅挺不错的（推荐行为）

02 小蓝：我还有半小时才能走（回答行为），下班一起去试试（接受行为）

03 小白：你们最近怎么这么忙呀？（询问行为）

04 小蓝：我们新接了一个大订单，各部门都加班呢（回答行为）

05 小白：好事呀，有钱赚（反馈行为）

以上对话中，询问、邀请、推荐三个行为（也是三个话轮建构单位，三个TCU）构成了话轮01。回答和接受两个行为（两个TCU）构成了话轮02。话轮01和话轮02构成了一个对答（相邻对），这个对答包含两个话轮。话轮03、04、05构成了第二个对答，这个对答包含三个话轮。这两个对答构成了一个序列，即一小段对话。

根据以上表格和语料分析，可以看出，会话分析的最小单位是行为，通常能识别出一个行为的语料被认为是一个话轮建构单位；几个话轮建构单位构成一个话轮，两个以上由不同人说出的话轮构成一个"对答"（相邻对）；几个"对答"前后相连组成一个对话的序列。

2. 会话分析

作为一个理论流派，会话分析的内涵和外延比较宽广，对其进行概念界定并不容易，因此研究者选择相关著作中呈现的关于会话分析的共同部分，对其大致范围做出描述。

广义的会话分析指的是对"会话"（Conversation）现象的所有研究，狭义的会话分析指源于美国的研究会话的一个学派，现在已经发展成为应用广泛的质性研究方法。会话分析由美国的社会学家哈维·萨克斯（Harvey Sacks）、伊曼纽尔·A.谢格洛夫（Emanuel A. Schegloff）所开创，两人在戈夫曼"面对面交谈理论"和加芬克尔"常人方法学"的基础上吸收语言学、人类学以及精神病学等其他社会科学领域知识的基础上开创了会话分析。这个流派随着发展逐渐突破了社会学的范畴，慢慢地与语言学进行融合，后来也被认为是话语分析的一个分支（费尔克拉夫，2003；刘虹，2004；刘运同，2004；肖思汉，2017）。现在基本确立了把会话分析作为"语言学"和"社会学"（包括人类学、心理学）的交汇之地的共识（刘运同，2019；韦罗尼克·特拉韦索，2017）。会话分析流派具有以下特征：第一，会话分析研究的是录制下来的自然交谈产生的语料，而不是语言学家进行分析时人造的语料。第二，会话分析无论是研究日常交谈还是机构会话，都将其视为一种社会互动。第三，会话分析依据下一个话轮证明程序保证效度。第四，会话分析有着系统而严格的转写系统，比如盖尔·杰雯逊发明的转写系统。

作为一个外来词汇，会话分析在中文文献中有多种叫法，例如"交谈分析""互动分析""常人方法学的互动分析"以及"非批判类话语分析"等。但是大部分文献都选择使用会话分析一词，为了与以往研究在概念上保持一致，本研究也使用"会话分析"一词。语言是人类最重要的表意符号系统，任何领域都可以从会话角度切入，因此会话分析与社会学、人类学、心理学、教育学甚至法学、医学等领域都有交叉，已然成为重要的质性研究方法，但遗憾的是并不为教育学领域的研究者所熟悉。本研究中的会话分析就指源于美国的会话分析学派，及其发展过程中产生的系列理论和语料分析方法。

第一章　文献综述

本章综述围绕"课堂话语"的三个层次展开，第一个层次是关于课堂话语的相关研究，第二个层次是关于课堂话语中对答的相关研究，第三个层次是关于课堂对答内话轮完成的行为和礼貌策略的相关研究。

第一节　课堂话语的相关研究

课堂话语是课堂研究和话语研究的交叉领域，现在已经成为课堂教学研究的重要内容。在其发展历程中，形成了不同的阶段、范式和内容。已有相关研究，涉及课堂话语、课堂对话、课堂会话三个近义词，虽然话语、对话、会话这三个词的本义和使用的范围有所不同，但是在课堂研究中，他们指的都是师生之间或者生生之间的口头语言产出。因此在这部分的综述中，也保留以往研究者的用法，没有"强行"统一。

一、课堂话语研究的阶段

课堂话语研究始于 20 世纪三四十年代，到现在已经有了近百年的历史。彭亮，徐文彬将国外课堂话语研究的历史分为了萌芽、起步、成型和深化四个阶段。[①]

表 1-1 课堂话语研究的主要发展阶段统计表

阶段	主题	分析框架
萌芽阶段 20 世纪三四十年代—五六十年代	奥尔森记录学生耳语的次数来剖析课堂教学的状态。从课堂话语研究中寻找到提高课堂教学有效性的途径。	分析工具：人 + 计时工具 奥尔森将"时间样本"引入课堂话语分析。涉及数学学科。

---

① 彭亮, 徐文彬. 国外课堂话语研究的主题与分析框架探析 [J]. 外国中小学教育 ,2018(09):73.

续表

阶段	主题	分析框架
起步阶段 20世纪60年代中期—20世纪70年代中期	关系和比较 关系：课堂话语内部要素之间或与外部要素之间的关系 言语互动模式与教师认知复杂性的关系。 比较：对不同类型的课堂话语进行统计、比较和分析 例如蒂什所做的对"科学课堂话语与学生认知关系的探索"。	1.贝拉克团队的克里伯德提出了教学循环（Teaching Cycle）撰写了"课堂话语的意义之维"以及"课堂话语的模式"两篇文章并在1966年出版了《课堂的语言》。 2.弗兰德斯团队（FSIA）的分析系统。 3.阿米登和亨特的言语互动分类系统（VICS）认知—记忆（C-M）、收敛思维（CT）、发散思维（DT）、评价思维（ET）和常规（R），并运用S-O-R（Stimulus-Organism-Response）来分析课堂行为（此种方式与后来的"I-R-F"和"I-R-E"较为类似）以及课堂提问的分类等。
成型阶段 20世纪70年代中后期—20世纪80年代末	1.涉及学科更多。 2.课堂话语主体逐渐细化，涉及不同种族、阶层、性别、成绩高低学生与教师的互动。 3.话语内容涉及认知、情感、社会性等方面的讨论。	1.借用他人框架。 2.自己设计框架：拉德哈瓦（B.S.Randhawa）的CVC课堂言语行为分析框架。 特征：首先，探究课堂话语与学习者之间的关系；其次，探讨课堂话语的社会文化层面。
深化阶段 20世纪90年代至今	内容更多关注数学和科学课堂，对国际同一学科的课堂话语进行比较。	莫蒂默（Mortimer）和斯科特（Scott）提出了新的课堂话语分析框架：他们从五个维度来分析课堂话语，分别是教学目标（Teaching Purposes）、教学内容（Content Taught）、交流路径（Communicative Approach）、话语模式（Patterns of Discourse）以及教师干预（Teacher Interventions as Intended and Enacted by the Teacher）。 特征：关注课堂话语的社会文化层面；与学科有关的课堂话语的深入细致的研究。

如表1-1所示，课堂话语研究的萌芽阶段，课堂话语研究的数据采集主要运用课堂观察的方式，并且在观察时使用一些时间辅助机器，这些做法都对后世产生了深远的影响。课堂话语研究的起步阶段，随着分析框架的改进，研究者们确立了固定的时间、序列、事件、现象单元等分析单位，这为后续的话语分析奠定了基础。课堂话语研究的成型阶段，课堂话语研究与学生学习之间的关系受到了更多研究者的关注。研究者开始探讨课堂话语的社会文化层面，即探讨课堂话语背后的社会文化因素；以及开始关注教师提问与学生学习结果之间的关联性；这一时期，学科课堂话语的研究也逐渐深入。课堂话语研究的深化阶段，更多的研究注重从社会文化层面来探究课堂话语；学科的课堂话语集

中于教师话语与学生的成绩、知识的习得、第二语言的掌握之间的关系；并关注教育改革背景之下的课堂话语是如何改变的；学生课堂上小组之间的讨论也越来越受到关注。[①]

二、课堂话语研究的范式

课堂话语研究的母领域是话语研究和课堂研究，这两个领域在发展的过程中注意到彼此，交叉汇聚为一个新的领域。这也指示着切入课堂话语研究的两大路径："一是通过语言与话语视角理解教与学问题（教育教学研究），二是在课堂互动情境中考察语言与话语现象（语言与话语研究）。"[②]第一种路径以师生实际言谈为研究对象，描述由语言互动形成的教学状态，揭示学校这个机构的制度状态和文化、课堂互动与学生学习结果的关系、课堂教学中稳定的、普遍的课堂话语结构、师生之间的关系等教育学问题。第二种路径则倾向于刻画课堂这个机构情境中，师生之间的语言与行为模式。同时课堂话语研究也受到更大范畴的人文社会学科研究或知识生产模式的影响。

课堂话语领域的学科交叉属性导致了它具有多元的历史，已有的综述性研究或从理论视角和研究取向、或从研究方法和议题、或以时间作为脉络梳理课堂话语研究的发展路径，但只突出了课堂话语研究发展脉络的部分事实和线索，黄山在李（Lee, Y.）的"过程—产出研究（process-product research）和社会语言学路径（sociolinguistic approaches）"框架的基础上，以课堂话语研究的两大研究传统"过程—产出"范式与"描述—解释"范式为线索梳理了课堂话语研究的发展脉络和学术演进历程。

（一）课堂话语研究的"过程—产出"范式

"过程—产出"范式这一术语于 20 世纪 60 年代初期被提出，20 世纪 70 年代中期遭到批判，这一范式已主导教学研究 15 年之久。"教学过程与学生学习"之间的关系是这一范式的中心议题。这一范式也主要聚焦"教学过程"与"学生学习产出"两类变量，其中的中心变量是教师的"行为与特质"。

"过程—产出"范式迎合了对整个领域影响重大的科学主义和实证主义研究取向，这种取向的原型是行为科学。行为主义者认为科学研究应该面向能够被人们经验得到的现象和事物，课堂上，最能直接被人感受到的就是师生互动中的话语。直面课堂教学中教师和学生之间的互动行为和话语反映了"过程—产出"范式的证据意识。

---

① 彭亮. 课堂话语研究的方法论探析 [D]. 南京师范大学,2017.64.
② 黄山. 课堂话语研究：学术史的考察 [D]. 华东师范大学,2018.77.

　　"过程—产出"范式对课堂话语研究的最重要的贡献在于建构了基于语言的课堂教学过程描述框架和高度结构化的课堂观察工具，最具代表性的是弗兰德斯互动分析编码系统。受语言和话语理论的影响，这些课堂互动的分类和评估系统以及观察工具都是以话语为中心的。语料库方法的使用更使得课堂观察有了"显微镜"。

　　基于"过程—产出"范式的互动分析编码系统用统计数据和结果说话，对教学过程中教师的行为、话语和学生的学习结果做相关分析，如果教师的行为话语与学生学习结果呈正相关，则被认为是有效教学的组成部分，反之则需要改进。

　　"过程—产出"范式与传统实证研究一样，遵循"假设演绎程序"，形成了一套"理论假设—分析框架—研究工具—数据处理"的完整的研究路径。

（二）课堂话语研究的"描述—解释"范式

　　20 世纪 80 年代，"过程—产出"范式所依赖的实证主义研究传统遭到激烈批判，冲击主要来自当时更大范围的社会研究的三种思潮：反自然科学主义、解释主义、批判理论。社会科学领域更大范围的"范式之争"导致追求客观性的量化的教学研究逐渐式微。与此同时语言学研究逐渐与其他学科进行渗透和交融，边界变得模糊，纯粹语言学遭到人类学、社会语言学等的批判与超越，形成多元的话语分析流派，因此，"描述—解释"范式并没有一条针对共同研究问题不断演进的清晰的学术轨迹，而是与不同理论交融，呈现出了几个不同的取径："人类学交际民族志、自然主义与解释学、批判话语理论以及社会建构主义学习理论等多种取径。"[1]

　　人类学民族志研究为一些课堂现象提供了文化视角的解释，例如菲利普（Philips, S.）对原住民儿童在课堂上的沉默和不参与现象的解释以及希斯（Heath, S. B.）对黑人儿童的不参与现象的解释。课堂话语主要研究如下问题：课堂社会是什么样的，典型的交际事件和活动有哪些，课堂参与的规则和模式是什么，参与者是谁以及他们的作用是什么。[2] 从社会语言学中形成的"会话分析"也同样关注这些问题，会话分析的伯明翰学派和人类学交际民族志研究者都发现了经典的课堂话语 I-R-F 结构。

　　从解释学出发，课堂话语研究应该重视研究者与研究对象之间的互动关系，强调研究对象在研究过程中的积极参与，对课堂话语现象的解释也需要考虑教师和学生自身的体验和理解。批判话语理论认为话语与社会结构之间存在着辩

---

① 黄山 . 课堂话语研究：学术史的考察 [D]. 华东师范大学 ,2018:117.
② 黑玉琴 . 跨学科视角的话语分析 [M] 北京：北京大学出版社 ,2013:21-22.

证的关系："一方面，话语运作受制于社会结构；另一方面，话语具有确立主体社会角色的功能，建构对话双方社会关系的功能，以及说明世界及其过程、实体和关系的观念功能。"[1] 批判话语理论将课堂话语研究从教学过程分析转向了师生互动的权力关系与课堂或学校的意识形态分析。受建构主义学习理论取径的影响，课堂话语研究关注课堂上的"合作学习"，并与具体的学科教学内容相结合。

三、课堂话语研究的内容

笔者于 2020 年在知网"总库"中进行检索，检索条件为："篇名 = 课堂话语"，共检索到 2025 篇文献。其发文趋势如图 1-1 所示：

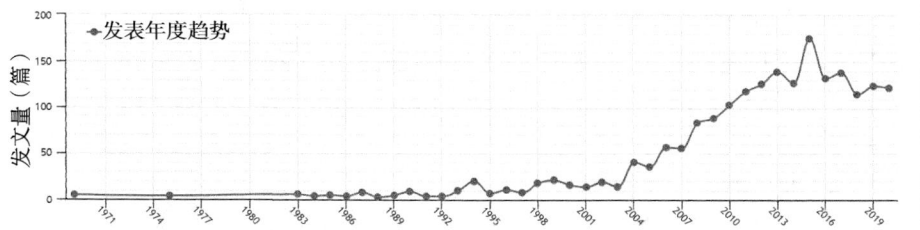

图 1-1 课堂话语相关研究发文趋势图

在知网检索到的 2025 篇文献中，其中学术期刊 1322 篇，学位论文 316 篇。最早的文献发表于 1969 年，到了 2004 年之后，文献的数量开始显著上升，2015 年达到峰值，随后有所回落，但是 2015—2000 年，还是保持着每年 100 篇以上的发文量。在这些文章中，CSSCI 期刊论文有 60 篇，主要分布于 2000—2020 年之间。综合国内外文献来看，课堂话语的研究内容主要聚集在以下几个方面。

（一）指向教学理论的课堂话语研究

从课堂话语分析的角度，探究教育教学规律，致力于提升课堂教学的质量。主要包括指向教师的课堂话语研究；指向学生的课堂话语研究；以及指向师生互动过程的课堂话语研究。

1. 指向教师专业发展的课堂话语研究

教师是课堂教学的重要主体，也是课堂上说话最多的人，教学过程也主要是通过教师的课堂话语来实现。大量教育学者希望通过研究教师话语的组织形式、风格、关注点、理念、修正行为等改进教学实践并促进教师的专业发展。

---

① ［英］诺曼·费尔克拉夫. 话语与社会变迁 [M]. 殷晓蓉译. 北京：华夏出版社,2003:59-60.

　　有些研究关注教师课堂话语的组织形式[①]；有些关注教师课堂话语的建构[②]；有些关注教师课堂话语的风格[③]；有些对比分析了新手教师和专家型教师的课堂话语。[④] 有一些研究关注课堂上教师的视线和关注点[⑤]；有一些关注课堂教师话语中的叙事理念；[⑥] 有一些对近些年来的教师课堂话语进行了综述；[⑦] 滕飞从会话分析的视角探究教师的提问和反馈[⑧]，董明运用"SETT 教师话语评价模型"，定性分析了英语课堂教师提问与课堂互动的交际过程和言语特征。[⑨] 杜朝晖等通过对教师的反馈情况进行统计，分析了教师的评价、激励、等待、修正行为。[⑩] 张奕依据 COLT 量表对 12 节中国籍和外国籍教师的课进行了对比分析，概括了二者在课堂言语反馈方面的不同特点。[⑪] 袁妮娅介绍了英国纽卡斯尔大学学者史蒂夫·沃尔什（Steve Walsh）提出的课堂互动能力（Classroom Interactional Competence，简称 CIC）的概念和教师话语自评框架（SETT，即 Self-Evaluation of Teacher Talk），并将会话分析方法与教学反思实践结合起来，倡导教师从微观（micro-scopic）、主位（emic）视角，以"教师话语自评—教师反思实践（SETT–RP）"循环为有效工具，通过反思、专业对话和行动，提升教学效果并促进教师专业发展。[⑫]

　　还有一些研究基于会话分析理论探究教师的言语技能提升策略。例如裴传林提出了英语"会话课"上教师如何讲授会话技能，如何设计课程内容。[⑬] 郭慧认为教师可以从话题管控、行为形成与识别、话轮设计、教师身份建构等几个方面改进教师课堂话语，提升专业素养。[⑭] 董明探究了大学英语课堂中教师

① 　张弓 . 教师课堂话语的三种组织形式分析 [J]. 教育理论与实践 ,2017,37(23):9.

② 　郭慧 . 会话分析研究与教师课堂话语构建 [J]. 教育理论与实践 ,2017,37(01):57.

③ 　黄焕，刘清堂，朱晓亮，王胜明，高桂平 . 不同教学风格的课堂话语特征分析及应用研究 [J]. 现代教育技术，2013,23(02):27.

④ 　李丽华，谭素群，吴新华 . 新手教师与专家教师课堂话语比较分析 [J]. 中国教育学刊 ,2010(11):76.

⑤ 　余闻婧 . 从课堂话语看教师的教学关注 [J]. 上海教育科研 ,2011(06)：61.

⑥ 　桑迪欢，张大群 . 高校教师课堂话语中"叙事"理念的介入 [J]. 江苏高教 ,2014(04):101.

⑦ 　周学恒，邓晓明 . 近 20 年国内外外语教师课堂话语研究综述 [J]. 中国教育学刊 ,2013(S2):49.

⑧ 　滕飞 . 大学英语课堂中的教师提问研究 [J]. 教育理论与实践 ,2017,37(30):40.

⑨ 　董明 . 微观语境下的英语课堂教师提问：基于 SETT 模型的会话分析 [J]. 外国语文 ,2019,35(04):145.

⑩ 　杜朝晖，亓华 . 中级汉语会话课堂教师反馈研究 [J]. 语言文字应用 ,2007(S1):43-44.

⑪ 　张奕 . 中外教师言语反馈的会话分析 [J]. 郑州大学学报（哲学社会科学版）,2010,43(02):125-126.

⑫ 　袁妮娅 .《课堂话语探究—行动中的语言》评介 [J]. 外语教学理论与实践 ,2013(02):95.

⑬ 　ZoltánDornyei，SarahThurrell，裴传林 . 集中讲授会话技能：课程内容和基本原理 [J]. 国外外语教学 ,1995(02):16.

⑭ 　郭慧 . 会话分析研究与教师课堂话语构建 [J]. 教育理论与实践 ,2017,37(01):57-58.

话语的功能，并提出了相关建议。① 除此之外，一些研究专门讨论了课堂话语中的"修正"行为。这些研究都基于会话分析方法，自建小型语料库，主要研究会话修正的结构、会话修正的功能、策略等内容。刘佳音等运用会话分析方法研究了韩国留学生汉语口语课堂会话修正功能，在语篇功能上主要表现为扩展会话序列，完善会话结构；② 概括出了学生常用的九种修正策略：重复、替换、完成、插入、重构、解释、删除、否定和元语言；③ 并讨论了"汉语二语学习者课堂自启自修型会话修正的概念、类别、基本结构与特殊结构"。④ 吴勇毅等运用会话分析方法，对汉语二语课堂会话修正策略类型及其数量进行了实证研究，发现教师在会话中占绝对主导地位。⑤

还有一些论文探究了课堂对话中呈现的教师身份和教师话语风格。"会话身份"是会话研究的重要内容，因为会话理论认为会话身份是"会话参与者运用语言资源在会话的进程中动态地建构出来的现场身份"；并且"身份是会话中的语境因素"。⑥ 兰良平等发现教师"专制身份"的构建与完全控制话轮、选择说话对象、打断和负面评价等策略运用有关，而教师"权威身份"的构建与部分控制话轮、学生自选发言和支持性评价等策略运用有关。⑦ 田笑等在 Zimmerman 会话身份理论的基础上，探究了话语身份，情景身份和可迁移身份之间的关系。⑧ 李颖概述了英国历史上关于会话的"礼貌原则"和"交锋原则"的讨论。⑨

2. 指向学生学习过程的课堂话语研究

学生是课堂话语的另一重要主体，一些研究聚焦于学生课堂话语，讨论了学生话语的基础概念、小组对话过程，或者学生的沉默现象。会话分析能够比较全面地呈现会话的过程及其复杂性，很适合用来探究课堂上小组合作的学习过程，例如小组讨论中的"论证""写作"等过程。

一些研究者运用会话分析方法探究了科学课堂上的学生对话中的"论证过程"。例如张艳香等围绕师生对话中的话轮（Turn）和对话统一体（Exchange）

---

① 董明. 以"师说"促教学：英语课堂教师话语的会话分析与交互实践 [J]. 吉首大学学报（社会科学版），2018,39(S2):226.

② 刘佳音，彭爽. 韩国留学生汉语口语课堂会话修正功能研究 [J]. 东疆学刊,2018,35(01):64.

③ 刘佳音，刘富华. 汉语二语学习者课堂会话修正策略研究 [J]. 汉语学习,2016(02):93.

④ 刘佳音. 汉语二语学习者课堂自启自修型会话修正研究 [J]. 东北师大学报（哲学社会科学版),2016 (03):249.

⑤ 吴勇毅，王玎. 汉语二语课堂会话修正策略探究 [J]. 华东师范大学学报（哲学社会科学版),2016,48(01):104.

⑥ 田笑. 二语课堂会话身份建构研究 [D]. 武汉大学,2017.

⑦ 兰良平，韩刚. 教师身份构建——课堂提问遭遇沉默的会话分析 [J]. 外语界，2013(02):59.

⑧ 田笑，黄金声. 建构观下课堂会话身份研究——从 Zimmerman 会话身份理论到对外汉语示范课堂 [J]. 华文教学与研究,2015(04):66.

⑨ 李颖. 课堂会话的合作原则与交锋原则 [J]. 中国外语,2015,12(02):55.

进行描述和统计，来探究学生"论证"的现状并提出促进学生物理论证能力发展的策略。[①]邵发仙等对三节小学科学课上的论证话语进行序贯分析（sequential analysis），这种序贯分析应该是话语分析的一种具体方式，用来研究互动双方行为的相互影响。邵等采用 Furtak，Hardy，Bein-brech，Shavelson 和 Shemwell 在研究课堂对话中使用的循证推理（Evidence-Based Reasoning，简称 EBR）框架对语料进行编码。并将编码后的数据按顺序数据交换标准（Sequential Data Interchange Standard，简称 SDIS）进行转换，使用序贯分析专用的统计软件——顺序查询器（Generalized Sequential Querier，简称 GSEQ）进行分析。研究结论认为：明确的低认知问题可能导致伪论证的发生，适度的劣构问题有助于科学推理的深度发展；教师同时强调科学论证的结构和过程，鼓励学生关注反向观点及其反驳，能提高科学论证的质量。[②]

协作学习过程也是一个对话的过程，对话分析能使参与者的思维清晰可见，还能呈现对话的多样性视角以促进创新。吴媛媛等借鉴"对话分析"模型与事件类别编码系统，将学生的对话定义为观念、理解、同意、不同意、争论、维持、经验、总结、社会化、评价等 10 个类别。统计显示学生使用了"探索性对话"，呈现出较高的互动性。[③]王阿习等介绍了卡耐基梅隆大学著名教授卡洛琳·佩恩斯坦·罗泽的研究成果，即教育技术可以通过整合会话分析与文本挖掘技术来评价协作学习。[④]吴秀圆等认为会话分析法对课堂协作学习的潜在价值在于：可以在分析小组成员的话轮与话轮转换中发现协作学习者的知识建构及认知发展的过程；可以呈现协作学习这个复杂情境的动态发展过程；可以基于转写的语料开展多角度分析，促进定量研究与定性研究的有机结合，既可以对对话中的重要语料做统计，又可以通过分析话轮之间的转换，实现对"协作"活动内部机制的探索。[⑤]周平红等探究了智慧教室中小学生之间发生的知识建构过程。[⑥]

会话分析对课堂协作学习的价值确实体现在两个方面，第一，会话分析可以呈现"协作学习"的动态以及复杂的发展过程，这个语言过程同时也是学生

① 张艳香,魏昕.促进学生物理论证能力发展的策略研究 [J].课程.教材.教法,2016,36(03):122.

② 邵发仙,胡卫平,张晓,张艳红,首新.课堂论证话语的序贯分析：小学生的科学推理 [J].华东师范大学学报（教育科学版）,2019,37(06):48-49.

③ 吴媛媛,杨向东.集体创造性写作中学生讨论过程的会话分析 [J].全球教育展望,2019,48（02）:95.

④ 王阿习,王旭.整合会话分析与文本挖掘技术来评价协作学习——访谈卡耐基梅隆大学著名教授卡洛琳·佩恩斯坦·罗泽 [J].现代远程教育研究,2017(06):3.

⑤ 吴秀圆,郑旭东.会话分析：社会学视角下课堂协作学习的多层次探索 [J].电化教育研究,2017,38(10):93-99.

⑥ 周平红,张屹,杨乔柔,白清玉,陈蓓蕾,刘峥.智慧教室中小学生协同知识建构课堂话语分析——以小学科学课程为例 [J].电化教育研究,2018,39(01):20.

的概念同化、顺应、重构的过程。第二，既可以遵循"过程—产出"范式对某些会话中反复出现的特征做描述性的统计，又可以运用"描述—解释"范式详细分析学生对话中的论证、接受、拒绝发生发展的过程。还有一些研究专门分析了学生课堂话语的内涵、类型及其生成；[①] 或者通过课堂话语这个视角分析课堂上某些学生的"边缘化"现象。[②]

以上分析的重点在于揭示小组合作中的"认知过程"，语言课堂上的小组对话分析则有另外的目的，第一个是从语言学的角度，把课堂小组会话作为一种"特殊"的语料，探究其"会话特征"，属于语言学的拓荒研究。例如李淑静运用会话分析方法研究大学英语课堂上的小组会话，分析小组会话"建议"对答结构中的话轮转换、修正，以及接受、拒绝建议行为。[③] 第二个是运用会话分析方法分析小组对话的语料，来评价活动水平或者教学效果。例如郭婷、李战子等运用会话分析法研究英语课堂上小组活动的语料，以此来评价活动或者教学方法的效果。[④][⑤]

3. 指向师生互动过程的课堂话语研究

有些研究没有区分是教师还是学生话语，而是探究师生对话的整体过程。戚亚军等从整体上归纳了课堂话语研究的范式和实践转型问题，呼吁课堂话语从"会话"走向"对话"。[⑥] 孙茂华的研究指出，在知识经济时代，应该倡导课堂上师生话语的对话性。[⑦] 张光陆等指出了"对话教学"的课堂话语环境的特征和建构的方法。[⑧] 还有一些研究分析了某些取得比较显著的教学改革成果的课堂话语的特征，例如赵冬臣通过一节数学课的个案，探究了杜郎口中学的课堂话语特征及其启示。[⑨] 王兄等以新加坡的数学课为例，探讨了课堂话语的分析技术问题。[⑩]

---

① 胡洪强，陈旭远.学生课堂话语：内涵、类型及其生成 [J].东北师大学报（哲学社会科学版）,2018(03)：166.

② 王珊，潘亦宁.论学生课堂教学参与"边缘化"的发生机制——基于个案的课堂话语分析 [J].教育理论与实践,2017,37(14):44.

③ 李淑静.ESL 学习者如何提出、接受和拒绝"建议"：会话分析的视角 [J].外语研究,2010(01):52-53.

④ 郭婷.中级汉语口语课堂会话活动行动研究 [J].华文教学与研究,2019(03):63.

⑤ 李战子.从会话分析看英语口语课课堂活动 [J].外语界,1996(02):18-19.

⑥ 戚亚军，庄智象.课堂话语研究的范式演进与实践转型——从"会话"走向"对话" [J].外语教学，2017，38(06):52.

⑦ 孙茂华，董晓波.从霸权到共享：知识经济时代课堂话语的对话性 [J].现代教育管理,2014(02):75.

⑧ 张光陆.对话教学的课堂话语环境：特征与构建 [J].全球教育展望,2012,41(02):20.

⑨ 赵冬臣.杜郎口中学的课堂话语特征及其启示——以一节数学新授课为例 [J].上海教育科研,2011(11):8.

⑩ 王兄，方燕萍.课堂话语分析技术：以新加坡数学研究课为例 [J].教育学报，2011,7(04):64.

一些研究系统梳理了课堂话语的基本理论、研究路径和最新进展，这里面比较有代表性的是肖思汉、黄山和彭亮的研究。彭亮等探究了国外课堂话语研究的主题与分析框架；[①]并且详细梳理了1979—2015年的课堂话语研究范式的发展历程。[②]肖思汉撰写了课堂话语的研究谱系并综述了美国2016年之前的课堂话语实证研究，分析了课堂话语是如何影响学习的。[③]黄山梳理了课堂师生对话的对答结构，主要是"I-R-F"对答结构的发现、批判、争论和学界对其进行再认识的过程；[④]以及课堂话语结构研究的最新进展。[⑤]

除此之外，黄小苹等也总结了课堂话语微观分析的三种主要路径：民族志交际分析、会话分析、系统功能语言分析。[⑥]冯江鸿总结了五种课堂话语研究路径：交互分析（弗兰德斯交互分析）、话语分析、批判话语分析、多模态课堂话语分析、社会文化话语分析。[⑦]

（二）指向第二语言习得的课堂话语研究

"'话语'一词在课堂研究中的广泛使用得益于二语课堂研究的推动。"[⑧]目前国内发表的有关课堂话语的研究，有一半左右指向第二语言课堂或外语课堂，这其中二语课堂上的教师话语研究占据重要比例。语用学、话语分析领域，第二语言研究领域的教师们也在不断地更新二语课堂话语研究的角度。

很多研究者尝试从新的理论视角分析课堂话语。张德禄等使用语义波理论作为分析和建构教师课堂话语的新视角；[⑨]并采用多模态课堂话语的形式配合研究。[⑩]蔡敏从语气理论探究大学英语教师课堂话语的人际和谐；[⑪]彭静从功能语言学的视角探究教师的课堂话语意识；[⑫]张立新基于ELAN的多模态话语理论探

---

① 彭亮,徐文彬.国外课堂话语研究的主题与分析框架探析[J].外国中小学教育,2018(09):73.

② 彭亮,徐文彬.课堂话语研究范式的回顾与反思(1979～2015)[J].教育研究与实验,2016(05):63.

③ 肖思汉,刘畅.课堂话语如何影响学习——基于美国课堂话语实证研究的述评[J].教育发展研究,2016，36(24):45.

④ 黄山.I-R-F课堂话语结构刍议：发现、争论与再思考[J].全球教育展望，2018,47(05):15.

⑤ 黄山.I-R-F课堂话语结构研究的新进展——基于70项研究的文献回顾[J].基础教育,2018,15(02):93.

⑥ 黄小苹.课堂话语微观分析：理论,方法与实践[J].外语研究,2006(05):53.

⑦ 冯江鸿.课堂话语研究方法述评[J].外语研究,2012(05):49.

⑧ 彭亮.课堂话语研究的方法论探析[D].南京师范大学,2017.23.

⑨ 张德禄,覃玖英.语义波理论及其在教师课堂话语分析和建构中的作用[J].外语教学,2016,37(02):52.

⑩ 张德禄,李玉香.多模态课堂话语的模态配合研究[J].外语与外语教学,2012(01):39.

⑪ 蔡敏.从语气理论角度看大学英语教师课堂话语的人际和谐[J].东南大学学报(哲学社会科学版),2015，17(S2):154.

⑫ 彭静.功能语言学视角下教师课堂话语意识研究[J].西安外国语大学学报,2015,23(02):70.

究英语教师的课堂话语；[①] 何安平基于短语理论视角探究英语教师的课堂话语；[②]
李云霞基于 COLT 量表探究课堂上教师与学生之间的话语互动；[③] 刘国强等从多
模态理论视角探究了英语课堂话语效应。[④] 一些研究通过分析教师的课堂话语，
促进教师的专业发展和教学能力的提升。例如陈焕红提出了增强英语教师课堂
话语效能的"立足点"；[⑤] 郑新民等提出通过"能产型课堂话语语步"促进中学
教师的发展；[⑥] 张莲等从情景认知论的视角出发，分析教师课堂话语存在的问题
并提出相关对策。[⑦] 也有做不同类型教师的课堂话语比较研究的，例如赵炜对
比分析了经验教师和新手教师在课堂话语中的形成性评价；[⑧] 胡青球比较分析了
中国和外国教师的课堂话语。[⑨]

除了理论视角的多样性，研究者们普遍使用语料库方法来研究课堂话语。
张会平等基于"语料库"方法探究英语教师课堂话语标记语；[⑩] 咸修斌等通过分
析大学优秀英语教师课堂话语语料库探究教师的教学模式；[⑪] 刘学惠等建设和分
析专门的师范生课堂话语语料库；[⑫] 谭芳建设了高校基础阶段通用英语课堂话语
语料库；[⑬] 刘永兵等通过课堂话语语料库的对比研究，探究教师课堂话语中语法
的复杂程度[⑭]；郭睿采用定量分析的方法，统计教师课堂话语的特征；[⑮] 程晓堂

① 张立新.基于 ELAN 的多模态话语研究——以大学英语教师课堂话语为例 [J].现代教育技术,2012,22(07):54.

② 何安平.短语理论视角下的英语教师课堂话语探究 [J].外语教学理论与实践,2011(03):23.

③ 李云霞.基于 COLT 量表的初级汉语口语课堂话语互动的个案研究——以三位教师为例 [J].东北师大学报(哲学社会科学版),2016(01):135.

④ 刘国强,汪华.多模态英语课堂话语效应研究 [J].中国教育学刊,2018(S1):188.

⑤ 陈焕红.增强英语教师课堂话语效能的"立足点"[J].中国教育学刊,2019(08):107.

⑥ 郑新民,徐建波,姚洋.微观层面的中学英语教师发展:能产型课堂话语语步 [J].外语学刊,2019(02):68.

⑦ 张莲,王艳.通过课堂话语分析促进外语教师学习:一项实证案例研究 [J].外语与外语教学,2014(03):36.

⑧ 赵炜.对外汉语教师课堂话语中的形成性评测——经验教师和新手教师对比研究 [J].语言教学与研究,2016(05):1.

⑨ 胡青球.中外教师英语课堂话语对比分析——一个案研究 [J].国外外语教学,2007(01):32.

⑩ 张会平,刘永兵.基于语料库的中学英语教师课堂话语标记语研究 [J].外语教学与研究,2010,42(05):356.

⑪ 咸修斌,孙晓丽.自然模式亦或教学模式——基于大学英语优秀教师课堂话语语料的分析 [J].外语与外语教学,2007(05):37.

⑫ 刘学惠.英语师范生课堂话语的建库、分析和应用 [J].外语电化教学,2006(05):41.

⑬ 谭芳.高校基础阶段通用英语课堂话语语料库的生成 [J].外语学刊,2015(05):42.

⑭ 刘永兵,张会平.中学英语教师课堂话语语法复杂度——一项基于课堂话语语料库的对比研究 [J].外语电化教学,2011(03):22.

⑮ 郭睿.初级汉语综合课教师话语的个案研究——基于两位汉语教师课堂话语语料的分析 [J].华文教学与研究,2014(03):27.

探究了英语教师课堂话语的真实性[①]；康艳等为教师课堂话语功能建构了新的框架。[②] 刘红艳探究了语料库语言学与课堂话语研究的关系。[③]

第二节　课堂话语中对答的相关研究

在会话分析的相关研究中，"对答"是从话语功能角度研究会话时使用的概念，指日常生活中相关语句成对出现的现象，例如"询问—回答"，谢格洛夫和萨克斯用相邻对（adjacency pair）这个概念来表示这种对话单位。"对答结构"指的是对答的形式结构，即对话的过程中"不同人说的话是如何按照预定的规则有序地衔接在一起的"，[④] 对答结构可以分为两大类，一类是毗邻式，另一类是嵌入式，但是课堂上的对答结构基本上都是毗邻式，因为学生回答完问题之后，几乎不会对教师提出问题，因此无法形成嵌入式对答结构。本研究主要探讨了课堂对答的场景、课堂对答的结构类型、课堂对答内话轮获得与转换过程中的权利关系，综述也主要从这三个方面进行。

一、课堂对答场景的相关研究

课堂对答场景指的是课堂教学发生的具体场域，主要指课堂发生的时空限制，随着课堂教学的发展，逐渐有了文化和制度的规定性。教育学研究中，更多使用的是"教学空间"和"教室文化"的概念，这个领域的研究主要包括以下三类。

第一类是探讨课堂空间的本质。徐冰鸥指出，作为教育教学活动主阵地的课堂空间，既有客观、物质之维，也有主观、精神之维。知识与信息、思维与想象、情感和态度这三者同在共存，形成了一个基于物理性空间而存在的课堂空间的精神维度，又因其精神的性质具有了依存性、生成性、整体性和可感悟性的特征。[⑤] 焦炜，徐继存认为，课堂空间是教师引导学生进行知识、情感、价值观交流的一种精神文化空间，是一种精神与情感的对话与交流空间，是一种能引起心理共鸣的审美价值与审美追求的特殊空间。[⑥] 袁丽等认为教室文化指的是"学生的学习和教师的教学赖以进行的物质、制度和价值构成的相互影响的存在

① 程晓堂.论英语教师课堂话语的真实性[J].课程·教材·教法，2010，30(05):54.
② 康艳，程晓堂.外语教师课堂话语功能新框架[J].外语教学理论与实践,2011(03):7.
③ 刘红艳.语料库语言学与课堂话语研究[J].教育理论与实践,2013,33(27):53.
④ 刘虹.会话结构分析[M].北京：北京大学出版社,2004:120.
⑤ 徐冰鸥.课堂空间的精神之维[J].陕西师范大学学报(哲学社会科学版),2013,42(02):104.
⑥ 焦炜，徐继存.课堂空间：本质与重建[J].当代教育科学,2012(19):16.

形态，主要由三个部分构成:静态的物理空间、规则系统、活动程序和环节"。[①]

第二类是探讨课堂教学空间的变革。王春姣认为空间中隐含着教学理念，隐含着空间中人物的权力关系，也影响着课堂教学的深度和广度，传递着课堂纪律秩序，因此，空间是课堂变革的一个重要维度，是现代课堂转型的重要支点，也是现代课堂转型与否的基本表征。[②]熊和平、王硕认为"空间即教育"，讲台、黑板、课桌等基本教学物件构成，但这些物件的空间关系却暗藏着课堂教学的人际关系模式，课堂教学改革不仅需要重置教室空间的器物关系，而且还需要为师生双方创造共同的精神家园。[③]陈旭远、张娟娟运用图像学方法，探究了某小学 1988—2018 年课堂教学空间在教学媒体、空间权利、学生学习方式、教师角色等方面变革的情况，并分析了其深层原因。[④]

第三类是基于信息技术的课堂教学空间改进或者建设研究。周鹏等认为，普及推广网络学习空间应用是教育信息化 2.0 行动计划的主要内容之一，网络学习空间在教学应用过程中积累的海量教学过程数据，应该用于教学研究，并设计了网络学习空间课堂教学活动的三层表示模型。[⑤]杨延等以 PST 模型为指导，构建了"课堂物理—课堂制度—课堂心理—课堂虚拟"四维的翻转课堂学习空间。[⑥]朱珂等认为在新技术影响下，课堂场景突破了以往平面视觉的极限感知，全面开启了三维体验与交互新阶段，逼真的三维虚拟动态显现与沉浸式体验逐步成为一种常态。[⑦]

已有研究探讨了教学空间的本质，认识到教学空间不仅是一个物理空间，更是精神文化空间，既探讨了教学空间的变革，又基于信息技术展望了教学空间未来的变革方向和路径。整体来看既全面又深入，但是这些都是在教育学内部探讨教学空间，如果换个视角，从语言学的"对话场景"概念出发，就能更全面地帮助我们认识到教学空间的意蕴。

①　袁丽，朱旭东，宋萑.美国学校教室文化建构的解读——基于对一所美国公立学校的观察 [J].外国教育研究,2016,43(06):29.

②　王春姣.基于空间变革的现代课堂转型 [J].教育理论与实践,2018,38(25):56.

③　熊和平，王硕.教室空间的建构及其对课堂教学改革的启示 [J].教育发展研究,2017,37(Z2):25.

④　陈旭远，张娟娟.教学空间演变:基于 1988—2018 年教室的图像学阐释 [J].华南师范大学学报 (社会科学版),2019(04):34.

⑤　周鹏，刘佩文，张丹，王紫琴，吴砥.网络学习空间课堂教学活动建模研究 [J].中国电化教育,2019(04):44-51.

⑥　杨延，郑建双，纪志成.基于 PST 的翻转课堂学习空间实施效果研究 [J].现代教育技术,2017,27(04):79-84.

⑦　朱珂，张莹，李瑞丽.全息课堂:基于数字孪生的可视化三维学习空间新探 [J].远程教育杂志,2020,38(04):38.

二、课堂对答结构类型的相关研究

已有文献中涉及的课堂对答结构类型主要包括，"I-R-F"对答结构、"回音"对答结构和"F-D-E"对答结构。

（一）"I-R-F"对答结构

课堂对话中"I-R-F"对答结构的发现是语言学研究对教学研究的重要贡献。肖思汉认为米恩、卡兹登对课堂话语结构"I-R-F"的发现具有开创性的意义，甚至堪比生物学上"DNA"结构的发现。可以说，"I-R-F"对答结构就是课堂话语的"DNA"，因为这个对答结构承载着学校机构话语与其他场合话语的本质区别，并且绝大部分课堂话语的序列都是由"I-R-F"对答结构（或者"I-R-F"对答结构的变式）首尾相接组成的链状结构在时间上不断向前推进的结果。

1. 课堂对话中"I-R-F"对答结构提出的前奏

20世纪中叶哲学上的"语言学转向"，使得社会科学的研究者们纷纷站在各自学科的立场思考语言学与本领域核心问题之间的关系。1979年6月召开的"教学作为语言学过程（Teaching as Linguistic Process）会议前后，话语逐渐成为教学研究的重要视角"。[1] 课堂话语研究的早期，课堂话语中固定的模式结构已经引起了研究者们的注意。关于课堂话语结构的研究可以追溯到贝拉克团队成员"克里伯德"对教学行动结构的研究。克里伯德提出了"教学循环"（Teaching Cycle）这个术语，这个循环实质上是请求（Soliciting，简写为SOL）、回答（Responding，简写为RES）、回应（Reacting，简写为REA）这几种教学行动的组合。[2] 这个教学循环成为分析课堂教学话语模式的术语。拉德哈瓦（B.S.Randhawa）的CVC课堂言语行为分析框架中也有寻找（seek）—告知（inform）—接受(accept)或不接受(reject)的结构。这里的"寻找"即教师通过提问寻找信息，告知即学生回答教师的问题，而接受或者不接受则是教师的一种反馈。[3] 这一时期，虽然没有明确地提出"I-R-F"结构，但是课堂话语的研究者们明显地感受到了课堂话语存在着不断循环的固定结构，并尽量从不同的角度去描述这个结构。

2. 课堂对话中"I-R-F"结构的正式提出

课堂话语中的"I-R-F"结构是由伯明翰学派的辛克莱尔（Sinclair）和库尔萨德（Coulthard）在20世纪70年代初提出的，其主要观点在 *Toward an Analysis of Discourse*（1975）一书中得到了详细阐述。

---

① 黄山 .I-R-F 课堂话语结构刍议：发现、争论与再思考 [J]. 全球教育展望 ,2018,47(05):16.
② 彭亮 , 徐文彬 . 国外课堂话语研究的主题与分析框架探析 [J]. 外国中小学教育 ,2018(09):73.
③ 彭亮 , 徐文彬 . 国外课堂话语研究的主题与分析框架探析 [J]. 外国中小学教育 ,2018(09):76.

（1）话语分析伯明翰学派的理论基础

伯明翰学派话语分析法是语言学研究的延伸，深受韩礼德（Halliday）的早期语法模式和功能理论的影响（邓旭东，1988；张杰，1994；路扬，1996；辛斌，苗兴伟，1998）。语法学家在描述语法结构时，通常将其分为几个层次。例如现代英语语法结构包括五个层次：句子、分句、词组、词、词素。并且较低层次的语法单位按照一定的规则组成更高一层次的单位，从而形成一种层层包含的等级结构。辛克莱尔和库尔萨德也借鉴这种五等级结构的分析模式，把课堂话语分为五个层级的结构：课、课段、回合、话步和话目。①这种模式非常适合分析与课堂话语类似的机构对话。他们的研究还受到韩礼德功能语言观的影响，依靠挖掘语段的功能和语段之间的关系来描写课堂会话。但他们关注的不是语言的普遍功能，而是某一语段或者语段部分在整个话语中的功能。并且在社会语言学的宏观和微观取径上，他们选择了微观取径，即关注某一场合的语言交流。他们之所以选择课堂对话作为语料，是因为课堂对话是正式的机构对话，其结构更加显而易见。②

（2）话语分析伯明翰学派课堂话语五等级模式中的"I-R-F"结构

辛克莱尔和库尔萨德对英国某些中小学课堂上的言语活动进行录音。在分析这些材料的基础上提出了课堂话语结构的五等级模式：课（Lesson）、课段（Transaction）、回合（Exchange）、话步（Move）和话目（Act）。课是这五个等级中最大的单位，由课段组成；课段由回合组成，每一个回合都是由话步组成的，话步由话目组成。辛克莱尔和库尔萨德没有在其描写体系中详细论述"课"和"课段"的架构，而是主要论述了回合、话步和话目。回合包括边界回合（Boundary Exchange）和传授回合（Teaching Exchange）两类。边界回合出现在每个课段的开始和结束部分，标志着一个课段的结束和另一课段的开始，而传授回合则出现在话段的内部。边界回合由框架话步（Framing move）和焦点话步（Focusing move）组成。传授回合由"引发（Initiation）—回应（Response）—反馈（Feedback）"话步组成，简称"I-R-F"对答结构。五等级模式的关系如图 1–2 所示：

① 辛斌, 苗兴伟 . 话语分析的两种方法论略 [J]. 四川外语学院学报 ,1998(04):3.
② 邓旭东 . 介绍伯明翰学派的课堂对话描写体系 [J]. 现代外语 ,1988(04):1.

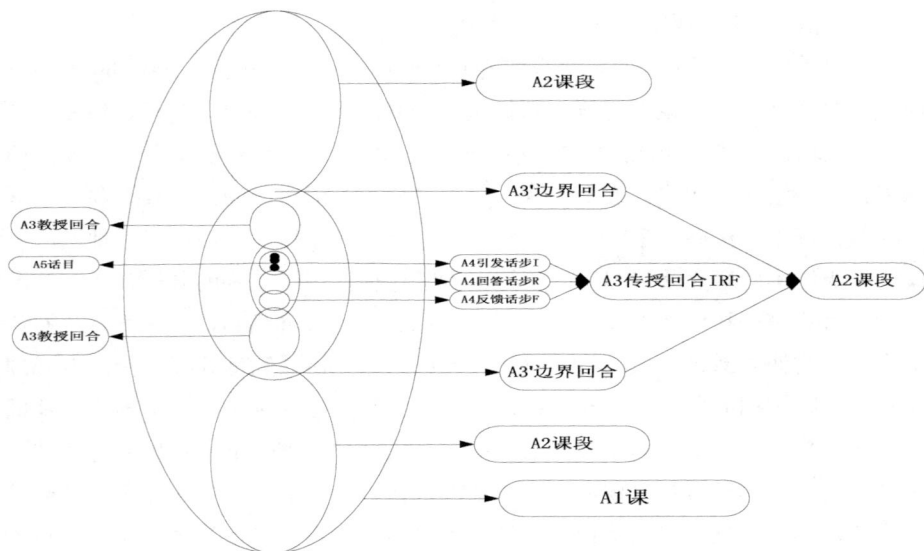

图 1-2 伯明翰学派课堂话语结构五等级模式图

上图 1-2 用圈层的包含关系表达了课堂话语的等级：A1 课 > A2 课段 > A3 回合 > A4 话步 > A5 话目。其中最外层的圆圈 A1 代表课；次级的圆圈 A2 代表课段；课段与课段的交接处 A3' 是边界回合，课段内再次级的圆圈 A3 代表传授回合，A3' 和 A3 共同构成了课段；最小的圈 A4 代表引发、回答、反馈三个话步；最小圈里的黑色圆点 A5 代表话步中区分出的更小层次单位话目，一个话步由一个以上的话目组成。莱姆克也通过分析高中师生对话，得到了这个经典的课堂话语模式："教师引发（teacher Initiation）—学生回应（Student Response）—教师评价（Teacher Evaluation）"，简称"IRE"，并命名为"三段式对话（Triadic Dialogue）"。[1]

（3）"I-R-F"结构所属等级分析模式与会话分析相关概念的辨析

英国伯明翰学派的话语分析模式与源于常人方法学的美国会话分析学派几乎是在同一时期发展起来的两种不同的话语分析方法。但是他们的理论基础、对话语的理解以及分析话语结构所遵循的道路却截然不同（如表 1-2 所示）。[2]

---

① Lemke, J. L. *Talking Science: Language, Learning, and Values* [M]. Norwood, NJ: Ablex, 1990: 269.

② 辛斌，苗兴伟. 话语分析的两种方法论略 [J]. 四川外语学院学报，1998(04):3.

表 1-2 英国伯明翰学派和美国会话分析学派比较表

派别\内容	英国伯明翰学派\n话语分析方法	美国会话分析学派\n话语分析方法
理论基础	布拉格学派和韩礼德功能语言观借鉴了现代语法的等级结构模式。	微观社会学、常人方法学。
对话语的理解	话语是成品，采用等级结构模式以编码的方式对话语的结构进行层次描写。	话语是互动过程，是会话参与者之间相互作用的动态过程，话题的引入、话轮转换、都是在参与者的协商过程中完成的。
话语结构	话语的结构从大到小依次是课、课段、回合、话步、话目这五等级结构。\n各层级的话语单位是依据结构连接在一起的。	会话的结构从大到小依次是：毗邻对、话轮、话轮建构单位（TCU）。不同话轮之间是依据话轮交接规则连接在一起的，这是对话的局部结构。会话分析也研究了会话的开头、主体、结尾构成的整体结构。
共同点	1. 都把话语（实际使用中的语言）作为研究对象。\n2. 都通过描写，试图从被认为无序的话语中找出其结构和规律。\n3. 都重视研究话语的结构并努力解释其连贯性。	

这两种方法虽然有不同，但是可以看作两种互补的话语研究方法。辛斌和苗兴伟认为，把话语作为产品的静态描写不能完全脱离话语产生的语境和过程，对话语的动态分析也不可能照顾到话语产生的所有方面，因此应该把这两种话语分析方法结合起来，才能更全面地分析话语。虽然伯明翰学派沿袭了语言学的传统，而会话分析源于社会学，但他们都把目光聚焦于真实发生的言语互动。虽然会话分析学派将话语看作一个过程（process），而伯明翰学派将话语视为一个产品 (product)。但事实上话语既可以看作过程，也可以看作产品。

（4）"I-R-F"对答结构名称的变化与中文语境中的多重表述

"I-R-F"对答结构是一个在使用中不断变革的概念，在英文文献中的使用不尽统一，有些研究者称为"I-R-F"，有些研究者称为"IRE"。被翻译到中文语境中以后，其叫法更是多种多样，也没有统一。

辛克莱尔和库尔萨德最先提出了"交际回合"的三个"话步"，即"I-R-F"结构。但是交际民族志学者米恩（Mehan）在 1979 年出版的《学习课堂：课堂中的社会组织》一书中，也系统地描述和分析了稳定的课堂话语结构："引发（initiation）—回应（response）—评价（evaluate）。"米恩认为教师的反馈（feedback）通常是一种评价（evaluate），因此这个结构的缩写不应该是"I-R-F"，而应该是"IRE"。[①]卡兹登（Cazden）在米恩的基础上引入了情境、学习、文化差异等新的研究问题，极大地拓展了对课堂话语结构的讨论，她也采用了"IRE"这种叫法。[②]卡兹登还区分了"IRE"结构的序列向度和选择向度，为后期研究者们重新认识和变革这个结构奠定了基础。[③]

但是加拿大安大略教育研究所的教授戈登·韦尔斯（1993）认为"IRE"会限制我们对师生对话的理解，F 代表 follow-up 或者 feedback，即跟进或者反馈，不仅仅是评价，还包括扩展学生回答、提出其重要性、在不同学生的回应之间建立联系等作用，因此"IRE"又被改回了"I-R-F"。[④]卡兹登在 2001 年出版的《课堂话语》中接受了这个说法，"IRE"又改成了"I-R-F"。因此本研究选择使用"I-R-F"这种叫法。

"I-R-F"对答结构在中文语境中也有多种表述。"I-R-F"对答结构对于中国教育学界来说是一个外来词汇，由于翻译者不同、使用时的理论视角和具体语境不同，汉语中有多种不同的表述，到目前为止，并没有完全统一，但是这些"多种表述"的"所指"却是一致的。

田方，黄瑾将其称为"课堂话语结构的 I-R-F 模式"；[⑤]宋扬将其称为"话组"，并且说明，话组大致对应"相邻对"的概念，由几个话轮组合而成；[⑥]李永大把英语课堂会话中的"I-R-F"模式称为"ABA"模式；[⑦]袁萍使用了萨克斯和谢格洛夫所使用的"相邻对"的概念，相邻对包括毗邻多部式和毗邻双部式结构，认为"I-R-F"属于典型的毗邻多部式结构。[⑧]范文芳，马靖香从会话分析的角度将其称为课堂上的"I-R-F 会话"结构。[⑨]武小鹏，张怡将其称为课堂教学的"I-R-F"结构模式；[⑩]周平红课堂话语分析的"I-R-F"结构模式；[⑪]林

① 肖思汉. 听说：探索课堂互动的研究谱系 [M]. 上海：华东师范大学出版社,2017:50.
② Lyle, S. Dialogic Teaching: Discussing Theoretical Contexts and Reviewing Evidence from Classroom Practice [J]. *Language and Education*, 2008, (3): 222-240.
③ ［美］卡兹登. 教室言谈：教与学的语言 [M]. 蔡敏玲,彭海燕译. 台北：心理出版社,1998:59-63.
④ 肖思汉. 听说 探索课堂互动的研究谱系 [M]. 上海：华东师范大学出版社.2017:52.
⑤ 田方,黄瑾. 幼儿园数学教学活动中的互动分析——基于视频的微观情境分析 [J]. 学前教育研究，2019(07):73.
⑥ 宋扬. 课堂告知语篇构建模式分析 [J]. 社会科学战线,2018(07):263.
⑦ 李永大. 英语课堂去语境化的会话策略 [J]. 课程. 教材. 教法,2009,29(04):55.
⑧ 袁萍. 汉语语法课堂教学师生会话结构和功能分析 [J]. 语言文字应用,2016(04):134.
⑨ 范文芳,马靖香. 中国英语课堂上的 I-R-F 会话结构与交际性课堂教学模式研究 [J]. 中国外语，2011,8(01):65.
⑩ 武小鹏,张怡. 基于 TAP 的数学概念教学论证过程量化研究设计 [J]. 数学教育学报,2019,28(06):76.
⑪ 周平红,张屹,杨乔柔,白清玉,陈蓓蕾,刘峥. 智慧教室中小学生协同知识建构课堂话语分析——以小学科学课程为例 [J]. 电化教育研究,2018,39(01):20.

正军将其称为课堂师生互动的"I-R-F"模式；[①] 黄山和安桂清的研究中将其称为"课堂话语结构"。[②] 肖思汉将其称为"话语形式"[③] 综上所述，这些研究者都把"I-R-F"看作一种"结构"或者"模式"，因为这三个话轮组成的固定序列在课堂话语中有规律地反复出现。

3."I-R-F"对答结构的批判及再认识

"I-R-F"对答结构刚被提出时，不但被认为反映了师生之间不平等的权力关系，还被当作以"知识为中心"的教学的产物，因此遭受了诸多批判。随着认识的深入，研究者们逐渐将重心放置到寻求"I-R-F"对答结构选择向度变革的可能性中去了。

（1）"I-R-F"对答结构的批判

"I-R-F"对答结构在被提出之初就遭到了质疑，质疑者认为辛克莱尔和库尔萨德的语料来自以"教师为中心的课堂"，但是随着更多的不同类型课堂的语料被发掘和分析，研究者们发现，无论在那种类型的课堂上，"I-R-F"都是普遍存在的。停止了对"I-R-F"对答结构普遍性的质疑，批判聚焦于"I-R-F"结构与日常对话存在差异；"I-R-F"结构反映出的不平等的师生关系；以及"I-R-F"对答结构主导的课堂教学是以知识为中心的。[④]

（2）"I-R-F"对答结构的合理性及其变革可能性的再认识

后续的课堂话语研究逐渐从对"I-R-F"对答结构的批判转向了为"I-R-F"课堂对答结构辩护。因为研究者们逐渐发现，无论是在"教师中心"的课堂还是"学生中心"的课堂，"I-R-F"三元结构都是普遍存在的，并且课堂对答结构本来就有别于日常对话。"I-R-F"能够保证教师课前预设的教学计划有效实施。在班级授课制的情境中，也就是成人 vs 儿童；一人 vs 全班人的情况下，"I-R-F"是一个相对合理的存在。

卡兹登发现"I-R-F"结构具有序列向度和选择向度。序列向度是纵向的时间上的顺序，选择向度指的是在这个三元结构的每一个阶段都可能有不同的选择，即每一阶段的属性是可变的。I 可以是问题，指令或者引发其他活动。E 可以包括"接受、鼓励、复述、扩展和推动"。因此"I-R-F"结构本身不能决定课堂的属性，如何使用"I-R-F"结构保证学生的课堂参与和机会公平才是值得探究的方向。人们对"I-R-F"对答结构的态度，从批判转向了再认识，并朝着

---

① 林正军, 周沙. 中学英语课堂教师反馈语的类型与特征研究 [J]. 外语教学理论与实践,2011(03):15.

② 安桂清. 话语分析视角的课堂研究：脉络与展望 [J]. 全球教育展望,2013,42(11):21.

③ 肖思汉, 刘畅. 课堂话语如何影响学习——基于美国课堂话语实证研究的述评 [J]. 教育发展研究,2016,36(24):45.

④ 黄山.I-R-F课堂话语结构刍议：发现、争论与再思考 [J]. 全球教育展望,2018,47(05):18.

发掘 "I-R-F" 对答结构多种可能性的方向努力。

4. 以 "I-R-F" 为分析框架的课堂话语研究

由于教学过程也是一个 "言语过程"，因此我们可以通过课堂对答结构的研究分析课堂的属性及课程变革究竟在多大程度上予以发生，进而勾勒课堂重建的方向。依据卡兹登对 "I-R-F" 结构的变式和选择向度的系统分析，可以把 "I-R-F" 结构作为一个分析课堂教学的有效工具。对课堂话语的研究不应该是语言学家和社会学家的 "拓荒" 研究，而应该聚焦教学论本身的问题域，例如从话语的角度分析我国的新课程改革在何种程度上发生，如何提升课堂教学沟通的有效性、公平性。

一些研究者提出了 "I-R-F" 对答结构的变式，例如徐尔清等发现，在大学英语课堂上，除了 "I-R-F" 对答结构，还出现了 "IRIRIRI-R-F"；从交际特征来看，这种结构更接近真实交际。[①] 范文芳等发现并讨论了三种不同形式的 "I-R-F" 会话结构，即典型的 "I-R-F" 对答结构、省略反馈的 "I-R-F" 结构，以及大于三个话步的 "I-R-F" 结构。[②] 李永大提出了课堂话语的 "ABA" 模式（即 "I-R-F" 模式），并指出，"I-R-F（ABA）" 模式能够通过提供反馈和评价校正学习者认识偏差，以提高学习者对语言的整体认识。[③] 袁萍依据会话分析理论，参照刘虹对对答结构的分类标准，把课堂对答结构分为毗邻式和嵌入式，通过 238 个会话片段的分析发现，毗邻式结构的比例为 98.74%，其中毗邻多部式（"I-R-F" 对答结构）的比例是 "60.83%"。并将整体课堂上师生会话结构概括为：[提问 1—回答 1—评价 1] + [提问 2—回答 2—评价 2] + … + [提问 n—回答 n—评价 n]。[④]

一些研究者根据 "I-R-F" 对答结构分析教师课堂话语的特征和改进策略。例如武小鹏和张怡以 "I-R-F" 为分析框架、以图尔敏论证模型为理论基础，分析教师概念教学的论证过程。通过对教师概念教学过程中话轮的编码和统计，构建数学概念教学论证分析框架，从而提升教师的概念教学能力。王蓉分析了英语比赛课和常规课上教师反馈话轮交际策略的运用。当前英语课的主导推进模式仍旧是 "I-R-F" 模式，并且教师普遍存在过早结束话轮的情况，忽略了课堂互动交流与意义协商的倾向。[⑤] 林正军和周沙以师生互动中的 "I-R-F" 对答

① 徐尔清，应惠兰.《新编大学英语》课堂会话研究 [J]. 外语与外语教学 ,2002(03):25.
② 范文芳，马靖香.中国英语课堂上的 I-R-F 会话结构与交际性课堂教学模式研究 [J]. 中国外语 ,2011,8(01):65-66.
③ 李永大.英语课堂去语境化的会话策略 [J]. 课程 . 教材 . 教法 ,2009,29(04):55-56.
④ 袁萍.汉语语法课堂教学师生会话结构和功能分析 [J]. 语言文字应用 ,2016(04):135.
⑤ 王蓉.大学英语教师的反馈话轮交际策略：比赛课堂与常规课堂的比较 [J]. 解放军外国语学院学报，2014,37(04):73.

结构和连续的"I-R-F"对答结构为基础，分析了中学英语课堂教学中教师的反馈语类型，发现教师反馈语多注重形式反馈、对意义反馈不足。①

还有一些研究分析了师生互动中的对答结构及其与学习效果的关系。有些研究者聚焦于学生的协作学习过程，例如张艳香和魏昕围绕师生对话中的话轮（Turn）和对话统一体（Exchange）进行描述和统计，来探究学生"论证"的现状并提出促进学生物理论证能力发展的策略。②有些研究者聚焦于师生互动的过程，例如周平红和张屹分析了智慧教室环境中小学科学探究活动中的课堂师生"I-R-F"话语序列、教师提问的目的和功能、学生的认知过程和理解水平，探究了教师的话语类型和学生的思维水平之间的关系。③田方和黄瑾运用"I-R-F"结构分析了幼儿园数学教学活动中的师生互动，发现师幼互动中既有基本的对答结构即"I-R-F"，也有少量省略反馈的"IR"结构。④江毅和王炜运用"I-R-F"对答结构和滞后序列分析法（Lag Sequential Analysis，LSA）研究课堂上的三种互动及其效果。⑤吴志华和周喜欢将"I-R-F"对答结构作为一种分析教学对话有效性的方法，从对话结构要素、单元层面及对话模式分析了课堂对话的有效性。⑥肖思汉和刘畅综述了"I-R-F"对答结构对学生的学习产生影响的相关文献。他们的研究指出，学习是学生在话语互动中建构意义的行为，并在这个过程中完成概念的转换和完善。话语及其形式在这一过程中决定着意义建构的方式和结果。"I-R-F"对答结构可能会使学生的声音受到压抑，而"回音"（Revoicing）则能"将反馈的权力返还给学生；操纵学生之间的观点和立场、将学生的视角和立场与教学内容联结起来、重新分配不同学生之间的互动关系"。并且，在诸多类型的话语中，"辩护"（justification）最有可能导向正确观点的形成。⑦

夏雪梅认为"I-R-F"对答结构是传统课堂的特征，因而希望从变革课堂对答结构的角度，进行课堂变革，她在阅读课堂中，进行了改变话语内容、创建

---

①　林正军，周沙.中学英语课堂教师反馈语的类型与特征研究[J].外语教学理论与实践，2011(03):15.

②　张艳香，魏昕.促进学生物理论证能力发展的策略研究[J].课程.教材.教法,2016,36(03):122-123.

③　周平红，张屹，杨乔柔，白清玉，陈蓓蕾，刘峥.智慧教室中小学生协同知识建构课堂话语分析——以小学科学课程为例[J].电化教育研究,2018,39(01):20.

④　田方，黄瑾.幼儿园数学教学活动中的互动分析——基于视频的微观情境分析[J].学前教育研究,2019（07）:69.

⑤　江毅，王炜，康苗苗.基于行为序列分析的师生互动效果研究[J].现代远距离教育,2019(06):53-61.

⑥　吴志华，周喜欢.基于I-R-F话语分析理论的课堂对话教学有效性分析[J].中国教育学刊,2015(03):71.

⑦　肖思汉，刘畅.课堂话语如何影响学习——基于美国课堂话语实证研究的述评[J].教育发展研究,2016,36(24):45-54.

新的话语规则的设计研究，前后测的对比数据表明，课堂中产生了指向高阶思维和社会性发展的话语变革。[①] 卜玉华和齐姗认为 I-R-F 对答结构中，教学的启动与结束都取决于教师，"学生像被加在三明治中的食物"，只能在某个点上被动应答，就好像在话语引导的巴士轨道上，学生并不了解整个旅程。这对学生表达的主动性、学生的自我调节都造成了压抑。因此对"I-R-F"的三个话轮都进行了改革。I 话轮的改革包括：从教师提问转向学生提问；多提开放型问题。R 话轮的改革包括，教师提出问题或者任务，让学生采用小组合作的方式寻找答案，给学生提供思考的时间、共同探究的空间及可能的学习资源。F 话轮的改革包括：用"开放延伸"替代简单的"评价"。[②]

（二）"回音"对答结构

随着研究者们对课堂对答结构的关注，更多类型的对答结构被发现和描述。迈克尔斯（Sarah Michaels）和奥康纳（Mary Catherine O'Connor）提出了"回音"结构。"回音"结构指的是"教师不直接对学生的回答进行反馈，而是重新组织语言说出学生的想法，以这种方式回应学生，这就是回音"。[③] 根据维果茨基的社会文化理论，回音提供了协调学术任务结构（academic task structure）和社会参与结构（social participation structure）的重要工具，促使学生在课堂会话中进入知识社会化的进程。[④]1996 年，奥康纳和迈克尔斯进一步对回音的语言结构和功能进行了说明。详见表 1-3 所示：

表 1-3 奥康纳和迈克尔斯提出的"回音"结构要素表[⑤]

回音结构要素	内涵	例子
教师重新表达的部分（the reformulation component）	教师对学生贡献的再表达（reutter）或改述（rephrase）如果学生同意教师"再表达"或者"改述"，学生就获得了这个内容的所有权。	"所以你刚刚说这是一个奇数吗？"

---

① 夏雪梅. 在传统课堂中进行指向高阶思维和社会性发展的话语变革 [J]. 华东师范大学学报（教育科学版），2019,37(05):105.

② 卜玉华,齐姗. 学生思维发展与英语教学对话结构的改进：话语互动的视角 [J]. 教育科学研究,2019(11):64-69.

③ O'Connor M.C., Michaels, S. Aligning Academic Task and Participation Status through Revoicing: Analysis of a Classroom Discourse Strategy [J]. *Anthropology & Education Quarterly*, 1993, 24(4): 318-335.

④ 郁志珍. 小学科学教师回音（Revoicing）话语策略的实证研究 [D]. 华东师范大学,2019.18.

⑤ O'Connor M.C., Michaels, S. *Shifting Participant Frameworks: Orchestrating Thinking Practices in Group Discussion. In D. Hicks (Ed.) Discourse, Learning, and Schooling* [M]. New York, NY: Cambridge University Press, 1996: 63-103.

续表

回音结构要素	内涵	例子
间接引语的使用（the use of indirect speech）	这里的间接引语包括"人称代词"和表"认知"的动词两部分。 尽管教师可能已经对话语进行了重构，但教师通过人称代词明确了"某个学生"是知识内容的创始者。教师通过"回音"将不同学生的话语内容分配到不同学生的贡献中，从而将他们的话语联系在一起。	你认为……；你预测……；亚瑟说……，你说……
合理推理中"所以（so）"和其他标记的使用（The use of so and other markers of warranted inference）	这表明教师在对之前学生所说的话语进行他认为有根据的推断。 通过这个"合理推理"的表征，教师将解释和确认推理的责任进行了分配（layer），即提供初始推理的那个学生。 通过回音，教师在对话的过程中开辟了一个"间隙"，学生获得了一个回应的机会，即是否同意教师的"回音"。	所以……

　　奥康纳和迈克尔斯的开创性研究成为后续研究的基础，美国密歇根州立大学教授赫布尔-艾森曼（Herbel-Eisenmann）通过一项对中学数学教师的调查研究，指出了数学教师经常讨论的四种常见回音形式：重复（repeating）、重述（restating）、改述（rephrasing）和扩展（expanding）。[1]

　　回音话语具有多模态特征，沙因（Paichi Pat Shein）研究了教师在进行"回音"时的手势，发现教师的"返回手势（return gesture）"是一种重要的非言语回音形式，这里的"返回手势"指的是教师模仿、再现上一话轮中学生（即被回音的学生）使用的手势。[2] 弗勒德（Virginia J. Flood）和亚伯拉罕森（Dor Abrahamson）拓展和细化了沙因的研究，建构了多模态回音话语形式。[3]

　　对回音课堂话语结构是如何具体地影响了课堂教学效果的研究。主要集中在数学、第二语言和科学课堂。数学学科中，回音的价值主要表现在促进学生开展数学论证，包括"复杂的集体数学论证过程"和"小组论证"。对集体讨论而言，教师通过回音首先可以掌控课堂讨论的进程（就像驾驭马车一样），教师通过再表述或者改述学生的观点使其与整体的讨论立场保持一致并通过扩展

---

　　① Herbel-Eisenmann B, Drake C, Cirillo M. "Muddying the Clear Waters": Teachers' Take-up of the Linguistic Idea of Revoicing[J]. Teaching & *Teacher Education*, 2009, 25(2): 268-277.

　　② Shein, P. P. Seeing with Two Eyes: A Teacher's Use of Gestures in Questioning and Revoicing to Engage English Language Learners in the Repair of Mathematical Errors [J]. *Journal for Research in Mathematics Education*, 2012, 43(2): 182-222.

　　③ Flood, V. J. & Abrahamson, D. *Refining Mathematical Meanings through Multimodal Revoicing Interactions: The Case of "Faster"* [C]. Paper presented at the Annual Meeting of the American Educational Research Association. Chicago: IL, 2015. 2-10.

重新聚焦论证的主要方面。其次可以通过这种再表述明确了学生之间的"一致"或者"不同"的立场，学生需要回应老师，"是还是否"，这种回应需要经过思考并伴随论证（即前文所说的开辟"间隙"slot）。第三，教师通过"再表述"或者"改述"，为那些作为听众的学生呈现论证的重要节点，帮助其集中注意力。第四，突出学生的贡献，即学生对某些观点的原创性。[①] 小组论证过程中，回音也可以作为一种"调整论证立场的手段"，第二位发言者可以使用回音重申上一个发言者的观点，作为自己发言的一个开始，后续话语既可以支持第一个发言者（经验或者逻辑支持）也可以反对第一个发言者（经验中的反例或者逻辑中的错误）。[②]

数学课上回音的价值还表现在促进学生学习数学概念。权等人的研究发现，回音具有四种不同的功能，作为黏合剂、作为脚手架、作为赋予所有权的方式、作为社会化手段。[③] 埃克特（Andreas Eckert）和尼尔森（Per Nilsson）区分了积极的回音和不积极的回音。不积极的回音的表现是，教师只是重复学生的话语，不进行解释，因此学生无法通过教师的反馈知道教师是如何理解的，这是一种中立的行为，不会突出学生的特定贡献。积极的回音的表现是，教师会对学生的应答信息进行扩展或者改写，这个过程涉及"平衡"和"解释"两个过程，一方面，教师解释学生贡献的内容；另一方面，这种解释基于教师自己对概念的理解和教师所有的专业背景知识。[④]

科学课堂中，研究者发现，回音可能将传统的"I-R-F"对答结构转变为讨论编排（Discussion Orchestration）模式。福曼（Ellice A. Forman）和安塞尔（Ellen Ansell）的研究指出，教师的回音在重构学生话语时能促使学生对自己观点的合理性做出解释，并且学生可能模仿教师使用回音话语，师生在参与彼此的回音的过程中"倾听、反思、澄清、扩展、翻译、评价和整合彼此的解释"，这个过程能够打破"I-R-F"结构，促使课堂对话朝着讨论编排的方向转变。钦（Christine Chin）认为回音话语可以帮助语言表达能力较弱的学生参与师生共同

---

① Forman, E. A., Larreamendy-Joerns, J., Stein, M. K, et al. "You're Going to Want to Find out Which and Prove It": Collective Argumentation in a Mathematics Classroom [J]. *Learning & Instruction*, 1998, 8(6): 527-548.

② Forman, E. A. & Ansell, E. Orchestrating the Multiple Voices and Inscriptions of a Mathematics Classroom[J]. *Journal of the Learning Sciences*, 2002, 11(2-3): 251-274.

③ Kwon, O. N. , Ju, M. K. Rasmussen, C. , et al. Utilization of Revoicing Based on Learners' Thinking in an Inquiry-Oriented Differential Equations Class. [J]. *The Seoul National University Journal of Education Research*, 2008, 17: 111-124.

④ Eckert, A. Nilsson, P. Introducing a Symbolic Interactionist Approach on Teaching Mathematics: The Case of Revoicing as an Interactional Strategy in the Teaching of Probability [J]. *Journal of Mathematics Teacher Education*, 2017, 20: 1-18.

的建构过程中，调整学生的认知和语言负荷。[1] 泰特勒（Russell Tytler）和阿兰达（George Aranda）的研究分析了专家教师使用"探索性话步"协调班级的话语互动，超越简单的 IRE 模式。教师的话步包括三类：引发和承认学生回应；澄清学生观点；扩展学生想法。[2]

查平（Suzanne H. Chapin）、奥康纳和安德尔森（Nancy Canavan Anderson）将回音作为一种能引起课堂讨论的语言行为，并提出了包含五个话步的实施过程。[3] 如表 1–4 所示：

表 1–4 "讨论编排"互动模式表

步骤	话步	举例
1	回音	所以你刚刚说这是一个奇数吗？
2	要求学生重述另外一个学生的推理过程	你能用自己的话重复他刚才说的话吗？
3	要求学生将自己的推理运用到其他学生的推理中	你同不同意他／她的观点？为什么？
4	促使更多学生进一步参与讨论中	有其他同学想补充吗？
5	等待一定的时间	你可以慢慢来……我们会等待……

这种课堂话语的互动模式又被称为"讨论编排（Discussion Orchestration）"，有利于学生展开负责的交谈（accountable talk）和学会质疑原作者（questioning the author）[4] 教师可以在全班讨论、小组讨论、两个人的同伴对话中使用这种话语策略。赫布尔 - 艾森曼等人认为"讨论编排"是促进中学生有效学习的教师话语。[5] 除此之外，费里斯（Sarah J. Ferris）也提出了回音在具体教学情境中的使用要点。[6]

所以，研究者认为，"回音"是一种特殊的反馈，这个反馈不是简单的评

① Chin, C. Classroom Interaction in Science: Teacher Questioning and Feedback to Students' Responses [J]. *International Journal of Science Education*, 2006, 28(11): 1315-1346.

② Tytler, R. Aranda, G. Expert Teachers' Discursive Moves in Science Classroom Interactive Talk [J]. *International Journal of Science & Mathematics Education*, 2015, 13(2): 425-446.

③ Chapin, S. H., O'Connor, M. C. & Anderson, N. C. *Classroom Discussions: Using Math Talk to Help Students Learn. 1st ed.* [M]. Sausalito, CA: Math Solutions Publications, 2003: 12-21.

④ O'Connor M.C., Michaels, S. Aligning Academic Task and Participation Status through Revoicing: Analysis of a Classroom Discourse Strategy [J]. *Anthropology & Education Quarterly*, 1993, 24(4): 318-335.

⑤ Herbel-Eisenmann, B. Steele, M., Cirillo, M. (Developing) Teacher Discourse Moves: A Framework for Professional Development [J]. *Mathematics Teacher Educator*, 2013, 1(2): 181-196.

⑥ Ferris, S.J. Revoicing: A Tool to Engage All Learners in Academic Conversations [J]. *Reading Teacher*, 2014, 67(5): 353-357.

价，而是包含了"合理推理的标记语，例如'所以'；间接引语和认知动词的使用，例如'你认为'"；教师对学生观点重新表述使其更精确的部分。从会话分析"对答结构"的角度来看，这种回音，又是一个特殊的"引发"，按照上表，查平、奥康纳和安德尔森提出的实施"回音"话步的五个步骤来看，这五个步骤都是教师的提问，这里的对答类型仍然属于"询问—回答"对答结构仍然是"引发—应答—（反馈）"这里把反馈放在括号里的意思是，教师有时候有反馈，有时会省略反馈。

（三）"架构—发展—评价"对答结构

迈耶提出了"架构—发展—评价"（Framing-development-evaluation，F-D-E）的新结构。强调学生是在教师的话语架构与调度下，自主地发展对某个话题的高阶认知。[①]

"F-D-E"是基于对话功能的编码，而不是基于语法来关注师生互动的目的、意义和相互作用的方式。对意义的关注也意味着对话题引发（topic initiation）和发展（development）的关注。编码系统概念化为合作的知识建构的三个阶段："架构—发展—评价"，可以被用于任何师生话语互动的话步模式中。这三个阶段可以被细化到更加具体的话步类型中，只有一些可以被描述为"I-R-F"结构。

在"F-D-E"分析中，这三个话步或者构成他们的任何更小的话步都不是教师或者学生的专用。与之相反，编码系统寻找学生或老师进行解释过程的任何方面的所有语言形式。毫无疑问，这其中的一些仍然表现为"I-R-F"结构，在这个结构中，教师提问或者提出邀请（架构）—学生做出简单的回答或者解释（发展）—紧跟着的是教师的批准、挑战、反击话步（评价）。在其他情况下，学生可能会进行一系列的发展和评估话步，去回应两个学生的架构，在这个过程中就是没有教师的口头贡献，即教师不说话，都由学生们自己完成。

"F-D-E"分析的提倡者认为，与许多语言学家不同，教育者必须以与个体成员的目的和意义（而不是语法和语法）相互作用的方式来关注师生对话的过程。对意义的关注反过来又意味着对话题的发起和发展的关注。因此，分析的重点从话步的序列转移到了广泛的知识建构模式，在退后一步并考察教师和学生对话随着时间的作用以建构理解的方式时，人们将能够看到比"I-R-F"镜头所允许的更大，更复杂的模式。其他量化指标也会显示出来，例如谁做了多少次架构、发展与评价。

三、课堂对答中话轮交接（说话权利）的相关研究

由于教育学研究对课堂师生对话中的话轮交接系统并不敏感，因此教育学

---

① 肖思汉.听说 探索课堂互动的研究谱系 [M].上海：华东师范大学出版社,2017:47.

中比较习惯使用"话语权"这个概念来描述课堂上"说话的权利和机会"。由于说话的权利与说话主体密切相关,课堂话语权的相关研究,主要从教师话语权、学生话语权两个角度进行,并且学生话语权的研究数量要多一些。

对学生话语权的研究主要体现在,学生在课堂上的话语权缺失、异化,因此提倡学生话语权的回归与重构。周兴平等指出,布迪厄场域理论揭示了话语服务于权利的本质,课堂场域的话语权利包括教师代表的制度性话语权和学生代表的个体性话语权。教师的知识权威让学生话语内容失真,具体表现为:精英言语及其引发的弱势失语,话语双方的自主与教化关系一旦破坏将产生话语权利的"假性赋予",场域权利不均致使学生话语机会的"标定分配",其中以"抑制性分配"为代表的场域冲突对学生课堂话语权的伤害最为普遍。① 武小鹏和张怡通过"综合评价模型"对课堂上师生的话语权进行了实证研究,指出了"学生处于被支配地位,教师有话语霸权倾向"。② 除了义务教育阶段,学生话语权缺失的现象贯穿于各个培养阶段的学生中,包括幼儿园和大学。张梅指出,当前师幼话语呈现出单一化、受控性、虚假性、不平等等弊端。究其原因在于教学疏离了幼儿的实际需要,课堂中师幼交往关系异化、教师权威泛化,以及传统评价机制的束缚。③

董艳焱指出,在大学外语课堂教学中,教师存在"极度的话语权",而学生的话语权则普遍缺乏,这种现状体现了目前教学中师生权力的不平等。④ 针对这个现状,研究者们都提倡教师就应为课堂教学话语权寻找一个平衡点,即转变教师角色,建立多元化的考核方式和课堂激励机制,针对不同群体采用多样化的教学手段,为学生创造一个主动的、和谐的、宽容的、注重人文关怀的课堂环境。

对教师话语权的研究,一方面指出了教师在与学生对话时,属于强势的一方,例如教师主宰课堂话语,并在德育中滥用话语权,对学生使用语言暴力。另一方面,则认为教师在制度、专家和行政话语的三重压迫下,也存在话语权缺失的现象。⑤ 周健敏等也指出,教师在课堂话语中比较强势,但是在整个教育系统中,在面对专家和课程文本时是"失语者"。教师在课堂中的实然地位更

① 周兴平,方晓田.场域理论视野下的学生课堂话语权异化研究[J].教育理论与实践,2019,39(05):12.
② 武小鹏,张怡.基于综合评价模型的师生课堂话语权实证研究[J].当代教育科学,2015(12):25.
③ 张梅.课堂教学中幼儿话语权的失落与回归[J].学前教育研究,2008(07):49.
④ 董艳焱,陈宏.大学外语课堂教学中"话语权"的现状及应对策略[J].教育理论与实践,2010,30(09):49.
⑤ 张庆.课堂教学中的教师话语权:缺失、滥用与回归[J].当代教育科学,2014(13):18-19.

多地体现为一种社会代言人的角色。教师被赋予的话语权是制度的产物。[①] 黄伟的研究指出，课堂对话的掌控权的师生比为 1.1 ：1；课堂对话的移交权的师生比为 43.5 ：1；课堂对话的获取权的师生比为 18.2 ：1。[②] 郑艳等研究了课堂小组讨论中的话轮交接，发现小组讨论中的话轮转换在话轮的获取、话轮的把持及话轮的出让等不同环节也存在相应的技巧。明晰小组讨论中的话轮转换有利于提高学生的会话策略，进而使其掌握语言知识，提高交际能力。[③]

研究者们都认为，在课堂话语中，教师确实存在话语霸权的现象，但是又要审慎地认识话语权力的正当运作，尊重教师正当运用他们的话语权，否则就会盲目地错伤，造成对教师的正当"教学权力"的消解，进而造成教师在课堂对话中的难作为和不作为。从方法上来看已有的大部分研究是采用思辨的方法，有一些研究已经借用了语言学中的"话轮"的概念，来描述和统计师生话轮的数量和转换。本研究拟系统地采用会话分析理论中的"行为""话轮""相邻对"等概念工具来详细地描述优质小学中师生话轮的获得、保持和交接。

第三节　课堂对答内话轮的相关研究

在不同流派的话语分析中，行为是话轮的基本构成单位，话轮是对答（相邻对）的基本构成单位，对答是序列（对话）的基本构成单位。部分教育学研究已经借鉴了这些概念来分析课堂话语。

一、课堂对答中话轮完成行为的相关研究

在微观话语分析中，行为是不同流派的话语等级分析模式的基本单位，但是国内课堂话语中行为分析的相关研究还比较少。

（一）行为是不同流派的微观话语分析的基本单位

"行为"是语言分析的重要概念，英国伯明翰话语分析学派、美国会话分析学派、法国互动"等级模式"分析法，都把"行为"作为语料分析的基本单位。详见表 1–5 所示：

表 1–5 话语等级分析模式中同一级别概念的比较表

学派 类型	英国伯明翰学派话语分析	美国会话分析学派话语分析	法国互动"等级模式"分析

①　周健敏，赵凤雨. 新课程背景下课堂社会的教师话语权探析 [J]. 当代教育科学,2005(14):31.
②　黄伟. 教学对话中的师生话语权—来自课堂的观察研究 [J]. 教育研究与实验,2009(06):44.
③　郑艳，罗大珍. 英语课堂小组讨论中的话轮转换探析 [J]. 中国教育学刊,2014(12):59.

1. 话目与行为	话目（Act）实现了一定交际功能的子句（clause）。	行为（Act）指的是交际的双方根据交际的具体场景和社会规则从对方的"所说"中识别出的交际目的。例如，提问，抗议、嘲讽。建构了一个行为的语言单位被认为是一个话轮建构单位（Turn Constructional Unit，简称 TCU）。	行为（Act），是指由一个说话人完成的最小言语行为，例如，告知、邀请等。
2. 话步、语段、话轮	话步（move），一个话步由几个话目组成。语段（Utterance），指两个明显的停顿间的一串言语，尚未发生说话者和听话者角色互换的一段话。	话轮（Turn）指的是说话人所说出的连续的（没有沉默）尚未发生说话者和听话者角色互换的一段话。	话步（由一个说话人完成，最少包含一个行为，但常常包含一个主导及其他的从属行为）。
3. 回合、毗邻对、交流、对白单位、对答	回合（exchange），由不同人说出的语段中的话步前后相接组成回合。	相邻对（adjacency pair）指的是两位说话者前后相接说出的两个相关的话轮。由引发语和应答语组成。中国学者刘虹拓展了相邻对的概念，用"对答"替代"相邻对"。	交流（exchange）韦罗尼克认为交流是最小的"对白单位"，这里的"最小对白单位"与"相邻对"为同一范畴。
4. 课段、序列	课段（Transaction），由回合组成。	序列（Sequence）指的是由一个以上的彼此联系的相邻对组成。	序列，由几个交流或主题组成。
5. 课与序列组织	课（Lesson），由几个课段前后相接组成。	序列组织（Sequential organization）指按一定轨迹组织成为连贯、有序、有意义的交际形态。	互动，参与者之间产生联系和分离的过程中发生的东西。

由表 1-5 可知，英国伯明翰学派、美国会话分析学派、法国互动研究人员的"等级模式"分析法在命名不同等级的话语结构时，虽然名称各异，但是其主要结构单位的范畴是基本一致的，并且各级范畴从内向外嵌套，构成了一个洋葱状的结构。如图 1-3 所示：

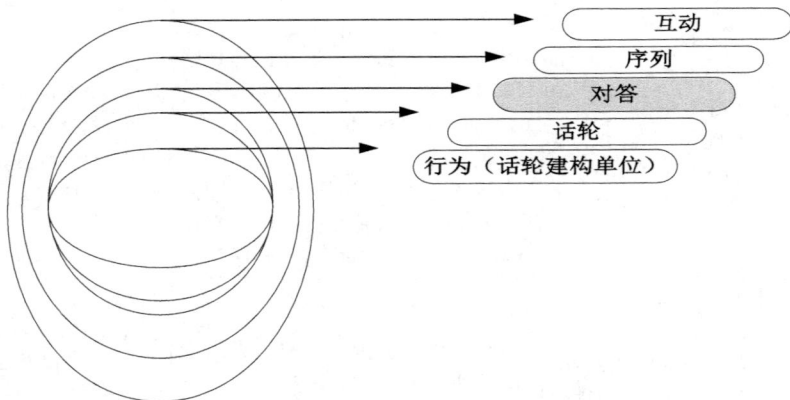

图 1-3 话语等级模式分析的洋葱状结构图

对答属于话语等级分析模式的第三等级范畴：行为＜话轮＜对答＜序列＜互动。

话语等级模式中最小单位是"话目"和"行为"，它们的英文都是"Act"，指的是根据词、短语或者语句的功能、说话目的识别出的"活动"。[①]话步是大于 TCU（话目）小于话轮的单位。例如一个引发话步可能由几个 TUC（话目）组成，但是其本身又不是一个完整的话轮，因为没有发生话轮交接，这个话轮中除了引发话步，还有框架话步和焦点话步。"语段"与"话轮"的范畴一致。指一个说话者在听说角色切换之前说出的一段话，是最小的"独白单位"。

"回合"与"毗邻对"以及后期发展出来的"对答""交流"的范畴一致。指最小的"对白单位"，即至少包含两个人说出的前后相连的两段话。"课段"与"序列"的范畴一致，指将几个"最小对白"前后连接在一起的一段话。"课"与"序列组织"或者"互动"的范畴一致，指多个"序列"组合在一起的一整段"互动"。

这三组概念的对比，说明了在研究"对话"的过程中，考虑"行为""最小独白单位""最小对白单位""对白单位"组成的序列，以及完整互动是一个共同的结构逻辑。通过对比三组概念，研究者选择了最符合汉语表达习惯的"对答"作为核心概念。对答就是最小的"对白单位"，其范畴与上表中的"相邻对""回合""交流""最小对白单位"基本一致。

课堂会话中的对答结构就是教师和学生在对话的过程中产生的一种最小"对白单位"，至少由师生两个说话人的两个话轮构成，更普遍的是三个话轮组成的"I-R-F"对答结构。

---

① 辛斌，苗兴伟. 话语分析的两种方法论略 [J]. 四川外语学院学报,1998(04):3.

（二）课堂对答中"行为"的相关研究

伯明翰学派的辛克莱尔和库尔萨德提出了课堂话语结构的五等级模式：课（Lesson）、课段（Transaction）、回合（Exchange）、话步（Move）和话目（Act）。

他们主要论述了回合、话步和话目。回合包括边界回合（Boundary Exchange）和传授回合（Teaching Exchange）两类。边界回合出现在每个课段的开始和结束部分，标志着一个课段的结束和另一课段的开始，而传授回合则出现在话段的内部。边界回合由框架话步（Framing move）和焦点话步（Focusing move）组成。传授回合由引发（Initiation）—回应（Response）—反馈（Feedback）话步组成。

框架话步在语流中起着标示边界的作用，表明话语一个阶段的结束和另一阶段的开始。在以英语为母语的课堂上，框架话步由标记和亚重音两个话目组成。在英语为母语的课堂上，标记词语通常包括 well、right、now、ok 等，这些词以降调说出，在重读后有一停顿，这就是亚重音，他们的功能是表示话语中的边界。如表 1-6 所示：

表 1-6 框架话步表

话步类型	话目类型	例子
框架话步	标记 哑重音 [1]	好的（。）[2] △

表 1-6 中的例子是中文为母语的课堂上，也存在框架话步。教师在一个课段结束之前，也会说出一些"标记词"，例如"那好了"，以降调读出，并且在重读后有一停顿，预示着某一课段要结束了或者要开启新的课段了。

框架话步后常跟随焦点话步。焦点话步的主要组成部分是结论（Conclusion）和元陈述（Metastatement）（导入陈述）。即给学生总结上一阶段的内容或者向学生导入下一阶段的内容。

表 1-7 焦点话步表

话步类型	话目类型	例子
框架话步	标记	好的（。）
焦点话步	结论（总结上文）	上一节课我们了解了课文的大意，也知道每一段究竟写了哪些内容。

---

　　[1]　重音是语句中念得比较重、听起来特别清晰的音叫作重音，其特点表现在扩大音域和延续时间上。如果重音处于亚音节上(即倒数第二个音节)，就称为亚重音。

　　[2]　（。）这个符号在比勒菲尔德誊写系统中代表不到一秒的停顿。

话步类型	话目类型	例子
焦点话步	元陈述（引入下文）	这节课，我们就来看一看，课文是怎样围绕五个战士不怕牺牲这样一个中心逐步展开的。

表 1-7 中，首先出现的是框架话步的亚重音"标记语"。接下来是焦点话步中的结论部分（总结上文）和元陈述（引入下文），例如在《狼牙山五壮士》这个课例中，先出现框架话步"好的"，然后紧跟着总结上节课的内容以及导入这节课的内容。框架话步和焦点话步结合起来组成的边界回合是区分两个课段的标志。除了边界回合，课段内部还有大量的"传授（Teaching）回合"。

传授回合是课堂话语最典型的回合，传授回合由引发（Initiation）、回答（Response）和反馈（Follow-up）三个话步组成，简称"I-R-F"。引发话步主体成分由告知（informative）、指示（directive）、诱发（Elicitation）三种不同的话目。（其实也是三种不同的行为），这三种话目又分别由问题、命令、陈述实现。

表 1-8 引发话步表

话步	具体话目	实现方式	例子
引发的主体话目	告知（informative）	通过陈述实现	这篇课文写了五段内容，作者层层深入地描写了五壮士不怕牺牲，勇敢杀敌的情景。
	指示（directive）	通过命令实现	大家把书打开，先看"接受任务"部分，快速默读一遍。
	诱发（Elicitation）	通过问题实现	看看第一段交代了什么？
引发的伴随话目	示意（cue）	通过肢体或语言实现	老师做出举手的工作，或者说"先举手"
	投标（bid）	通过举手实现	多个学生举手希望自选成为下一个说话者（类似商业活动中的投标）
	提名（nomination）	通过叫名字实现	陈丹你来说一下
	提示（clue）	通过陈述或者提问实现	时间来不及了，必须采取果断、坚决的态度，是不是啊？谁还补充？
	催促（prompt）	通过词或短语实现	很好，接着说

诱发话目要求学生用语言做出反应，即用语言回答教师的问题；指示要求学生以非语言形式做出反应，例如按照老师的指示默读课文、看黑板等非语言行为；告知的作用是教师向学生传递信息。

回答话步和引发话步是成对的两个互补的话步，引发的主体话目有三个，回答话步也有三种方式与之对应。分别是：教师告知—学生应答（acknowledge-ment）；教师指示—学生反应（react）；教师诱发—学生回答（answer）。对告知的反应是表示听到了说话的内容；对指示的反应是根据指示做出动作；对诱发的反应是用语言回答。

表 1-9 回答话步表

话步	具体话目	实现方式	例子
回答话步	应答（acknowledgement）	通过肢体或语言实现	点头，或者"是""对"等简单的回答
	反应（react）	通过动作实现	打开书，默读课文
	回答（answer）	通过语言实现	第一段交代了时间、地点、人物、事件。

在中国的公开课上，对于教师的告知，学生通常会表示接受教师的告知，而不会质疑。对于教师的指令，学生们也都会整齐地照做。也会非常认真地去回答教师提出的问题。

学生回答之后常跟随者一个教师的评价性语段（话轮），这就是反馈话步。其结构也由三类话目实现：接受（accept）、评价（evaluate）、议论（comment）。

表 1-10 反馈话步表

话步	具体话目	实现方式	例子
反馈话步	接受（accept）	通过重复学生的话或"嗯、是的、好、对"等词语实现（中性低降调）	点头，或者"是""对"等简单的回答
	评价（evaluate）	通过重复学生的话或"嗯、是的、好、对"等词语实现夸奖（高降调），修正或否定（升调）	肯定评价：很好，那么在敌人数以千计，气焰十分嚣张的情况下（重复学生的话），战士们必须以少胜多。（高降调）↓ 否定评价：就照着念一遍？↑用自己的话说呀。↑（升调）
	议论（comment）	通过语言评论实现	什么情况下接受了任务？说透啊！

其中接受话目表示教师已经听到了学生的回答，并且认为是合适的。评价话目主要指教师对学生回答的"质量"做出评价。

回合可以分为边界回合和传授回合，其中传授回合的基本单位是"I-R-F"，反馈的大量出现假定教师具有评估学生表达的权力，这种"传授回合"的目的是训练学生按照学校制定的标准进行表达，甚至可以认为是学校代表社会训练学生按照社会期望的方式进行表达。

辛克莱尔和库尔萨德还根据传授回合的基本结构和具体功能把传授回合分成了两类：即自由回合和粘附回合。见表 1–11 所示：

表 1–11 传授回合的分类表 [1]

回合类型	具体类型	表达式
自由回合	教师告知 Teacher—Inform	I（R）
	教师指示 Teacher—Direct	IR（F）
	教师诱发 Teacher—Elicit	I-R-F
	学生告知 Student—Inform	IR（F）
	学生诱发 Student—Elicit	IR
	核实 Check	IF
粘附回合	重新引发 Re-Initiation（1）	IRI^bRF
	重新引发 Re-Initiation（2）	I-R-F（I^b）RF
	列举 listing	I-R-F（I^b）RF（I^b）RF……
	补强 Reinforce	IR I^b R
	重复 Repeat	IR I^b RF

上表中，I^b 指的是粘附引发 "Bound Initiation"。通过上表能够看出，判断一个传授回合是自由回合还是粘附回合的依据是这个回合由几个"引发 I"。

自由回合通常是一个简单的传授回合，仅包含一次引发，随后是回答和反馈，整体上可以看作一个单独的"I-R-F"传授回合。粘附回合通常包含不止一次引发，初始引发 I 之后，是回答和反馈，随后紧接着是粘附引发 I^b，随后又跟着回答和反馈，因此可以看作复合的传授回合。

这个结构中的"引发"通常是对"学生知道什么"或者"了解到什么程度"的一种测验，而教师的"反馈"则不断地向学生传达"他们的表达"需要调整到什么方向。因此受过多年学校教育的学生会表现出一种与没受过这种教育的人迥然有别的"受过教育的话语"，以及伴随着这种"受过教育的话语"的"受过教育的身体"。基于"I-R-F"结构的以上特征，这个结构被认为是课堂话语的普遍的、本质的结构，因为它体现着课堂话语与日常话语的最大区别。

英国伯明翰学派的"五等级模式"奠定了课堂话语分析的主要框架，并且详细地区分出了师生话轮完成的各种行为。这个研究传入中国之后，我国的研

---

① 邓旭东. 介绍伯明翰学派的课堂对话描写体系 [J]. 现代外语 ,1988(04):6.

究者也用这种分析方法归纳了我国课堂对答中师生话轮完成的行为。例如，吴宗杰对课堂对答过程中的话轮交接现象进行了详细的研究，归纳出了教师话轮完成的四大类主要行为：施与、接受、并存和隐含，并概括出了 18 个子类的行为。[①] 本研究运用会话分析中的"行为"概念来归纳优质学校 D 小学课堂对答中师生话轮完成的行为。

二、课堂对答中话轮礼貌策略的相关研究

教育学中对课堂对答中礼貌策略的研究主要集中在第二语言课堂上，原因是"礼貌策略"是语用学的研究内容，第二语言课堂的教师更加熟悉相关的"面子理论"和"礼貌理论"。

李兴玲认为，课堂本身是一个交际场所，课堂中的教学活动不可避免地具有交际性质。礼貌是人们在言语交际过程中自觉或不自觉遵守的一个原则，礼貌的社会功能在于保持人与人之间的融洽与和谐，消除抵触并促成合作。为了使课堂教学顺利地进行，教师应正确、巧妙地使用一些策略来对课堂教学进行管理。比那提出了教师在课堂上使用的礼貌策略，包括尽量多地使用委婉语，主动向学生致谢和道歉，坚持课堂教学管理面向全体的原则。[②] 刘鸣放和杨翠萍指出，语言的使用总是有策略的，因为人们在言语交际的过程中需要选择不同的语言形式，所以语用策略是言语交际成败的重要因素，语用礼貌策略是国际交流中用以维持或提高交流效度的一个重要手段。根据布朗和列文森的理论，语用礼貌策略可分为积极礼貌策略，消极礼貌策略和间接礼貌策略，教师在语用教学中要强调这些礼貌策略的使用，才能切实提高学生的外语交际能力。[③] 徐庆利研究了教师在函授英语课堂中使用的礼貌策略，包括公开威胁全体面子，非公开威胁个体面子的行为；以及积极礼貌策略和消极礼貌策略等。[④] 已有研究主要是一些应然研究，即研究者们认识到了课堂上使用礼貌策略的必要性，但是课堂对答中礼貌策略的实然状态是怎样的，还需要进行进一步的探索。

第四节　本章小结

经过 80 多年的发展，课堂话语已经成为教育学中一个重要的研究领域。课堂话语也成为课堂研究的重要切入点。

---

① 吴宗杰 . 外语课堂话轮类型析 [J]. 外语教学与研究 ,1994(02):5-6.
② 李兴玲 . 课堂教学管理中教师礼貌策略的运用 [J]. 教学与管理 ,2010(18):115.
③ 刘鸣放 , 杨翠萍 . 英语语用礼貌策略的运用及其课堂教学讨论 [J]. 教学与管理 ,2009(12):93.
④ 徐庆利 . 礼貌策略在函授英语课堂教学中的应用探究 [J]. 中国成人教育 ,2007(09):177-178.

　　课堂话语研究经历了四个阶段的发展已经渐趋丰富和多元，并且在这个过程中形成了研究的"过程—产出"范式和"描述—解释"范式。形成了指向教学理论的课堂话语研究内容和指向第二语言习得的课堂话语研究内容。由于"对答"（相邻对）是课堂话语中最小的对白单位，因此也成为分析课堂话语的基本单位，因此围绕对答产生了一系列相关研究。包括课堂对答场景和教学空间的相关研究，已有的研究认识到教学空间不仅是一个物理空间，更是精神文化空间，既探讨了教学空间的变革，又基于信息技术展望了教学空间未来的变革方向和路径。

　　课堂对答结构类型的相关研究，课堂话语中"I-R-F"对答结构的发现是语言学对课堂教学研究的重要贡献。"I-R-F"对答结构是课堂话语的"默认"结构，也可以认为是课堂话语的基本构成单位，其对课堂研究的意义甚至堪比生物学上"DNA"结构的发现。甚至也可以说"I-R-F"对答结构就是课堂会话的"DNA"，因为这个结构承载着课堂话语的本质特征。课堂对答的"I-R-F"结构已经被作为分析课堂话语的重要框架，并产生了一系列相关研究：包括"I-R-F"对答结构与教师专业发展研究、"I-R-F"对答结构与学生协作学习研究、"I-R-F"对答结构与师生互动特征及有效性研究、"I-R-F"对答结构与学习效果研究以及"I-R-F"对答结构与课堂教学变革研究。除此"I-R-F"对答结构之外，研究者们还提出了"回音"（Revoicing）对答结构（I-R-Rv-E）、"架构—发展—评价"（F-D-E）对答结构等。课堂对答中还出现了专门针对师生话语权的研究，在课堂话语中直接表现为师生话轮的获得与交接。由于说话的权利与说话主体密切相关，课堂话语权的相关研究，主要从教师话语权、学生话语权两个角度进行，并且学生话语权的研究数量要多一些。已有研究认为，在课堂话语中，教师确实存在话语霸权的现象，但是又应该认识到教师作为"知之在先，知之较多的师者"所拥有的正当的"教学权力"。已有的大部分研究是采用思辨的方法，有一些研究已经借用了语言学中的"话轮"的概念，来描述和统计师生话轮的获得和交接。课堂对答中还出现了对单个话轮内话轮完成的行为以及话轮中使用的礼貌策略的研究。我国也有少量学者用这种分析方法归纳了我国课堂对答中师生话轮完成的行为。已有的研究者们认识到了课堂上师生对答中，教师使用礼貌策略的必要性，但是课堂对答中礼貌策略的实然状态是怎样的，还需要进行进一步的探索。

　　尽管已有研究已经取得了大量的研究成果。但是后续的研究者还是可以从以下几个方面做出努力。第一，已有研究已经关注到了课堂教学中语言现象研究的变迁，例如彭亮和徐文彬等，但是这类研究数量较少。应该有更多的研究者以语言为切入点研究课堂，为课堂品质提升提供语言维度的启示。为更有品质的课堂教学提供语言维度的启示。第二，关于课堂对答中的话轮交接（话语权）、对答中话轮完成的行为、话轮中的礼貌策略的相关研究中，实证研究较少，后续研究应该从这些课堂对答特征的实然状态出发，在描述的基础上探讨进一步提升的策略。第三，课堂对答特征研究可以作为课堂研究的重要切入点，后续研究者可以探究优质学校的课堂对答特征，为其他学校提供可以模仿和借鉴的微观经验，从而切实推动课堂改革。

综上所述，本研究试图以"会话分析"作为理论视角，以课堂对答特征作为研究内容，描述和解释优质和示范学校 D 小学的课堂对答特征，试图为其他学校提供可以借鉴的经验。

第二章　研究的理论基础

会话应被看作一种成就，一种在时间长河中"创造"并经过升华而形成的成就，不是说话者头脑中批量生产的……这种成就是互动的结果……是一种进程，而不是在开始时就定型的协约。①

第一节　会话分析理论与课堂对答研究的适切性

随着现代影像技术的发展，基于影像的课堂互动分析也蓬勃发展起来，课堂影像以其形象、全面、动态地呈现课堂互动过程并能重复观看的优势成为研究课堂互动最为重要的资料。以不同理论为基础的，遵循不同研究范式的，选择不同技术取向的课堂视频互动分析正在大量涌现。在这类研究中选择理论视角尤为重要，因为理论视野在某种程度上决定了我们能看到什么。肖思汉博士整理了当前课堂互动研究的几个重要的理论基础：情境分析、沟通民族志、常人方法学、会话分析、互动社会语言学、"大写D"的话语分析。经过多重比较，研究者选择了"会话分析"作为理论基础。会话分析注重微观的对话研究，延续常人方法学的传统，致力于发现那些无处不在、影响重大，但又常常被人们忽略的社会"惯习"，就像拿着一个放大镜详细解剖课堂话语的微观结构，这一理论取径十分契合笔者的研究问题，具体分析如下文所示：

一、会话分析是一种实证的话语分析取径

会话分析学派追求建立一种自然、可观察的社会科学方法，因此提出了以下主张。第一，强调研究要基于真实发生的语料，而不是研究者虚构的句子，这与一些纯粹语言学的研究有明显不同。会话分析学者认为社会科学的研究对象应该是可观察的行为，它们就存在于人们的日常生活之中，存在于研究者的

---

① Schegloff, E. A. *Discourse as an Interactional Achievement: Some Uses of "Uh huh" and Other Things That Come between Sentences* [C]. In: Tannen, D. eds. Ana-lysing Discourse: Text and Talk Washington. DC：Georgetown University Press, 1982. 71-93.

周围。如果研究者不能从实际发生的行为细节开始，就无法对社会生活进行科学研究。第二，为了减少知觉和回忆带来的不可靠性，研究者坚持使用录音或者录像数据，在呈现分析和解释过程时同时呈现"语料标本"，即读者和其他研究者能拥有相同的信息，可以重复作者的研究。[①]谢格洛夫和萨克斯都认为会话分析是"一种精致地、经验性地、形式化地描述社会行为之细节的自然的观察性学科"。第三，会话分析开发了一套详尽细致的语料转写系统，转写系统包括听觉信息和视觉信息，听觉信息包括词语信息和非词语音信息；视觉信息包括手势、体势、头部动作、注视方式等。这个系统详细地使用各种书面语符号再现了会话过程的生动细节，为会话分析的细致解释奠定了基础。第四，分析对话时，会话分析的基本方法是"下一个话轮证明程序"，这是另一个保证研究效度的方法，即利用交谈者的话轮来找出他对前一个话轮的理解。会话分析学者认为这种分析方法可以保证研究的客观性，因为这种"理解"是对话参与者自己的理解，而不是研究者对他们的对话的理解。

这些做法保证了会话分析过程的效度和信度，使之成了一种实证的、可观察的方法，社会学、医学、法学、教育学等都使用会话分析方法研究本领域的"对话"，例如警民会话、医患对话、法庭对话、课堂对话、家庭对话等，会话分析也顺利实现了研究内容从日常对话到机构对话的过渡。

二、会话分析能够揭示互动参与者相互作用的过程

对话是一种典型而普遍的社会互动，社会互动是参与者之间不断交换信息、进行相互作用的过程。会话分析关注对话过程中微小的互动特征，探究隐藏在对话中的"共识""机制"等。对话中那些不为人知的细节是说话做事的重要手段，会话分析能够解释和精确地说明人们究竟是怎么用话语做事的。辛克莱尔和库尔萨德就基于师生对答的功能区分了师生话轮中完成的不同行为，研究者在这个基础上进一步依据奥斯汀"以言行事"的观点，探究了师生对话中完成的行为和行为实现的方式。

会话分析流派从互动的初级单位"话轮"着手，探究了日常会话中的话轮转换规则，即不同参与者的"话轮"是通过什么样的规则组织在一起的，即致力于揭示对话场景中的社会秩序。这在日常对话中表现为话轮转换，在机构对话中则表现为"互动控制"。在日常对话中，判断出话轮转换的位置，自选成为下一个说话者的机会对每一个参与者来说都是平等的，即对话参与者的权利和义务是平等的。但是在专业的机构对话中，例如教师与学生、医生与病人之间，

---

① 刘运同.课堂观察与分析：会话分析路向的探索[M].上海：上海教育出版社,2019.28.

则出现了另一种轮流说话的规则：这种机构对话的参与者被分为两种，强大的参与者（powerful，简写为 p）和不强大的参与者（non–powerful，简写为 np）。这两类参与者之间的权利和义务分配类型是这样的：（1）p 可以选择 np，np 不能选择 p。（2）p 可以自我选择，但是 np 不能自我选择。（3）P 获得的话轮的讲话时间也许会得到延长，即超越任何数量的话轮转换关联位置。① 课堂上的话轮流转显然遵循机构会话的特征，例如对话在教师和学生群体之间进行，教师可以随时开启话轮，但是学生的每次说话机会都是教师给予的，可以说教师对于师生之间的互动拥有绝对的控制权。在中国的文化背景中，这种课堂对话的互动控制产生了一些本土特征，本研究致力于揭示这种特征。除此之外，会话分析在发现对话结构方面有重要的贡献。例如会话分析提出了"相邻对"的概念，相邻对是一种序列建构的基本单位，是最小的对话单位，也是研究局部对话结构的最重要的单位。刘虹在汉语语境中将与相邻对同样范畴的结构称为"对答"，利用会话分析方法可以更加细致地发现我国课堂上"I-R-F"对答结构的选择向度上的特征。

会话分析在关注言语互动的基础上也极其关注互动的场景。场景的构成元素包括：时空范围、参与者、交往的目标等。场景在互动之前就出现了，并对交际行为产生限制，但同时，交流互动也决定和建构着场景，因此分析对话时通常会详细介绍场景。对时空范围的分析主要包括对话的空间、时间等。对对话参与者的分析主要包括参与者的关系、数量和个人特征。对对话目标的分析则主要分析对话参与者聚在一起的总体目标，可以区分为互动的外在目标和内在目标。外在目标追求关系以外的内容，例如医疗对话中关于问诊的交流，课堂上关于传授知识或技能训练的目标，都属于外在交流目标。内在目标追求保持和加深社会联系，例如朋友间为了加深联系的小聚。

课堂对答分析也需要考虑到场景，对课堂时空范围的分析可以从空间形式和时间特征两个方面进行。课堂是多人参与的对答，对参与者关系的分析主要表现在师生关系上，参与者数量的影响主要体现在多人间的信息流动上。课堂对答的交流目标以外在目标为主。与此同时，对会话的分析还需要联系与之相关的更为广阔的社会背景，例如对课堂对答结构的分析需要联系到中国基础教育课程改革的背景和世界教育改革的趋势。

三、会话分析拥有研究机构会话的系列方法和概念

会话分析一开始研究日常对话，后来逐渐发展到机构对话，例如法庭对话、

---

① ［英］诺曼·费尔克拉夫．话语与社会变迁 [M]．殷晓蓉译．北京：华夏出版社，2003.143.

医患对话、师生对话等。"事实证明会话分析不仅适合对日常对话进行研究，也适合对机构对话进行研究。"① 会话分析对场景的研究和把语言作为社会行为发生的媒介的理念，为研究机构对话提供了有力的支持。机构对话具有以下特征：第一，以任务为驱动，例如法庭辩护、问诊或教学；第二，交际双方中至少有一方代表着社会机构，例如法庭辩护中的法官代表法庭，医生代表医院，教师代表学校。是否属于机构对话取决于谈话的内容，而不是形式和地点，也就是说电话、视频会议、发生在咖啡厅的谈话，如果符合以上两个特点，都是机构对话。在会话分析研究中，课堂上师生围绕教学所产生的对话被认为是典型的机构对话。②

会话分析发明了一系列的方法和概念来研究机构对话，包括词汇选择、话轮设计、话轮（序列）组织、对话的整体结构、社会认知和社会关系等。选择词汇是交际者顺应机构说话特征的手段之一，比如为了进行专业交流或者体现机构身份，课堂上教师言谈中的词汇选择都既回应着交流的需要又建构着师生的身份。例如当上课铃响的时候，教师会说，"同学们，咱们上课吧"。而话轮设计则主要是为了所要执行的行为或活动，并选择这些行为或活动得以实现的方式。对答结构的形式以及对答中话轮的流转，都呈现着对话者的机构身份、关系以及机构特征等。对话的整体结构包括开始部分、主体部分和结束部分，由于课堂对答的整体结构比较模式化，因此这不是研究者分析的主要内容。社会认知和社会关系主要表现在对话中专业参与者的职业敏感性和交际的不对称性上。例如师生对话中，有较多方面能体现教师的职业敏感性，师生对话中也有很多地方体现了交际的不对称性。

课堂对话是一种典型的机构对话，运用会话分析方法研究课堂上的师生对话，犹如使用放大镜来细致入微地分析课堂对答中的单个话轮特征、话轮组成的对答结构的特征以及对答场景特征，为课堂教学研究提供了新的理论视角和路径。

第二节　会话分析的主要理论

会话分析（Conversation Analysis）是由美国的社会学家哈维·萨克斯及其同事伊曼纽尔·A.谢格洛夫和盖尔·杰斐逊 (Gail Jefferson) 开创的。从来源上看，会话分析脱胎于社会学的分支"常人方法学"（ethnomethodology）。由于这个流派专注于"互动中的对话"（talk-in-interaction）的研究，其发展逐渐突破了社会

① 于国栋. 会话分析 [M]. 上海：上海外语教育出版社,2008.244.
② 于国栋. 会话分析 [M]. 上海：上海外语教育出版社,2008.245.

学的范畴，后来又被语言学家看作话语分析的一个流派。[①] 因此，目前，会话分析被认为是"语言学和社会学（包括其他社会学科如人类学、心理学）交汇的地方"。[②]

一、会话分析的理论背景

会话分析的产生受到两种互动论思潮的影响，第一种是属于社会学和人类学范畴的互动论思潮，第二种是语言学范畴的互动论思潮。社会学和人类学范畴开始关注微观的面对面互动，语言学关注实际发生的人与人的交际过程，在二者的演变交融之中产生了会话分析学派，它们的关系如图 2-1 所示：

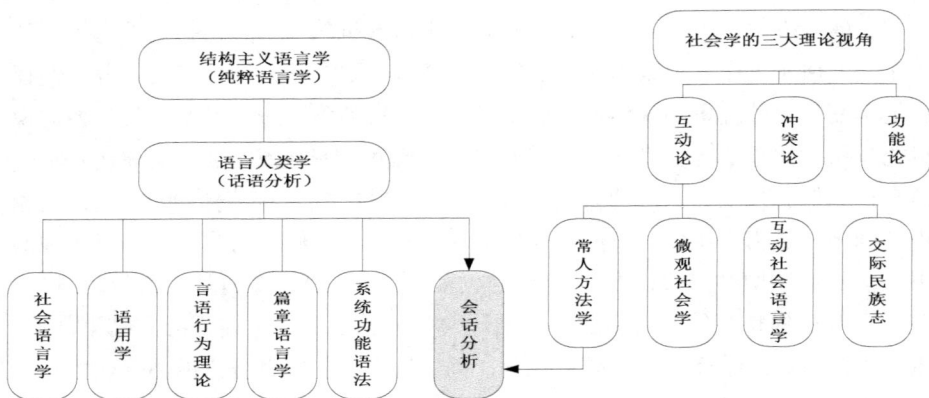

图 2-1 会话分析的理论背景图

（一）会话分析缘起于社会学的互动论思潮

会话分析的创始人哈维·萨克斯在加利福尼亚大学伯克利分校的社会学系学习时，是社会学互动论的代表人物欧文·戈夫曼（Erving Goffman）的学生，因此受到戈夫曼"面对面交谈研究"的影响。1963 年，萨克斯在常人方法学的开创者哈罗德·加芬克尔（Harold Garfinkel）的帮助下来到加利福尼亚大学的洛杉矶分校任教，又受到加芬克尔思想的影响。在他们的人生际遇中，不同的研究取向不断交融碰撞，会话分析逐渐萌芽。因此若追溯会话分析的缘起，则必然回到社会学的互动论视角和常人方法学。

1. 社会学互动论视角的影响："面对面互动"成为新的研究领域

互动论是一种重要的社会学理论视角，这是一种通过概括日常的社会互动形式来解释社会整体的社会学方法。互动论与功能论、冲突论一起构成了社会

---

① 刘虹 . 会话结构分析 [M]. 北京：北京大学出版社 ,2004.10.

② 刘运同 . 会话分析概要 [M]. 上海：学林出版社 ,2007.2.

学的三种主要的理论视角或方法。详见表 2-1 所示：

表 2-1 社会学的三种主要的理论视角概括表

视角 项目	功能论视角	冲突论视角	互动论视角
社会观	静态的、 高度整合的	以群体之间的矛盾 和斗争为特征	对日常的社会整合具有 积极影响
重点分析层面	宏观的	宏观的	微观的（理解较宏观现 象的一种方式）
主要概念	社会整合、 制度、失范	不平等、资本主义、 分层	符号、非语言沟通、 面对面互动
对个体的看法	人是履行社会功能 的社会化了的个人	人们被权利、强制性和 权威塑造	人们运用符号并通过互 动创造他们的社会世界
对社会秩 序的看法	通过合作和 共识来维持	通过暴力和强制来维持	通过对日常行为的共同 理解来维持
对社会变 迁的看法	可预测的、 起修补作用的	变迁始终发生而且会产 生积极后果	反映在人们的社会地位 及其与他人的沟通中
举例	公开的惩罚加强了 社会秩序	法律维护了当权者的地 位	人们根据自己过去的经 验而遵守或违反法律
支持者	涂尔干、帕森斯、 默顿	马克思、杜波依斯、 巴奈特	米德、库利、戈夫曼

功能论视角是强调社会的组成部分如何构成以维持社会稳定的社会学视角。冲突论是假定社会行为可以根据掌握权力或资源配置权（包括房产、金钱、享有的服务、政治表达）的群体之间的矛盾而得到理解的社会学视角。与之相比，互动论则转向支持微观社会学，即研究小群体和分析人们的日常经验与互动。[①]其代表人物戈夫曼的研究对萨克斯产生了重要的影响。戈夫曼将"面对面的互动"作为一个新的研究领域，这成为萨克斯把"日常会话"提升为社会学正当研究对象的基础，因为大部分时候，日常会话是面对面交际的一种。在戈夫曼的拟剧理论（Dramaturgical Approach）中，社会学家必须分析人们的日常生活经验，在这些经验中，人们的行动创造、维持和修正他们对现实本身的理解。这些理论也影响了萨克斯，因为日常对话正是人们日常生活经验的重要组成部分。互动论对社会秩序的看法——"人们是通过对日常行为的共同理解来维持社会秩序的"也深刻地影响了会话分析。除此之外，萨克斯还明显地借鉴了戈夫曼的"印象管理"等概念。

---

① ［美］乔恩·威特. 社会学入门 第 3 版 [M]. 王建民等译 . 北京：人民邮电出版社,2016.20.

2. 常人方法学的影响：探寻日常社会生活中的秩序和规律

关于会话分析和常人方法学的关系，一般的看法是会话分析是常人方法学的一个分支。对会话分析进行专门论述的著作都有这样的表述，例如刘运同《会话分析》、韦罗尼克·特拉韦索《会话分析》、刘虹《会话结构分析》、费尔克拉夫《话语与社会变迁》、肖思汉《听说：探索课堂互动的研究谱系》等。加芬克尔是常人方法学（Ethnomethodology）的创始人，他深刻地影响了萨克斯的理论。

常人方法学的基本假定是：社会是具体的而不是抽象的，社会仅仅在它的成员觉察到它存在时存在，因此必须对社会成员在建构和解释他们所处的社会时所使用的方法进行考察。考察的主要问题是，普通人有模式的社会互动是如何形成的，普通人是如何开展社会互动的。加芬克尔在《常人方法论研究》中提出了他的理论的几个重要的概念，包括可说明性、索引性与反身性，这些概念在会话分析中也时常用到。普通人有模式的社会互动是如何形成的，日常生活中的互动是如何有秩序地展开的，这是以行动者未曾言明的，但彼此了然于心的背景知识为前提的，如果没有这些前提，社会生活将无法开展，因此应该重视对日常活动的序列性的研究，这深刻地影响了以后的会话分析，会话分析的一个重要内容就是会话序列。

常人方法学致力于发现"被个体视为常识并作为其日常行为基础的东西"，这些发现能够揭示那些建构日常生活的隐含的社会规则，例如中国人习以为常的"一日三餐"是如何形成的，这种日常习惯背后隐含了怎样的社会规则。常人方法学还致力于揭示个体在社会生活中自己制定规则的方式：这些规则不是在互动之前就存在的，而是在个体交流的过程中由交流者创造的。[①] 例如会话分析学派发现的互动中的"话轮交接规则"。

从以上概念可以看出，常人方法学和会话分析之间的关系是十分密切的，这些概念可以用于解释日常对话，或者说这些概念是揭示日常对话规律的工具。常人方法学不仅影响了会话分析的研究对象，也在一定程度上规定了会话分析学派的研究方法，甚至可以说，会话分析是常人方法学在会话领域的专门化和延伸。

（二）会话分析缘起于语言学的互动论思潮

互动论思潮也对语言学产生了重要的影响。一些语言学家的研究也逐渐转向外部，转向"语言的使用"而不是"语言本身"。这些研究与人类学、社会学、心理学结合，产生了话语分析（Discourse Analysis）。[②] 话语指的是使用中的句子以上的语篇单位，即互动中产生的语言。

---

① ［法］韦罗尼克·特拉韦索. 会话分析 [M]. 杨玉平译. 天津：天津人民出版社, 2017.2.
② 刘虹. 会话结构分析 [M]. 北京：北京大学出版社, 2004.8.

话语分析代表着语言学上一种研究对象和研究方法上的重要转向，突破了传统的语言学研究，并逐渐形成了多个分支。其中包括以萨克斯、谢格洛夫为代表的会话分析，以韩礼德（Halliday）为代表的系统功能语法（Systemic -functional Linguistics），以凡·迪克（Van Dijk）为代表的篇章语言学（Text Linguistics），以奥斯汀 (Austin) 和赛尔勒（Searle）为代表的言语行为理论（Speech Act Theory），以格蕾丝 (Grice) 为代表的语用学（Pragmatics），以拉博夫（labov）为代表的社会语言学（Sociolinguistics）。[①] 话语分析的主要分支如图 2-2 所示：

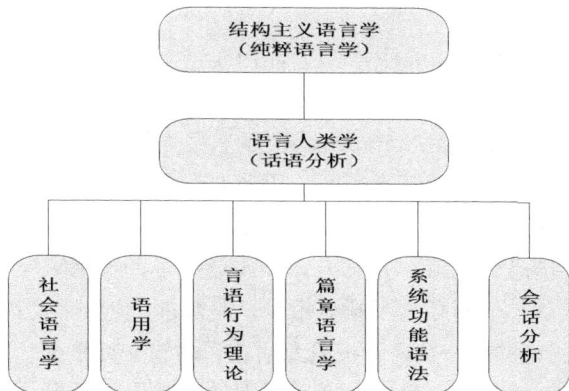

图 2-2 话语分析的流派

随着这些分支的发展，并与其他学科进行广泛的融合，话语分析也成为一个开放的语言学范畴。由于话语在人类社会事务和社会活动中都充当重要角色，所以任何社会研究都可以从话语的角度切入，因此话语分析这一方法还在不断地发展壮大。话语分析具有以下几个特点：第一，话语分析的对象是实际互动中产生的语言，而不是研究者为了研究需要自己编造的语言。第二，话语分析的对象是大于句子、且相互关联的语篇、语段等口头或书面语料。第三，话语分析把言语过程看作社会互动过程，关注话语的生产者和接受者之间的相互作用。第四，话语分析关注话语产生的场景，这些特征影响了话语分析的各个分支，包括会话分析。

（1）话语分析的影响：关注语言使用过程中的"句子以上的语言单位"

话语分析产生以前，语言学界的主流是索绪尔的结构主义语言学，布龙菲尔德的描写语言学，乔姆斯基的转换生成语法。这些流派的共同点是把语言作为抽象的、静态的结构系统进行研究，把言语以及日常会话排除在研究对象之外。结构主义语言学只关心句子所具有的语言、词汇和句法特点。[②] 随着语言

---

① 刘虹 . 会话结构分析 [M]. 北京：北京大学出版社 ,2004.8.

② 刘虹 . 会话结构分析 [M]. 北京：北京大学出版社 ,2004.6.

学的发展，这类语言研究的局限日渐明显，因为，在实际的对话中，人们是使用多个按一定规则组织起来的句子完成交际目的的，并且必须结合上下文或者具体语境，才能理解每个词的意思，因此不把使用中的语言作为研究对象就难以解释语言的交际功能。因此，语言学的研究者们发现语言研究需要考虑句子以上的语言结构，需要考虑多个句子连用时的排列规律，需要考虑实际言语所嵌入的具体语言情境，即语言研究必须关注真实发生的言语行为。会话分析方法的核心特征之一就是，关注互动交际中真实产生的语料，强调分析的客观性和可验证性。

（2）话语分析的影响：关注言语互动中的生产者和接受者之间的相互作用

一些学者认为"会话分析"中的"会话"一词无法准确涵盖这一学派的研究范围，建议使用"talk-in-interaction"，即"互动中的谈话"，就说明"会话分析"是把"会话"等同于"互动"的，因此非常关注互动中言语的产生者和接受者之间的相互作用。两个个体只要处于面对面的状态，无论是不是有意，他们之间都会产生信息的交流。并且绝大多数是参与者互相配合、相互作用完成的。为了维持互动，他们必须不断显示自己是眼前发生的一切的参与者，比如使用互动的"调节系统"。会话分析研究话轮、话轮交接系统、对话中的序列结构、对话中的修正等都是在研究对话过程中的相互作用过程，这都是会话分析的主要研究内容。

（3）话语分析的影响：关注言语互动的场景及广泛的社会实践

交际民族志、互动社会语言学等流派都十分关注"场景"这个核心概念。场景在互动之前就出现了，并对交际行为产生限制，但是场景不能决定互动，只有互动的参与者才能定义他们参与的场景，甚至可以说，"场景"与"互动"是相互建构的。场景包含互动的时空范围、互动的参与者和互动的目标。明确了构成场景的这三个元素并加以分类，就可以大概确定互动的类型了。会话分析也强调场景的作用，在会话分析的代表人物伊曼纽尔·谢格洛夫的著作《对话中的序列组织》一书中，谢格洛夫在呈现一段语料之前都会介绍对话的场景。话语分析还对会话分析产生了一个重要的影响，即话语是与广泛的社会实践联系在一起的。就像心理与社会语言学家詹姆斯·保罗·吉（James Paul Gee）提出的，语言的功能不仅是给予和获取信息，人类语言的根本功能有两个，一个是"支持社会活动的开展和社会身份的确定"，第二个是"维持不同文化、社会群体和机构中人的归属"。使用语言"现场"开展活动和确立"身份"才能称之为话语。吉提出的"大写 D"的话语分析理论和费尔克拉夫提出的"话语与社会变迁"都是把话语和广泛的社会实践联系在了一起。

二、会话分析的主要理论

在会话分析这个流派发展的过程中，逐渐发现了会话的重要规则和组织模式，例如相邻对、话轮交接规则等，并形成了会话分析的主要理论和研究取向。

（一）会话分析中的相邻对（对答）

萨克斯1964年在加州大学洛杉矶分校给学生上的第一课是关于"会话序列的规则"（Rules of Conversational Sequence），课上列举的三段对话都是在紧急精神病院收集的电话录音材料中摘出来的，后继的研究者认为这是会话分析的重要起点。在他选择的电话录音中，A是精神病院的工作人员，B是打进电话求助的人。

对话 2-1　A：Hello

B：Hello

对话 2-2　A：This is Mr Smith may I help you

B：Yes, This is Mr Brown

对话 2-3　A：This is Mr Smith may I help you

B：I can't hear you

A：This is Mr Smith

B：Smith

以上对话体现了三个规则。

第一，在A、B两个人的电话会话中，A说的话和B说的话是成对出现的，是相匹配的。如对话2-1所示，首先开口说话的人有权决定打招呼的方式，也选择了对方打招呼的方式，A先说Hello，B也倾向于说Hello。

第二，先说话的人可以限制后说话人的话的形式。对话2-2中如果A说了"This is Mr Smith"，那么B也应该通报自己的姓名"This is Mr Brown"，这里虽然没有直接问对方的名字，但实际上运用会话中的毗邻对和会话序列的规则实现了这个目的，因为A作为精神病院的工作人员是希望记录下B的姓名备用的。但是如果直接问对方名字，"What is your name?"被问的人可以回答"No或者Why"，如果B问Why，A就必须给出合适的理由才能得到名字，而如果运用先通报自己姓名来打招呼的方式就可以得到对方的名字，而不会被要求说明理由。这个规则对精神病院是很有用的。

第三，会话中礼仪规则具有很强的制约性。对话2-3中，B不愿意说出自己的名字，因此没有说"Yes, This is Mr××"但也没有直接跳过通报姓名这一步而接下去说别的，而是采用其他方法完成了这一应答结构，比如说"I can not hear you"。当 A 的话轮是一个"询问"时，不进行回答是非常不礼貌的，因此 B 不想正面回答问题，但是礼仪规则的制约又不能不回答，因此说"I can,t hear you"，这样就越过了介绍自己名字的这个步骤。

萨克斯认为是会话中的这些细微的，难以被人察觉的会话规则将人的活动组合起来，构成了人们的社会互动，会话分析的一个重要的任务就是观察和分析这些"细微的规则"是如何使用的。谈话本身是一个社会行为，谈话中一些之前一直被人忽略的细节是人们说话做事的重要手段，这些细节只能自然地出现在实际发生的谈话中而无法被"人造"。会话分析的目的就是要解释和精确地说明，人们究竟是如何通过话语做事情的。

根据这一系列语料研究，会话分析研究者们提出了"相邻对"（adjacency pair）的概念，相邻对是会话组织性和序列性的重要体现，也是序列建构的基本单位，其中"提问—回答"相邻对是对话最核心的组织单位。① 相邻对具有五个基本特征。

第一，由两个话轮组成。

第二，两个话轮相连。

第三，两个话轮是由两个说话人说出的。

第四，两个话轮一个为前件，一个为后件。

第五，前件对后件有制约作用。

相邻对的前件与后件具有条件相关性，如果前件出现而后件缺失会非常引人注目，或者前件进行了提问，后件给不出答案，就需要对此作出解释。

在实际言语交际过程中，相邻对会被扩展，即在相邻对的前、中、后插入独立的话轮。出现在相邻对前件之前的扩展叫作前扩展（Pre-expansion），包括鼓励型、阻止型、模糊型。出现在相邻对前件与后件之间的扩展叫作中扩展（Insert-expansion），常常是听话者反问了一个问题。出现在相邻对后件之后的扩展叫作后扩展（Post-expansion），包括最小后扩展和非最小后扩展。最小后扩展就是想要结束会话，非最小后扩展包括会话修正以及主题化等，主题化是通过语言表达说明自己对某个话题很感兴趣，并使用一些话语将其确定为下面谈话的主题。

"相邻对似乎在序列建构中充当着与话轮建构单位在话轮建构中同等的角色。"② 在会话分析中，与对话中"会话单位"有关的主要概念的关系如下：话轮是一个基础单位；两个前后关联的话轮组成相邻对，相邻对是序列的建构单位；

---

① 于国栋. 会话分析 [M]. 上海：上海外语教育出版社,2008.94.

② ［美］伊曼纽尔·谢格洛夫. 对话中的序列组织 [M]. 马文等译. 北京：北京大学出版社,2013.10.

根相邻（最核心的相邻对）对及其前后扩展相邻对组成了序列。

人类社会行为和社会交际中处处体现着这些具有组织性的模式，这些模式是独立于交际者的心理以及其他特征的，也就是说这是一种外在于人的社会秩序。在具体的交际活动中，交际者会有意无意地把他们具有的关于这类模式的知识带入交际活动，从而影响其言语行为的表现及其对他人言语行为的理解。会话分析的一个重要的目的就是通过对会话的分析，研究言语交际的序列性和组织性来发现和解释这些稳定的、可重复出现的、具有社会属性的组织模式。萨克斯坚持通过会话来分析日常活动的实践理性和社会认知准则，他的研究奠定了会话分析的很多特征。第一，关注会话中微小的互动特点（micro-interactional feature），因为人类互动行为中的细微现象对研究人类做事的方式具有重要意义。第二，坚持从人们的实际交往活动中录制数据。

萨克斯曾经为会话分析做过一个比喻，他把话语比作思维的智力拼图，做会话分析时，可以把其中的某一块单独拿出来研究，也可以研究多块，看他们是如何组合在一起的。话轮交接系统就是研究会话是如何组装在一起的，是会话分析的另一个重要的理论。

（二）会话分析中的话轮交接系统

会话分析这一流派逐渐探究了会话中话轮的转换规则、选择等级、修正规则等，产生了会话分析理论框架中的很多重要概念，其中最重要的研究成果是发现了话轮交接系统（turu-taking system for conversation）。

萨克斯、谢格洛夫、杰弗逊于 1974 年发表了《会话中一个最简单的话轮转换规则系统》[①]。萨克斯及其同伴用人们做游戏时的规则做比喻，像描写游戏规则那样描述人们进行会话活动时的规则。他们把在会话过程中获得一次说话权，从获得说话权开始说话到放弃说话权称为一个话轮。会话过程是通过话轮交接来完成的。他们提出了一个会话的话轮交接系统来研究人们是怎样说话的，这个系统包括两个要素和一套规则。这两个要素是话轮构成要素和话轮分配要素，一套规则指的是分配话轮的一套基本规则。

话轮构成要素（Turn Constructional Component），也称为话轮构成单位（Turn Constructional Unit，缩写为 TCU）。话轮构成单位指的是"语言中像句子、分句或短语那样的一个完整的语法单位"。句子、从句、词汇等结构单位都能构成话轮。萨克斯等人发现话轮的交接一般发生在会话的转换关联位置（Transition Relevance Place, 缩写为 TRP）或者话轮构成单位的末尾。话轮转换的关联位置指的是"可以被识别的话轮单位终止位置，即话轮单位的可完成点"。

---

① 刘运同. 会话分析概要 [M]. 上海：学林出版社, 2007.49.

话轮分配要素主要指话轮分配的方法，话轮分配的方法主要分为两类，第一类是现在的说话者指定下一个说话者，通过直接叫名字、目光示意、手势表示或直接向某人提问等；另一类是有人自选成为下一个说话者。话轮分配的基本规则可以表述如下：

规则（1）：用于任何话轮的第一个话轮构成单位的第一个转换关联位置。

a：假如现在的说话者选择了下一个说话者，被选的说话者有权且必须接下去说话，其他人无权或者不必说话，话轮交接发生在选完说话者的第一个 TRP。

b：假如现在的说话者未选定下一个说话者，别的参与者可以自选为下一个说话者（但不是必须），最先说话的那个人获得下一个话轮，话轮交接发生在那个 TRP。

c：假如现在的说话者未选定下一个说话者，也没有别的说话者索取话轮，那么现在的说话者继续（但不是必须）说话。

规则（2）：如果在第一个话轮构成单位的第一个转换关联位置，规则（1）a 和规则（1）b 都没有使用，而是使用了规则（1）c，即现在的说话者继续说话，那么在下一个转换关联位置可以再次运用规则（1）a—（1）c，并且可以在下面的每一个转换关联位置循环使用，直到发生话轮交接为止。①

萨克斯及其合作者认为这套话轮交接规则是有序的系统，选择只能依次从头进行，即从规则（1）a—（1）c，不能跳跃，前面一个规则控制后面一个规则。正是由于这个话轮交接系统在不断地起作用，会话过程才能井然有序地进行。会话分析学家把会话模式化为一个无限的话轮交接的生成机器。萨克斯等人还指出话轮交接都发生在话轮构成单位完成以后的位置上，因此话轮的分配不是在会话一开始时就协商好的，而是在每个话轮构成单位的分界处不断地重复协商的。

萨克斯和谢格洛夫等不仅研究了话轮的交接规则，还研究了对话过程中的重叠、停顿和沉默。会话分析是一种方法，不局限于日常会话，而是可以被用来研究所有类型的言谈。因为会话分析对言谈序列组织（Sequence organization）的关注也适用于其他交际方式或语体，例如机构对话。

（三）会话分析中的机构对话研究

会话分析的"孕育阶段"的很多语料就是从机构会话中得到的，例如萨克斯是从自杀科学研究中心得到语料，谢格洛夫利用打给警察局的电话，杰斐逊研究集体心理治疗中的对话。到了发展阶段，他们认为日常谈话是"人们交往的基本形式"，所以才把日常谈话研究放到了一个优先的位置。但是机构中的谈话是社会活动的重要领域，也是发现社会秩序的重要场所，因此随着这一流派

①　刘虹. 会话结构分析 [M]. 北京：北京大学出版社,2004.25.

的发展，他们的目光又回到了机构会话中。[①] 机构话语的机构性不取决于其发生的物理地点或者说机构实体建筑，而是取决于交谈的内容。德鲁（Drew）和赫里蒂奇（Heritage）建议从词语选择、话轮设计、序列的组织、总体结构、社会关系和认识论这五个方面来研究机构对话。

1. 词汇选择

机构对话中，为了专业交流的需要或者体现机构身份，说话者选择包含专业知识的学术词语，也就是说机构会话的词汇选择受制于机构语境或语境中参与者的身份。例如专业术语的选择，医生与产妇对话时会不可避免的使用很多专业术语；在人称代词的选择上，当医生说"我"时指医生个人，当医生说"我们"时则指医院。涉及时间时，机构语境中更倾向于日历时间，而不是日常交流中的生理或者个人时间。例如当医生问患者，"你喝酒多长时间了"，医生不关心病人是否是婚后开始酗酒（个人时间），只关心他酗酒具体几年了（日历时间）。

2. 话轮设计

话轮设计包括两个方面的内容，第一个是说出一个话轮要达成什么活动效果；第二个是达成一个交际目的可以有多种话轮供选择，从中选择一种。

机构会话一般具有与日常交谈不同的话轮转换模式，例如课堂对话中的"I-R-F"模式，这种话轮转换模式会反复再现机构话语特征，课堂会话中"I-R-F"模式反复出现，并体现课堂的"教化""规训"特征。这种话轮转换模式与机构话语的本质有关，会话参与者会受到特有的话轮转换形式的制约。教师和学生所说的话，话轮的分配等都受到这个模式的制约。在这样正式的机构会话中，话轮转换形式会受到严格的限制，有严格的进程和互动形式，话轮转换模式相对单一，不能随意更改。

3. 序列组织

序列组织是指机构会话的所有任务都是在交际过程中实现的，这个过程是一个会话序列组织过程，在这个言谈应对的序列组织中，交际者的交际身份和角色、交际者的社会身份、机构身份都得到了建立、维持和更改。

机构会话一般都有固定的进程，该进程是被机构的专业人员引导的。专业人员需要对互动过程中的各个阶段进行取舍，这个互动的过程需要普通参与者的配合。事实上，在公开课中，观者常常有这种感觉，教师主导整个教学流程，教师居于舞台的核心，学生是在配合教师，从会话分析的角度来看，课堂体现了机构会话的特征。

机构会话中，两类会话参与者之间的话语权力通常是不对等的。Drew 和

---

① 刘运同.会话分析概要 [M].上海：学林出版社,2007.81.

Heritage 认为，在机构会话语境中，会话参与者在专业知识、获取知识的权力、对会话资源的掌握、对会话的参与权、对机构任务的熟悉程度等方面是不对等的。同时受到机构语境对会话参与者的限制，虽然参与者对这些限制的意识和重视程度不同，这些都造成了机构会话中参与者之间权力的不对等。[①] 例如教师和学生对专业知识、对话资源、对话的参与权、教学任务的熟悉程度是不对等的。同时课堂这个机构语境对教师和学生这两类参与者的话语有诸多限制，这些限制往往反映了社会对会话参与者的角色期待，因为角色本身是一套行为规范。教师和学生都能够意识到这些限制，因此会努力调控自己的言行，不随便逾越这些限制。例如教师在课堂会话中，只有掌握更多专业资源的教师有权力引发问题、分配应答话轮、评价学生的答案，管理学生的身体。这一系列的规范和限制都被教师意识到了，这些限制经过沉淀，变为课堂这个机构情境的"惯习"，进入这个机构会话情境的人必须遵守，而在人们习惯了之后，又慢慢地习以为常，然后觉察不到了。机构会话情境中会话双方的权力不对等还表现在机构语境参与者之间的一问一答的互动模式中，在这种模式中，通常是该机构的专业人员提问，普通的参与者回答，例如课堂通常是教师提问，学生回答。并且在这种参与模式中，代表机构的参与者在话题引入和交流进程中占据主动地位，他们通过一次次提问策略地转换、重组或者选择话题。

4. 整体结构

言谈应对的机构特征也表现在会话的整体结构上，机构性会话以人物为取向的特征决定了它的整体结构是有一定的规则和顺序的，并且要遵守一定的标准模式。例如课堂教学的开始程序是教师喊"上课"，师生互相问好，同时还伴随着上课铃声。然后是上课的主体部分（完成教学任务），随后是留作业的程序，最后是教师喊"下课"，师生互相问好。

5. 社会关系和认识论

社会认知和社会关系主要表现在专业人员的社会敏感性和交际的不对称性上。例如教学秘书与学生家长之间进行的关于学生逃课的对话就处处留有余地，在词语选择、话轮设计、序列组织等方面体现了她的职业敏感性，维护了她的机构身份和职业特征。机构会话通常被认为是不对称不平等的，首先由于参与者扮演不同的角色、具有不同的地位，具有不同的讲话的权利和义务，在话轮转换、话语修正、话题选择、谈话进行与结束等方面具有不同的选择和决定权。其次机构性谈话的不对称性还表现在专业知识的不对等上，掌握专业知识更多的人在会话中会处于主导地位，例如课堂会话中的教师，教师常年教学，对教

---

① Drew, P., Heritage, J. *Talk at Work: Interaction in Institutional Settings* [M]. Cambridge: Cambridge University Press, 1992. 49.

学内容是非常熟悉的，但是对每一届第一次学习这些内容的学生来说，这些都是新鲜的，这样的特征也会在交际中展现出来。

第三节　会话分析的研究步骤

会话分析的研究步骤主要包括三个阶段：搜集语料、转写语料、分析语料。在搜集语料时，会话分析强调，要想很好地理解语料，研究者应该要能看到互动者的动作和行为，因此视频是比录音更好的研究资料。

一、搜集语音材料

会话语料的搜集方法根据研究者参与程度的不同，可以包括以下几种：第一类是研究者作为普通的会话参与者，在参与会话时录音，这样可以搜集到最自然的语料并了解会话的背景。第二类是研究者以会话参与者和观察者的双重身份参与会话活动。第三类是研究者不参与会话，只以观察者的身份出现在会场。第四类是请他人帮忙录制语料，但是这种情况最好能够录像，否则容易忽视很多重要的非语言因素。录像能够记录更多非声音的语境因素，例如会话参与者的表情、姿势、视线注视的方向等。

二、转写语音材料

会话分析主张对语料进行比较全面地转写，转写内容既包括听觉信息，也包括视觉信息。并且相关学者还发明了一套非常详尽的转写系统。

（一）语言材料转写的内容

对于语音转写的内容，研究者们从不同的角度提出了分类，例如岑西尼（Cencini）将需要转写的内容分成四类：第一，U 要素，即交流中产生的语句；第二，具有交际价值的非词声音；第三，身势语；第四，发生在交流中的一些事件（如电话铃响了等）。[①] 也有遵循其他逻辑进行的分类，例如刘虹、韦罗尼克等从听觉渠道、视觉渠道等方面对所要转写的内容进行的分类，由于岑西尼的分类也可以放进听觉信息和视觉信息的框架，因此下文主要从这两个方面进行阐述。

1. 听觉信息的转写

听觉方面的信息主要包括语言和非语言类的声音，语言又包括词语信息和非词语语言信息。转写语音材料的听觉信息时，首先要转写的是词语信息，将

---

① 刘运同.课堂观察与分析：会话分析路向的探索析 [M].上海：上海外语教育出版社,2019.32.

每个会话参与者所说的话用文字转写下来，其次是使用通用的转写符号详细地记录下与会话活动有关的非词语和非语言的细节。非词语的细节包括加强重音、语音延长、开口度、停顿的时长等。还包括一些非语言的声音，例如笑声、哭声、嘘声、咳嗽声等。

2. 视觉信息的转写

除了听觉，还有很多视觉信息也与对话过程密切相关，视觉信息包括会话参与者说话时表现出来的肢体动作以及与会话相关的物体。会话参与者的肢体动作包括手势、体势、头部动作、注视的方式等。手势方面，摆手表示不知道，竖起大拇指表示称赞。体势包括身体的前倾、后仰等说话时伴随的动作。头部动作包括摇头、点头、仰头等。注视的方式包括上视、下视、环视等。有时会话时使用的工具也会对会话产生重要影响，例如一帮学生在讨论一个具体的历史事件，产生了争执，其中有个学生拿出电脑搜到了精确的信息，左右了整个讨论的局势，此时物品信息就对会话产生了重要影响。除了听觉信息和视觉信息，研究者还应该考虑因不同文化和互动类型而产生的差异，这些来自不同方面的信息相互作用，共同建构了会话的场景。

3. 转写时对信息的取舍

在进行语料分析之前，很难判断哪些语言特点是重要的，通常来说在同一情况下反复出现的特点都是有意义的，值得分析的，研究者往往不是在转写之前就已经确定了要研究的具体对象，而是常常在转写的过程中发现了值得研究的现象。因此先尽可能详细转写会话活动中所有的语言和非语言信息。刘虹认为正确的做法是，首先对非词语的语言特点无一遗漏地进行详细转写。第二是对非语言的因素有选择地进行标注。语料转写最好由研究者亲自完成，如果不能，也必须要在研究过程中对相关细节进行核对和确认。

但是也有研究者认为，口头交流的本质特征是流动性，但是转写把它变成了一个僵化的物质材料，而且"毫无遗漏的转写是不可能的，也是没必要的"。[①]韦罗尼克提出转写的关键是要适应目标，转写要分阶段进行，语料本身与语料证明的现象会把分析引向某个或某几个方面。转写结束之后，研究者也必须要去听录音或者看录像，因为会话分析要分析的是口语，而不是转写记录。转写语音材料十分重要，具有三个功能。第一，进一步关注细节，找到具体的分析对象；第二，为其他研究者提供了批评和关注的对象；第三，撰写为建立语料档案奠定了基础。

---

① ［法］韦罗尼克·特拉韦索. 会话分析 [M]. 杨玉平译. 天津：天津人民出版社,2017.18.

（二）语言材料转写的符号系统

会话分析最初的转写系统是由盖尔·杰斐逊 (Gail Jefferson) 设计的，后续的多种转写系统都是在盖尔·杰斐逊或者比勒菲尔德誊写系统的的基础上发展起来的，到现在也没有统一，表 2-2 分别介绍这两种重要的转写系统：

表 2-2 会话分析学派的转写系统和比勒菲尔德转写系统对比表

分类 项目	会话分析学派的转写系统 ①	比勒菲尔德誊写系统 ②
话轮间联系紧密	＝ a. 话轮在下一行下面的等号后持续。 b. 表示两个话轮之间没有间隙	两个话轮间紧密的联系
重叠	∥ ∥ 符号之间的是重叠的话语	[] 方括号里的话语是重叠的话语
停顿	（＋）表示 0.1 到 0.5 秒之间的停顿 （＋＋）表示 0.6 到 0.9 秒之间的停顿	（。）表示在一个说话人的话轮中不到 1 秒的停顿
话轮间沉默	（1）（2）（3）分别表示 1 秒、2 秒、3 秒的停顿	（沉默 3"）表示沉默及沉默的时间
语调	? 表示升调，不一定是问句 , 表示低升调，暗示话未说完	/ 表示略微上升的语调 ↑ 表示强烈上升的语调
	! 表示强调，是降调 . 表示降调	\ 表示略微下降的语调 ↓ 表示强烈下降的语调
拖音（延时）	: 或者：：表示一个或者一个以上的冒号表示符号前面的语音的延长，每增加一个冒号表示延长一拍。	: 表示拖音，拖特别长的音可以重复使用冒号表示
突然中断	- 连字符表示突然中断，是平调	- 连字符表示说话人突然中断的词
强调	下划线表示明显的重音 大写字母表示音量增大 ° 度标记表示音量降低	用大写（字体下加黑点）表示强调或者夸张 语料片段开头用字体较小的大写字母"（强）+"表示说话声音很大
气息	<hhh> 表示吸气 Hhh 表示呼气 （hhh）表示笑声	（吸）表示吸气 （叹）表示叹气 （笑）表示笑声
听不清	（听不清）表示听不清楚的话语 …（可能的词语）表示听不清，但括号里是猜测的可能的词语	（听不清）表示听不清的部分

---

① 刘虹 . 会话结构分析 [M]. 北京 : 北京大学出版社 ,2004.36-40.
② ［法］韦罗尼克·特拉韦索 . 会话分析 [M]. 杨玉平译 . 天津 : 天津人民出版社 ,2017.21-23.

动作姿势	（咳嗽）在括号内标注	（*咳嗽*）用斜体在括号内标注
转写者自己的一些标记	* 表示研究者希望进行讨论的特别现象 黑体表示那些在随后的谈话中会重复使用的话语 写在被引用的语料后面的词首大写字母表示语料的来源	[…] 表示由转写员造成的中断 →表示分析中被说明的部分 说话人用名字的首字母来誊写 会话中提到的人用一些简短的假设的名字来誊写

这两个会话转写系统首先都关注了话轮转换特征、同步启动的话轮、停顿、话轮间沉默；其次关注言语表达特征，包括语调、拖音、中断、强调、气息等，甚至包括对听不清的信息的表述；第三部分包括对会话者的动作姿势的转写；最后是转写者自己为了分析方便所做的一些标记。比勒菲尔德誊写系统注意到很多发音现象，因此本研究主要采用这种转写方法。

三、分析语音材料

录制语料和转写语料都是准备阶段，分析语料才是会话分析最核心的部分。总之，会话分析流派主张研究者要对语料持比较开放的态度，首先要无动机地查看单个言谈样本中吸引研究者注意力的地方；其次尝试对其中的片段进行细致分析并提出研究假设；然后用大量的证据来验证假设，如果语料与假设不符，则修正假设，使其成为一个更具概括性的描述和解释，直到假设能概括所有的语料，假设才算得到了验证。例如谢格洛夫对电话开头的研究，分析了 500 例打给灾难中心的电话，在这个过程中遇到反例，并修改了假设直至假设能概括所有的 500 例谈话。[1]

（一）对单个语料样本的理解

所有的会话片段都是交谈者运用规则生产出来的，任何一个谈话的样本都蕴含着交谈的规则和规律，因此，可以从任何一个对话"样本"入手发现这种规律。

1. 关注话轮完成的行为以及行为完成的方式

在分析具体语料时，会话分析虽然关注特定的话语所完成的行为，但更关心交际者使用何种方式来实现这种行为，所以他们以行为为落脚点，但是却对会话参与者实现行为的方式方法给予细致的描写，把人们的交谈方式和所完成的行为联系在一起进行研究。[2]第一，从交谈中的特征出发，探究其实现了什么样的"行为"。萨克斯在讲座中说自己常用这种思路，即从观察对话中的某些特

---

① 刘运同 . 会话分析概要 [M]. 上海：学林出版社 ,2007.30.

② 刘运同 . 会话分析概要 [M]. 上海：学林出版社 ,2007.36.

征入手，分析这些特征是用来解决什么问题的、完成什么行为（实现什么交际目的），例如萨克斯在研究自杀科学研究中心的录音时发现，有些人会使用一些"技巧"（说话方式）故意不报出自己的姓名。第二，关注对话中，一定的"行为"（目的）是通过什么样的言谈方式来完成的。例如讲故事的一方，如何做到在较长时间内保持话轮。对于比较长的会话序列，交际者会使用多种言谈方式或者技巧来完成，这些都是会话分析的重点。

2. 遵循下一个话轮证明程序

在分析对话时，遵循下一个话轮证明程序 (next—turn proof procedure)，即利用交谈者的下一个话轮来找出他自己对前一个话轮的理解。即借助对话中两人的"互解"来理解一段对话。互解（sub-interjectivity）指的是在言谈应对中，每一个话轮都是听话人在对前一话轮进行分析和理解的基础上说出的，这种参与者之间的互解是对话顺利进行的基础，也是"下一个话轮证明方法"的基础。例如对一个话轮可能有两种理解，"为什么你不来看我"可以被理解成"邀请"也可能被理解成"抱怨"，这种理解就会影响下一个话轮的产出。

会话分析学者认为这种分析方法可以保证研究的客观性，因为这种"理解"是会话本身固有的，而不是出于分析者的虚构。当会话双方把对话轮的理解展示给对方的时候，同时也展示给了分析人员，分析者因此得到了一个"验证标准和一个研究程序"，也就是说会话双方本身是对方的会话分析者，他们会把对对方分析和理解的结果展现在下一个话轮（反馈）中，这是由交谈双方客观呈现的，而不是研究者主观猜测的。分析时的假设是，语言材料的条理性和规律性在交谈的过程中首先相互展现给交谈的对象，因为他们是"同一个社会的成员按照一定的方法产生的"，这也是双方能够互相理解的基础，交谈者在对话中互相展示他们对这种条理性的分析、评判、利用。这些分析、评判、利用随后也展现在研究者面前，研究者将要通过语料分析，揭示这种对条理性的分析、评判、利用，并通过持续比较找到规律。

谢格洛夫总结了以经验为依据的行为描述应该具有的三个特征：第一，明确阐述什么样的"行为"得到完成；第二，所做的陈述必须有现实依据，并通过下一个话轮程序得到验证；第三，揭示完成特定"行为"的言说方式的特征。[①]

（二）对多个语料样本的归纳与验证

研究者搜集大量的例子来研究有关的现象，目的是找出交谈中反复出现的模式，使分析和解释建立在更加坚实的基础之上。会话分析通常从分析单个例

---

① 刘运同 . 会话分析概要 [M]. 上海：学林出版社 ,2007.46.

子入手，初步提出一个解释，然后观察其他的例子可否用同样的模式来解释。例如谢格洛夫对"电话开头的研究"。但是在会话分析中，这两种策略都会用到，而且研究者可能遵循一种路径：从单个语言样本中发现值得研究的现象—在大量的例子中进行验证和归纳—回到单个例子中进行验证。

第三章　研究设计与方法

本章主要从研究设计与方法的角度阐述 D 小学语文课堂对答的特征，主要分三节展开，第一节介绍研究整体的思路，第二节介绍主要研究方法，第三节对研究的信度、效度以及研究伦理进行阐述。

第一节　研究思路与论文框架

20 世纪中期以后，随着"语言学转向"的发生，话语分析成为课堂研究的重要方法之一，民族志交际分析、会话分析、系统功能语言分析等成为课堂话语分析的重要途径。

会话分析是一种可观察的、实证的社会科学研究方法，并将机构会话作为重要的研究领域，并且创造了一系列分析机构会话的步骤和方法，包括词汇选择、话轮设计、序列组织、整体结构、社会关系和认识论等。会话分析能揭示教师和学生们是如何"以言行事"的，即通过对话完成了哪些行为，以及这些行为是以什么样的方式实现的。以及发现师生对话中的互动引入、发展、和确立过程，包括"话轮转换规则"和师生在对话中的权利和义务，话题是如何被引入、发展、和确立的（主题化 Topicalization）；师生话轮以什么样的方式组织在一起（对答结构）。还能分析影响师生互动过程的微观场景，例如师生互动的时空范围和参与者特征等。通过师生的肢体动作、注视方式等发现课堂机构的"缄默知识"和"惯习"。由于会话分析关注对话的细节，能在"精确到 0.1 秒的尺度上，事无巨细地呈现师生之间的对话，还能帮助我们看到师生对话中思维的建构与韵律"。

因此，研究者以会话分析为理论基础，选择优质小学 D 小学为样本，采取质性研究方法中的"分析归纳"的路径，概括样本学校课堂对答的特征。并在此基础上，阐述课堂对答特征的影响因素，具体研究框架如图 3–1 所示：

```
┌──────┐   ┌──────────┐                    ┌──────────────────────┐
│ 绪论 │──▶│确定研究主题│───────────────────▶│会话分析视野下的课堂对答特征│
└──────┘   └──────────┘                    └──────────────────────┘
```

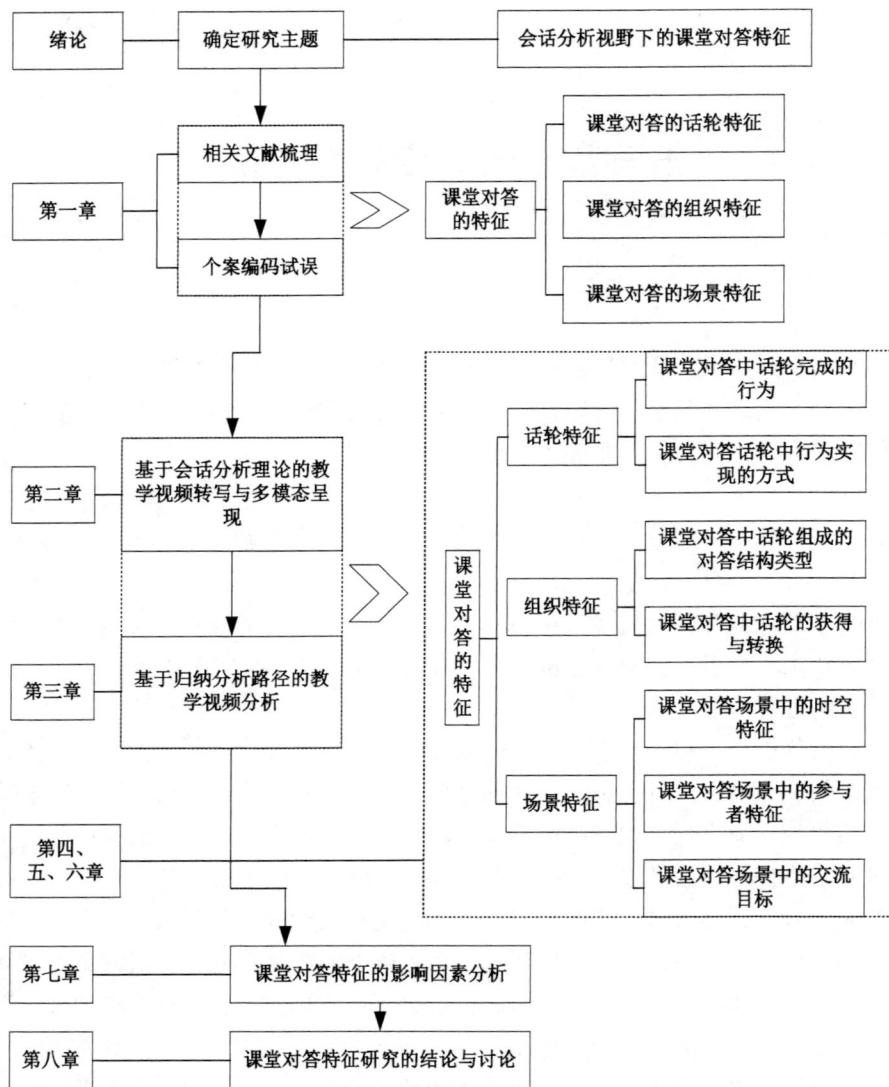

图 3-1 基于会话分析的课堂对答特征研究框架图

依图 3-1 所示，本研究的基本框架如下：

第一步，确定研究问题，一所优质小学的课堂对答具有哪些特征。

第二步，选择研究对象，选择优质小学 D 小学作为个案，选择语文学科的教学视频构建小型语料库。

第三步，确立"课堂对答特征"作为研究的主要内容，并在课堂话语研究的众多理论基础中选择会话分析作为理论视角。

　　第四步，对课堂对答特征的相关文献进行梳理，对搜集到的视频进行转录和编码，试图从实践经验资料中寻找分析课堂对答特征的维度。经过文献梳理和初步的个案试误编码，得到了课堂对答特征分析的粗略框架，即从课堂对答内的单个话轮特征、课堂对答中话轮的组织特征、课堂对答外的场景特征三个方面分析课堂对答的特征。

　　第五步，依据会话分析理论特有的转写系统转写课堂教学视频，并在此基础上进行视频资料的多模态呈现。这个转写系统可以帮助研究者在精确到 0.1 秒的尺度上，事无巨细地转录师生之间的对话，这种细致入微地呈现能够帮助研究者看到师生对答中"思维的构建与韵律"。将所有的教学视频都转录完成之后，采用质性研究中的归纳分析路径分析语料。归纳分析路径是一种适度而不太具有野心的路径，这种路径承认研究者所能做出的最好的概括通常是有限的。研究者依据已有文献和理论确立关于描述对象的框架，即在第二步中确立的粗略框架中纳入视频资料，在用理论关照实际语料的过程中不断拓展、细化已有的框架，例如在分析了第一个视频 A 之后，形成了比第二步的粗略框架更为具体的理论框架 T1，在纳入视频 B 的分析之后，修正和拓展了 T1 形成 T2，接着纳入视频 C……，在不断地比较分析中，不断拓展、细化、修正分析框架，最终得到一个符合所有视频案例的框架，也就形成了全文主体部分的框架。即课堂对答的话轮特征包括话轮完成的行为和行为实现的方式两个维度。课堂对答的组织特征包括课堂对答中话轮组成的结构类型和话轮的获得、保持与交接三个维度，前一个体现组织形式，后一个体现师生对话中的互动控制（权力关系）。课堂对答的场景特征包括时空范围、参与者特征两个维度。

　　第六步，分析视频资料的过程不仅能够不断拓展、细化和修正框架，同时也是不同维度之下的属性逐渐浮现的过程。例如通过视频语料的分析，研究者发现了话轮完成的行为这个维度之下的教师引发话轮完成的主要行为包括提问、告知、指示、提名等。逐渐发现每一个维度之下的相关属性之后，研究结论也就逐渐"析出"了，这个过程好像从充满杂质的金矿中提炼出金子的过程。随着研究者不断纳入教学视频个案，每个维度之下的属性逐渐达到饱和，即新的视频资料不能贡献新的属性，那么这一维度的属性就达到了饱和，对教学视频案例的分析就可以停止了，D 小学课堂对答特征的结论也就浮现了出来。

　　第七步，呈现了 D 小学的课堂对答特征之后，尝试对课堂对答的影响因素进行分析。依据从外向内的逻辑，依次从社会思潮、教育政策、学校文化、师生个体四个方面深入呈现 D 小学课堂对答特征的影响因素，并提炼可供其他学校借鉴的经验与启示。

　　第八步，对研究结论进行概括，对整个研究过程进行反思，并对本研究的后续研究方向进行展望。

第二节 研究方法

社会科学研究必须有经验投入（empirical input），即搜集资料的过程，还要有社会科学投入（social science input），即依据社会科学的概念和论点分析资料，在理论关照、收集资料、分析资料三者相互作用的过程中，结论逐渐浮现出来，成为社会科学的产出（social science output）。因此对研究方法的阐述也主要从收集资料的方法和分析资料的方法两个方面进行。

一、研究个案的选取

质性研究中的个案不追求普遍性的、可推广的结论，而是把个案作为一个"研究者用来窥探其自身与个案都安放于其中的那个世界的一个窗口"。[①] 会话分析理论倡导"细致入微"的呈现以及重视"言语在微观尺度上的发生过程"的特征也促使研究者选择"虫观"式的微观个案研究而非"鸟瞰"式的全景式调查。

D 小学创办于 1948 年，是一所具有实验性和示范性的全日制小学。D 小学坚持改革创新，被誉为中国基础教育的一颗明珠。经过七十多年的建设与发展，学校的办学质量不断提升，培养的学生"有自信、兴趣广、视野宽、思维活、能力强、素质高、潜力大、后劲足"，赢得了广泛的社会赞誉。学校先后荣获全国教育系统先进集体、吉林省教育科研示范基地、吉林省教育科研先进单位、曾在吉林省百校联评中荣获第一名，可见 D 小学是一所积极改革的优质学校。

在七十多年的发展过程中，D 小学坚持教学实验和改革，以行动研究为主要方法，不断进行教学内容、教学组织形式、教学方法的改革。进入"十二五"之后，学校以教学改革为中心统整学校发展，全学科联动、全员参与教学改革的研究与实践，不断创新教学单元内容，进行教学组织形式的变革，课堂教学呈现了崭新的面貌，实现了从"共性"走向"个性"，从"整体划一"走向"关注差异"，从"教师传授"走向"多元对话"。D 小学的品质和特征契合了本研究探索优质学校课堂对答特征的目的。因此选择 D 小学作为个案，深入细致地分析其课堂对答特征，期望能为其他学校的课堂变革提供启示。

[①] 吴康宁. 个案究竟是什么——兼谈个案研究不能承受之重 [J]. 教育研究 ,2020,41(11):9.

二、收集资料的方法

本研究主要用到了课堂教学视频分析法和访谈法，因此资料的搜集主要包括两个方面，一是视频资料的搜集，二是访谈资料的搜集。

（一）课堂教学视频资料的搜集

20 世纪 70 年代，视频分析逐渐在教育学领域登上学术舞台。随着摄像设备的数字化、便携化、低成本化，教学视频日益成为最重要的研究资料。[①] 教育研究需要通过记录教学实践的具体细节来理解日常教学生活，对这种实践最直观、最真实、最详尽的记录就是课堂教学视频。视频能够准确、连贯地捕捉人类稍纵即逝活动的场景，并带来如在现场的真实感和精确感，弥补了人类记忆的不足。视频图像的永恒性为研究提供了重复观看、慢速观看、多人观看，甚至聚焦分析的可能性。[②] 通过教学视频，研究者能看到课堂上师生之间的语言互动、身体互动，以及师生与物品之间的互动，全面把握课堂空间里的实践样态。

确定 D 小学为样本学校之后，研究者对 D 小学不同学科的教学视频进行了搜集和整理。学校录制较多的是语文学科和数学学科的视频，因此研究者随机选出了 10 节语文和数学课，按照会话分析转写系统进行了初步的转写和分析，详见表 3-1 所示：

表 3-1 初步转写的语文数学学科视频资料表

序号	语文视频	数学视频
1	《卖火柴的小女孩》	角的初步认识
2	《童年的问号》	线段 直线 射线
3	《秋实》	认识平行四边形
4	《难忘的八个字》	三角形的三边关系
5	《皇帝的新装》	角的度量
6	《科学家眼中的动物》	三角形的特性
7	《十六字令》	四边形的内角和
8	《灰雀》	三角形的分类
9	《秋天的怀念》	平行四边形的面积
10	《元日》	平行四边形的面积

---

① 肖思汉，德利马.基于视频的学习过程分析：为什么？如何做？[J].华东师范大学学报（教育科学版），2017，35（05）:56.

② 肖思汉，德利马.基于视频的学习过程分析：为什么？如何做？[J].华东师范大学学报（教育科学版），2017，35（05）:57.

在对这两个学科的视频进行初步分析时发现，这些语料在课堂对答的话轮特征、课堂对答的组织特征以及课堂对答的场景特征三个主要的方面没有明显的区别。如下例所示：

对话 3-1，《内角和》教学视频语料片段

01 教师：好，下面我们来看，这个图形是一个什么图形？（拿出一张蓝色正方形纸）　　　　　　　　　　　　　　　　　　（引发 I_1）

02 学生：正方形。　　　　　　　　　　　　　　　　　　（回答 R_1）

03 教师：那么这个正方形的内角和是多少度？　　　　　　（引发 I_2）

04 学生：360 度↑　　　　　　　　　　　　　　　　　　（回答 R_2）

05 教师：你怎么知道是 360 度呢？　　　　　　　　　　（引发 I_3）

06 学生：因为他四个角都是 90 度，90 度乘以四就是 360 度-　　（回答 R_3）

07 教师：对不对呀？很好，因为正方形四个角都是直角。好了下面注意啊，我要把这个正方形沿对角线对折，好了，对折变成了什么图形？你说-

（反馈 F_3/ 引发 I_4）

08 学生：变成了三角形。　　　　　　　　　　　　　　　（回答 R_4）

09 教师：＝你说-　　　　　　　　　　　　　　　　　　　（提名）

10 学生：对折后变成了两个一样大的直角三角形。　　　（回答 R_4）

11 教师：嗯！他说的更准确，变成了两个同样大小的直角三角形，对吧，那么我要问了，其中一个三角形的内角和是多少？你说-（反馈 F_4/ 引发 I_5）

12 学生：其中一个三角形的内角和是 180 度。　　　　　（回答 R_5）

13 教师：为什么？　　　　　　　　　　　　　　　　　　（引发 I_6）

14 学生：因为一个正方形是 360 的，把它分成两个三角形呢就是 360 度除以 2，出来就是 180 度，一个三角形内角的和。　　　　（回答 R_6）

15 教师：刚才我是怎么折叠的？是对折的是不是？还有不同意见，李 xx 你说-　　　　　　　　　　　　　　　　　　　　　　　（引发 I_7）

16 学生：我看见的是老师对折把两个直角平均分成两半，那两个边的直角就是 90 度的角，平均分成两半就是 45 度，连个四十五度加起来就是 90 度，正好 180 度。　　　　　　　　　　　　　　　　　　　　（回答 R_7）

17 教师：不错，很好！（语调上扬）不错很好！　　　　（反馈 F_7）

从对语料 3-1 的标记可以看出，在数学课堂上，教师话轮完成的行为也是引发、反馈、提名等，学生话轮完成的主要行为也是回答、接受等。在这些形式特征的分析上和语文课没有区别。因此研究者选择了保存更为完整的语文学科的教学视频作为分析资料。去掉早期录像带中不太清晰和完整的视频，共保留了 74 个课堂教学视频，筛选后的视频信息如表 3–2 所示：

表 3-2 样本小学课堂教学视频基本信息表

序号	学校	内容
1	D 小学	作文讲评《记一个熟悉的人》
2	D 小学	《月光曲》
3	D 小学	《写询问信》
4	D 小学	《一杯清茶寄深情》
5	D 小学	《第一场雪》
6	D 小学	《斗鱼》
7	D 小学	《狼牙山五壮士》
8	D 小学	《草原》
9	D 小学	《小壁虎借尾巴》
10	D 小学	《看图说话》
11	D 小学	《识字》
12	D 小学	《我爱故乡的杨梅》教师 A
13	D 小学	《我爱故乡的杨梅》教师 B
14	D 小学	《我爱故乡的杨梅》教师 C
15	D 小学	《观潮》
16	D 小学	《卖火柴的小女孩》
17	D 小学	《美丽的小兴安岭》
18	D 小学	《骆驼与羊》
19	D 小学	《曼谷的小象》
20	D 小学	《火烧云》
21	D 小学	《翠鸟》
22	D 小学	《林海》
23	D 小学	《秋实》
24	D 小学	《雨后春笋》
25	D 小学	《童年的问号》
26	D 小学	《过年》
27	D 小学	《七子之歌》
28	D 小学	《伟大的友谊》
29	D 小学	《凡卡》

续表

序号	学校	内容
30	D 小学	《长征》
31	D 小学	《灰雀》
32	D 小学	《过年》上
33	D 小学	《过年》下
34	D 小学	《一只贝》
35	D 小学	《舍生取义》
36	D 小学	《话说长城》
37	D 小学	《难忘的八个字》
38	D 小学	《稻草人穿衣服》
39	D 小学	《会飞的蒲公英》
40	D 小学	《自然之道》
41	D 小学	《遗爱寺》
42	D 小学	《绝句》
43	D 小学	《秋天的怀念》
44	D 小学	《捞铁牛》
45	D 小学	《触摸春天》
46	D 小学	《刘姥姥二进荣国府》
47	D 小学	《高的是麦子，矮的是豆菜》
48	D 小学	《窃读记》
49	D 小学	《在购物中识字》
50	D 小学	《威尼斯的小艇》
51	D 小学	《科学家眼中的动物》
52	D 小学	《武松打虎》
53	D 小学	《我家门前的海》
54	D 小学	《真美与真糟》
55	D 小学	《我的叔叔于勒》
56	D 小学	《倔强的小红军》
57	D 小学	《刷子李》
58	D 小学	《第一次拥抱母亲》
59	D 小学	《三打白骨精》

序号	学校	内容
60	D 小学	《牛郎织女》
61	D 小学	《卖火柴的小女孩》
62	D 小学	《荔枝图序》（古文）
63	D 小学	《小英雄的故事》
64	D 小学	《皇帝的新装》
65	D 小学	《狐狸阿权》
66	D 小学	《一只贝》
67	D 小学	《我的发现》
68	D 小学	《威利的奇遇》
69	D 小学	《十六字令》
70	D 小学	《丑小鸭》（只有前一半）
71	D 小学	《乌鸦和狐狸》
72	D 小学	《寄给青蛙的信》
73	D 小学	《元日》
74	D 小学	《惊弓之鸟》

研究者按照会话分析的转写系统对视频信息进行了详细的转写，一节 45 分钟的课堂教学视频，会产生约 7000 字的文字稿，本研究一共筛选出了 74 个教学视频，共计转写了 52 万字的语料。

（二）"有刺激"的回忆性访谈

访谈是质性研究搜集资料的重要方法。"有刺激"的回忆性访谈与一般访谈的区别在于获取访谈信息的方式，即为教师和学生创设一个交流的直观情境，例如在访谈某个教师时，播放这个教师上课的视频，相当于帮助被访者重回情境，有了这些直观、清晰的刺激，就能为其回忆和讲述提供大量的线索，最大限度地帮助研究者了解他们在"当时"情境中的内心世界，弥补非参与性情境分析的"旁观者"的局限。

对教师的访谈主要了解两个方面的信息。第一个方面是教师提问时的心理状态，包括教师如何设计问题、提问的动机、如何筛选学生、如何对学生的回答进行反馈。第二个方面是教师对第八次课程改革的看法，包括教师已经内化的新课程改革的理念有哪些？教师是否完全接受这些理念？对学生的访谈主要从学生的角度了解学生感受到的课堂上关于"说话"的行为规范。例如课堂上，教师和学生之间的对答以哪种类型为主？（列举出教师主导、中间型和学生主导这三种类型）教师引发问题时，是否会催促学生？教师注重使用礼貌用语和协商策略吗？学生有急于表达自己的观点而打断教师的情况吗？学生回答问题时紧张吗？学生回答结束以后，教师是如何给予反馈的？学生感受到的课堂上的师生关系是怎样的？

三、分析资料的方法

研究主要对两类资料进行分析，一类是课堂教学视频资料，另一类是对师生访谈所得的资料。视频资料具有复杂性、多义性与多维性，在数据的转录阶段必须要考虑视频中人物的对话、身势语以及对话的场景。[①]本研究对视频资料的分析以会话分析为理论取径，深入分析视频中的多维信息，同时对师生会话时的"身势语"进行图像学的阐释。

（一）基于会话分析转写系统的多模态资料呈现

在进行视频分析之前要先对视频进行切分，然后进行转录，转录时要对多维度的视频信息进行多模态的呈现。

1. 视频的标记与切分

第一步，在转写之前要标记每一个视频的拍摄时间、拍摄地点、片段时长、授课内容等基本信息。第二步，按照教学视频的结构对视频进行切分。视频资料具有复杂性、多维性和多义性，对其进行转写之前，需要将视频分段，理由包括以下两点：第一，从可行性的角度来看，可以防止研究者陷入视频庞大而丰富的数据之中无法脱身，不知从何处下手；第二，从方法论的角度来看，社会结构存在于链状互动片段中。萨克斯认为"社会结构并非只存在于宏大理论之中，相反，它时刻参与并渗透到人们的日常社会活动与互动交流当中，它的模式与生成机制总是可以在碎片化的互动链中获取"。[②]本研究按照上课的流程把教学视频分成若干序列，包括上课仪式—导入活动—讲解第一自然段—讲解第二自然段……总结活动—下课仪式等。

2. 视频的转录与呈现

研究采用会话分析专用的转写系统转写语料。基于这个转写系统，研究者可以在精确到 0.1 秒的尺度上，事无巨细地转录对话，借助这种细致入微地呈

---

①　陈红燕. 视频图像阐释中的复杂性：一种方法论的探析 [J]. 华东师范大学学报（教育科学版）,2017,35（05）:47.

②　陈红燕. 视频图像阐释中的复杂性：一种方法论的探析 [J]. 华东师范大学学报（教育科学版）,2017,35(05): 48-49.

现，看见师生"思维的建构与韵律"。[①] 表3-3是详细的比勒菲尔德转写系统：

表3-3 比勒菲尔德转写系统表

需要转写的内容	比勒菲尔德转写系统[①]
话轮间联系紧密	＝两个话轮间紧密的联系
重叠	[ ] 方括号里的话语是重叠的话语
停顿	（。）表示在一个说话人的话轮中不到1秒的停顿
话轮间沉默	（沉默3″）表示沉默及沉默的时间
语调	/ 表示略微上升的语调 ↑ 表示强烈上升的语调 \ 表示略微下降的语调 ↓ 表示强烈下降的语调
拖音（延时）	: 表示拖音，拖特别长的音可以重复使用冒号表示
突然中断	- 连字符表示说话人突然中断的词
强调	声音的特征在语料片段开头用字体较小的大写字母标注"（强）+"表示说话声音很大。 汉语中不区分大小写，因此用**加粗字体**表示声音很大或者夸张
气息	（吸）表示吸气 （叹）表示叹气 （笑）表示笑声
听不清	（听不清）表示听不清的部分
动作姿势	（*咳嗽*）用斜体在括号内标注
转写者自己的一些标记	[…] 表示由转写员造成的中断 →表示分析中被说明的部分 说话人用名字的首字母来誊写 会话中提到的人用一些简短的假设的名字来誊写

除了按照会话分析的转写系统进行转写，研究者还考虑到了教学视频的多模态特征，在转写系统的基础上，加入了一些经过技术处理的视频截图，包括一些重要场景中师生的眼神、表情、手势、体态等，进一步呈现了课堂场景的细节。

3. 在会话分析转写系统的基础上多模态呈现视频信息

具体来看，每一个教学视频的转录都包括以下步骤：第一步，将视频中教师和学生所说的每一句话都编辑成文字。第二步，对转写好的文字稿进行详细的校对，尤其是教师和学生的会话修正信息和话语重叠，对于会话修正信息，要标出

---

① 肖思汉. 如何呈现一场课堂互动 [J]. 全球教育展望,2020,49(12):16.

① ［法］韦罗尼克·特拉韦索. 会话分析 [M]. 杨玉平译. 天津：天津人民出版社,2017.21-23.

修正的每一个字，对于师生之间的会话重叠，要标记出重叠的开始位置和结束位置。第三步，找出需要关注的重音、拖音、停顿、语调等信息，并按照比勒菲尔德誊写系统进行标记。第四步，标记需要关注的非语言的声音信息，主要是教师和学生的笑声、嘘声等。第五步，标记对师生对话产生重要影响的肢体动作，包括手势、体势、注视的方式。例如教师在追问学生时指示性的手势、学生自选成为下一个说话者时的身体姿势，教师从学生中选择下一个说话者的手势等，并将视频中对应的图像截取出来。研究过程中需要按照潘诺夫斯基的图像学的框架，对所截取的图片进行图像学阐释。第六步，关注那些出现在教室情境中的，对师生会话产生重要影响的物品，例如不同年代教师呈现的教具。

视频资料本身的多维性、多义性、复杂性，以及会话分析方法本身注重细节呈现，导致了转写是一个非常耗时耗力的工作。第一步转写词语信息时，需要不断按下暂停键，一节 45 分钟的教学视频的转写时间约 5 个小时。加上后续五个步骤的详细标记所花费的时间，完成一节教学视频的转写共需要 9—10 个小时。为了获得一份足够细致的转写记录，视频片段本身和转录工作的时间比是 1：13。也就是说，针对 1 分钟的视频片段，进行详细转录所需要的时间是 13 分钟左右。下文是一段转写记录示例：

对话 3-2，《看图说话：小白兔迷路》教学视频语料片段

01 老师：这节呀，我们要看图说话，续编故事。请大家把语文书翻到 88 页，（沉默 5"）这里有三幅图，咱们要一幅一幅地看。看一看每幅图上都画了些什么呢，然后结合故事的内容续编结尾，这个故事的题目是什么呀？

（引发 I_1）

02 学生：小白兔迷路 （回答 R_1）

03 老师：好，姚 × 说一遍 （反馈 F_1/ 引发 I_2）

04 姚 ×：这个故事的题目是"小白兔迷路" （回答 R_2）

05 老师：真进步了，在这么多的客人和老师的面前他敢大声发言，大家给他鼓掌（边回应学生边在黑板上板书"小白兔迷路"） （反馈 F_2/ 引发 I_3）

06 全班学生：鼓掌（齐声鼓三下，连续两次，鼓完掌之后学生都两手扶着书，将书立在桌面上，如下图所示） （回应 R_3）

07 教师：王××，你说一遍，这个故事的题目是什么？　　　　　（引发 I_4）

08 学生：这个题，嗯，这个故事的题目是"小白兔迷路"　　　（回答 R_4）

09 老师：嗯，谁还能再大点声说一遍，王××　　　　　　　　（引发 I_5）

10 王××：这个题的 =

11 教师：这个故事的题目，[别着忙]

12 王××：这个故事，这个故事，这个故事的题目是，小兔子迷，小兔迷

路。　　　　　　　　　　　　　　　　　　　　　　　　　　（回答 R_5）

13 老师：再重说一遍，别着忙，不害怕，这个故事的题目是？

　　　　　　　　　　　　　　　　　　　　　　　　（反馈 F_5/ 引发 I_6）

14 学生说：这个故事的题目是小白兔迷路。　　　　　　　　　（回答 R_6）

15 老师说：嗯，终于说对了，很好。把手放下（面向其他举手还想要说的

同学），大家一起读一遍。　　　　　　　　　　　　　（反馈 F_6/ 引发 I_7）

16 学生：（齐声）小白兔迷路。　　　　　　　　　　　　　　（回答 R_7）

17 老师：好，把书合上，把手放在腿上。老师手里拿的幻灯片上也画了这

三幅图，请大家看屏幕。（教师把幻灯胶片放在投影机上）　（反馈 F_7/ 引发 I_8）

在以上对话转录稿中，最左边的编码是话轮号码，本段对话教师和学生共
有 17 个话轮。最右边的楷体标明了师生对话的"I-R-F"结构及其在整段对话
中的顺序，例如"引发 I1"是本段对话中教师的第一个引发，回答 R1 是本段
对话中学生的第一个回答，反馈 F1 是本段对话中第一个教师反馈。话轮 01 第
一行的末尾括号中有"（沉默 5"）"，代表说话人在这里沉默了 5 秒钟。"="代
表话轮 10（学生的回答话轮）与话轮 11（教师插入了一句鼓励的话）之间在时
间上联系很紧密。"[]"代表话轮 11 教师插入的话和话轮 12 学生回答的话有重
叠。"["代表话轮重叠的开始位置，"]"代表话轮重叠的结束位置。话轮 05 中，
教师一边进行反馈和引发一边板书了标题，这个板书的动作在话轮末尾的括号
里做出了说明。

（二）基于归纳分析路径的教学视频分析

1. 归纳分析路径

教学视频分析过程遵循归纳分析路径，呈现教学视频中师生话语特征的
共性。

分析性归纳是一种适度而不太具有野心的路径，这种路径承认研究者所能
做出的最好的概括通常是有限的。具体的归纳路径如图 3-2 所示：

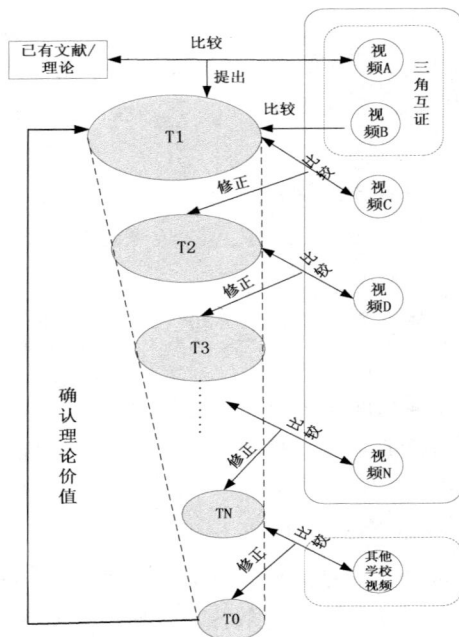

图 3-2 课堂教学视频的分析归纳路径图

归纳分析的步骤包括：1.形成对所要解释的现象的初步界定。2.形成对该现象的假设性解释。3.根据这个假设来对个案进行研究，以便发现这个假设是否符合该个案中的事实。4.如果该假设不正确，要么对假设进行修改，要么对所要解释的现象进行重新界定。5.经过少量的个案研究以后，某个理论可以获得一定的确定性。但是研究者每发现一个否定性个案，都将反驳已经形成的解释，因而要求对该解释进行修改。6.进一步进行个案研究，重新界定所要研究的现象，并修改假设，直到找不到与该假设相反对的个案，这样就有效度了。①但是本研究中采用分析归纳路径完成的并不是"现象—解释—理论"这个过程。而是依据已有文献和理论确立关于描述对象的初步框架—对个案视频进行逐个研究—不断充实和修正原始框架—直到形成符合所有个案的描述框架。下文将以教学视频《斗鱼》为案例 A，以《狐狸阿权》为案例 B，来呈现这个分析和取舍的过程。

研究者先根据课堂话语研究的已有文献梳理出大致要从课堂对答的话轮特征、课堂对答的组织特征和课堂对答的场景特征三个方面进行分析。这三个层次从内向外比较全面地呈现了课堂对答的特征。其关系如图 3-3 所示：

①　林小英.分析归纳法和连续比较法：质性研究的路径探析 [J].北京大学教育评论,2015,13(01):17.

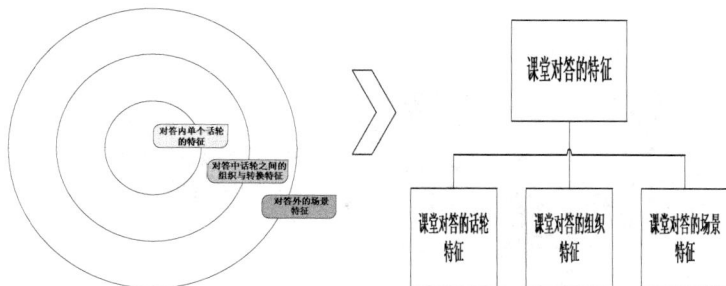

图 3-3 基于文献研究的课堂对答特征的初步分析框架图

　　下一步将以这个"初步分析框架"为基础，纳入个案视频 A 进行分析，呈现更为详细的框架 T1，再纳入视频 B，在修正和充实 T1 的基础上形成 T2。

　　（1）视频 A（《斗鱼》）师生对答特征分析

　　《斗鱼》这个教学视频，时长 40 分 12 秒，师生共有 135 个话轮，共标记出67 个对答结构。依据初步分析框架的三个板块：课堂对答的话轮特征、课堂对答的组织特征、课堂对答的场景特征，对视频 A 中的信息进行分析，提取其中的下一级维度和特征，进一步充实原有框架。分析时要兼顾转录稿中的词语信息、非词语音信息、视觉信息，视觉信息主要包括师生的肢体动作和场景特征等。

表 3-4 视频 A 师生对答中的话轮特征表

原始资料	维度	属性
01 教师：写鱼鳍的美丽用了一个什么句子，谁知道？何 ×。 02 何 ×：用了一个长长……	教师引发话轮完成的行为。	引发话轮完成的行为包括告知、提问、提名、提示等。
03 教师：用了一个长长？（有些不满意地反问，立刻叫了下一个同学）王 ×？ 04 王 ×：用了一个像披着一丝丝彩色的飘带。	引发话轮行为实现的方式。	引发话轮的重音特征；引发话轮的"靶向式"特征。
05 教师：这是一个什么句子呀？罗 ×× 把什么比作了什么？ 06 罗 ××：这是一个比喻句	回答话轮完成的行为。	回答话轮完成的主要行为包括回答、反应和接受。
07 教师：把什么比作什么？（I12） 08 罗 ××：比……，把斗鱼身上的鳍比作了彩色的飘带。	反馈话轮完成的行为。	反馈话轮完成的行为包括评价、接受、议论和更正。
09 教师：嗯，这就写出了这个鱼的外形，突出这个外形美丽的特点，就是从这三方面写出了斗鱼的美丽。（边说边在黑板上写下"鱼鳍"两个字）那么，这么美丽的鱼，它有什么特点呢，我们来学习第二段课文，把书翻过来，下边呀，我想找同学读一下课文，把这个斗鱼的美丽的哪些词语，哪些语气读出来，谁愿意读？王 ×-	反馈话轮行为完成的方式。	反馈话轮的语音、语调特征。

续表

原始资料	维度	属性
	学生回答话轮中行为实现的方式。	回答话轮伴随一个严格的身体程序；学生回答问题时有些严肃紧张，甚至带着一些表演的特征。

表 3-4 呈现了视频 A 在师生对答的话轮特征板块中 I、R、F 三个话轮的多个属性。

教师引发话轮完成的主要行为包括告知、提问、提名、提示等。引发话轮中行为实现的方式这个维度出现了多种属性：引发话轮的非词语音特征方面，语调抑扬顿挫，注重用重音标记问题中的重点词汇。教师的提名行为也通常伴随一个重音，教师提名的方式包括直呼学生名字或者用直呼名字＋用手指示学生的方式。

教师的引发具有"靶向式"特征，并且指向一个"预设"的标准答案。在原始资料的这段对话中，何 × 同学还没有说完，就被教师打断了，因此语料中使用"-"来进行标记，教师显然对她的答案不满意，因此反问"用了一个长长？↑"语调有明显的上升，随后立刻用降调叫了另一个同学"王 ×"，王 ×的回答也不能让老师满意，老师立刻又叫了下一个同学"罗 ××"。在教师的手势（教师做出飘带的手势）提示下，罗 ×× 终于说出了教师想要的答案"比喻句"。围绕这个问题的一系列引发才结束。从这段对话中能看出，当教师引发问题时，心里是有一个"正确答案"的，这个答案就像射箭时的靶心，学生的答案就像射向靶心的箭，如果第一个应答的学生射中了，教师就给予积极评价，一个"I-R-F"对答结构结束。如果第一个学生没射中，教师就会继续引发，直到学生说出老师想要的答案（即射中靶心）为止，因此研究者初步把这个案例中的"I-R-F"对答结构中"引发 I"的特征概括为"靶向式引发"。

学生回答话轮完成的主要行为包括面对引发的回答行为；面对指示的反应行为；面对告知的接受行为。回答话轮伴随一个严格的身体程序。学生回答问题时需要站起来（站在座位上）；回答结束后，教师说"坐下"，学生坐回到自己的座位上。

有些学生回答问题时比较紧张，身体紧绷、肢体动作略显夸张；学生朗读课文时有些像朗诵表演，身体紧张、表情正式、声音很大；这都体现了一些公开课的"表演"特征。

反馈话轮完成的行为包括对学生的评价、对学生应答的接受行为以及对学生的答案进行议论和更正。这个教学视频中的评价都比较简短,如果教师对学生的回答满意,会给予积极的反馈,例如"好""对""嗯""很好""说得比较好""观察得比较仔细"等,如果老师认为学生的回答不正确,可能会继续引发,直到学生说出"正确"答案。反馈 F 的语音特征显示,教师对学生的回答不满意时,可能进行反问,语调会突然升高,此时对学生说的"坐下"也是明显的降调。

表 3-5 视频 A 师生对答中的组织特征表

原始资料	维度	属性
01 教师:为什么要把它叫斗鱼呢?为什么? 02 小新:因为它生来好斗,所以人们叫它斗鱼 03 教师:好坐下,因为它生来好斗,那么同学们现在看第二段,把书放下。	课堂对答结构类型。	整节课的师生对答中有 92.5% 是 "I-R-F" 对答结构。
	课堂对答中引发话轮的获得与转换。	课堂对答中只有教师拥有"引发"的权力。
	课堂对答中反馈话轮的获得与转换。	课堂对答中只有教师拥有"反馈"的权力。
	课堂对答中学生话轮的获得与转换。	学生获得话轮需要经过举手投标和教师的筛选。

表 3-5 呈现了视频 A 在课堂对答的组织特征中的两个维度。一个是课堂对答的结构类型,另一个是课堂对答中话轮的获得、保持与交接。课堂对答结构类型方面,这个教学视频共有 67 个对答结构,其中 62 个是 "I-R-F"结构,还有 5 个是省略反馈的 "IR"结构。也就是说 A 视频中 92.5% 都是 "I-R-F"对答结构。

课堂对答中话轮的获得与转换体现着课堂对话中的权力特征。教师话轮的获得方面,只有教师拥有"引发"的权力,教师拥有在课堂任何时间、地点开启话轮的权力,学生则没有。教师角色天然拥有反馈话轮,反馈话轮是教师"不言自明"的权力,除非教师用反问学生的方式让学生"评价",但是这种评价有一个特点,教师问题的句式都是"对不对""是不是""好不好",学生在评价前已经知道了答案,不能算是真正的学生评价。并且教师可以在课堂任何时间进行反馈,包括打断学生的回答。

　　学生话轮的获得方面，课堂机构对话具有严格的身体程序。教师的引发结束后注视学生—想回答的学生通过目光和举手表达自选成为下一个说话者的愿望—教师注视候选的学生并进行筛选—教师示意选定的学生作为下一个说话者—被选择的学生站起来回答问题—回答结束之后教师说"坐下"—学生坐下，此时一个完整的"回答话轮"才算结束。在这个回答的程序中，只有教师有权力决定谁是下一个说话者，筛选下一个说话者的程序体现了教师的话轮分配的权力，教师就是通过"话轮分配权"控制着课堂的秩序、对话的节奏和走向。

表 3-6 视频 A 师生对答中的场景特征表

原始资料	维度	属性
	课堂对答场景中的信息流向。	信息主要在讲台上下流动，学生之间没有主动交流。
	课堂对答场景中的空间形式。	整个教室空间呈现"剧场式"特征，教学空间被分为讲台上下两个区域。
01 教师：同学们看看在写鱼鳍的时候这里用了一个什么句子？谁知道？何 ×。 02 何 ×：用了一个长长- 03 教师：用了一个长长 ↑王 ×？↓ 04 王 ×：用了一个像披着一丝丝彩色的飘带。 05 教师：这是一个什么句子呀？罗 ××。 06 罗 ××：这是一个比喻句。	课堂对答场景中的时间特征。	课堂机构对话的时间特征是紧锣密鼓的提问中呈现的线性时间。

　　表 3-6 呈现了视频 A 在课堂对答的场景特征板块中的信息流向、空间形式和时间特征三个维度。空间形式方面，整个教室空间呈现"剧场式"特征，教学空间被分为讲台上下两个区域。教师大部分时间站在讲台上和讲台下的学生互动，讲台高出地面一截，并且教师是站着，学生是坐着，因此教师大部分时候是俯视学生的。这受到传统教室空间格局的影响，并且也是师生地位在"视线"上的投射。教师对于所讲的内容，知之在先，知之较多，按照福柯"知识决定权力"的观点，教师在课堂情境中的教室里处于"高位"，是可以"俯视"学生的。信息流向方面，信息流动受到空间形式影响，信息主要在讲台上下流动，且主要是从讲台上流到讲台下，学生之间没有主动的信息交流。时间特征方面，教师用提问精确控制课堂上的每一个时间节点，形成了一种紧凑的"线性时间"。

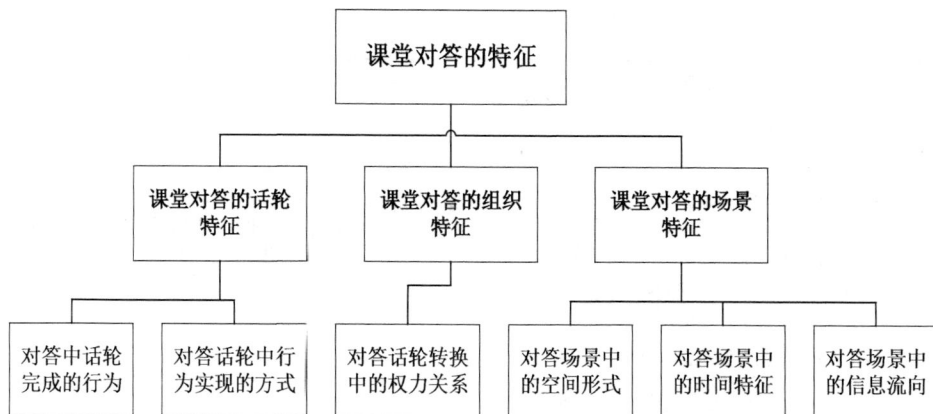

图 3-4 T1：基于文献和案例 A 的课堂对答特征框架图

　　基于文献研究的课堂对答特征的初步分析框架中尚未确定具体的分析维度，纳入案例 A 进行分析之后，确定出了更加细致的分析框架：课堂对答的话轮特征从 I、R、F 三个话轮完成的行为和行为实现的方式两个维度分析。课堂对答的组织特征可以从话轮转换中的权力关系进行分析，但是因为案例 A 中课堂对答结构的形式比较简单，只包含典型的"I-R-F"对答结构和省略 F 的对答结构，因此，还需要纳入其他的案例进一步丰富和拓展这个内容中具体的分析维度。在课堂对答的场景特征这个板块中，案例 A 提供了空间特征、信息流向、时间特征几个维度，也需要重新纳入其他案例提供更为丰富的信息，或者出现反例来修正案例 A 中得到的具体维度的特征。

　　（2）纳入辅助性个案 B 进行比较分析，补充或者修正 T1

　　为了更好地理解和确认从第一个视频 A 中得出的初步框架 T1，为了夯实从视频 A 中得出的从不同维度分析的各个属性，有必要对其辅之以"访谈法"进行三角互证。同时为了确认从视频 A 的不同维度得出的属性特征，还需要对纳入的其他辅助性个案进行持续分析和比较，以确定得到的不同维度的属性不是某个教师个人上课的特征，而是整体特征。因此研究者选择了 D 小学的另一个课堂教学视频《狐狸阿权》与从视频 A 中得出的 T1 进行对照，看看能否发现新的属性，或者修正 T1 的某些属性。

表 3-7 视频 B 课堂对答中的话轮特征表

原始资料	维度	属性
01 教师：我们这一单元的学习有一个很大的特点，每堂课之前我们的这个课程有一个明确的学习的任务，是不是？ 02 学生：对。 03 教师：那么咱们先看一下这堂课咱们主要研究的问题是什么？请你来读一下。 04 学生：场景二，看到送葬的队伍，阿权的心情有了怎样的变化？	教师引发话轮中行为实现的方式。	教师在引发话轮，注重使用协商性语气和礼貌用语。
	学生回答话轮行为实现的方式。	学生回答时的身体程序是课堂对答场景中的"惯习"。
	课堂对答场景中的师生关系。	教师和学生对答时的状态呈现了一种比较亲密的关系。

　　表 3-7 呈现了视频 B 在话轮特征、场景中的师生关系等维度中的三个属性，这对视频 A 同一维度上的属性做了补充。教师引发话轮中行为实现的方式这个维度中，视频 B 补充了教师在"告知"时，注重使用协商性语气；在提问行为中注重使用礼貌用语"请"。在学生回答话轮行为实现的方式这个维度，补充了"身体惯习"这个维度。如表中图所示，学生在回答教师问题时，一开始是坐着的，教师亲切地把手搭在学生的肩膀上，但是随着交谈的进行，学生不自觉地站了起来。这说明课堂场景中的"身体程序"已经成了一种不自觉地"惯习"。在课堂对答场景中的师生关系这个维度，补充了师生之间呈现一种比较亲密的关系这个属性。

表 3-8 视频 B 课堂对答的组织特征表

原始资料	维度	属性
01 教师：在这个过程中，还有没有描写阿权心理的变化的词句，你说。 02 学生：期待。 03 教师：在哪里，看到那个句子感受到它期待的心情？ 04 学生：染黑牙齿和梳头，它会期待村子里举办活动。 05 教师：所以你认为他喜欢热闹，是不是？（回音） 06 学生：是。	课堂对答中话轮组成了不同类型的对答结构。	"回音"（I-R-Rv-E）对答结构。
学生汇报同组学生的观点 01 教师：（面向全班学生）他说到这个内容的时候，你对应你的卡片，同时在课文里找一找，有没有这样的描写，接着说。 02 汇报学生：阿权看到葬礼，阿权的心情他觉得很"奇怪"，这个我没懂是什么意思。 03 教师：他自己说一说，（教师面向柏××同学），你说说。（架构） 04 柏××：他很奇怪兵十他们家谁死了？（发展） 05 教师：嗯，由这句话体会到的心情，是不是？（评价） 06 汇报学生：他说阿权看到兵十妈妈死了，阿权很后悔，我对他有不同的意见。 07 教师：嗯↑。（升调的反馈项目，鼓励学生继续说下去）（架构） 08 其他学生：兵十妈妈死了，不是他看到的情景，他只是看到兵十妈妈的葬礼，我认为是应该写，他看到的情景这一栏应该写成"无精打采"，他看到兵十无精打采的时候是兵十的妈妈死了，所以他很后悔。（发展） 09 教师：（点头表示肯定）听清楚了吗？（评价） 10 学生：清楚了。	课堂对答中话轮组成了不同类型的对答结构。	"架构—发展—评价"（F-D-E）对答结构。

表 3-8 呈现了视频 B 在课堂对答结构维度中的两个属性，这对视频 A 同一维度上的属性做了补充。第一个属性是补充了"回音"对答结构，话轮 03、04、05、06 构成了一个"回音"对答结构，可以简写为"I-R-Rv-E"，与"I-R-F"结构具有明显的不同。第二个属性是出现了"架构—发展—评价"对答结构，从最外部的形式上看，可能仍然是"I-R-F"结构，但是师生话语的功能已经脱离了简单的引发—回答—评价，教师的 03、07 话轮都具有架构的功能，而学生的 04、08 话轮都是进一步思考，即发展的结果。

表 3-9 视频 B 课堂对答的场景特征表

原始资料	维度	属性
	课堂对答场景中的师生关系。	对答场景中比较亲密的师生关系。
	课堂对答场景中的空间特征。	课堂对答空间中的小组式桌椅；以及学生讨论中较大的空间自由度。
学习指南一 1.默读第二场景的内容，想想阿权看到了哪些情景，画出描写阿权想法的语句，体会阿权的心情，完成学习卡片一。 （建议5分钟） 2.小组交流。（建议5分钟） 3.全班交流。（预计10分钟）	课堂对答场景中的时间特征。	课堂对答场景中的复合段状时间。

　　如表 3-9 所示，视频 B 在课堂对答场景中的师生关系、对答场景中的空间特征、对答场景中的时间特征三个维度上都对已有框架做了补充。师生关系维度上，出现了较多的师生之间的肢体互动，体现了比较亲密的师生关系。课堂对答场景的空间维度上，学生桌椅被排成了小组式；并且小组讨论时，学生的空间自由度进一步扩大，很多学生走下座位，参与了其他小组的讨论之中。课堂对答场景的时间维度上，整节课的时间节奏也有所改变，教师没有再进行从头到尾的紧锣密鼓的引发，而是依据学习指南把教学时间切分成段状。

　　通过对教学视频 B 的分析，研究者对视频 A 中得到的信息进行了确认、修正和补充。经过视频 B 的辅助和修正，得到了更加具体和丰富的课堂对答特征框架 T2。

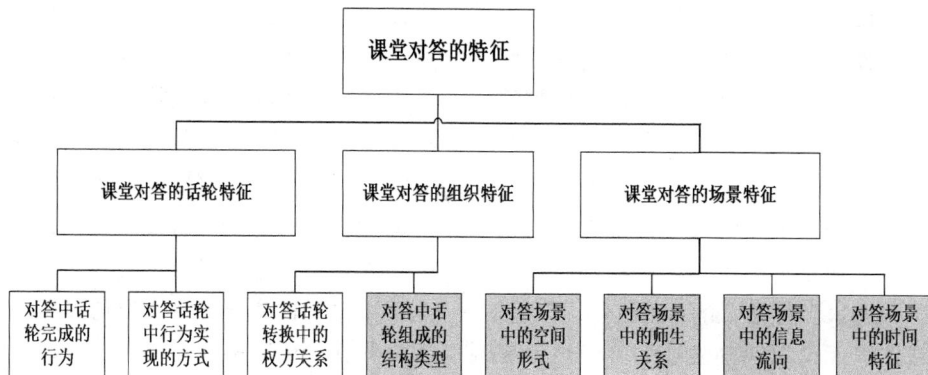

图 3-5 T2：经过视频 B 辅助修改的课堂对答特征框架图

经过视频 B 的辅助，研究者发现了新增的维度，"对答中话轮组成的结构类型"，因为在视频 B 不但包括典型的"I-R-F"对答结构，省略 F 的 IR 结构，还出现了"回音"（I-R-Rv-E）对答结构和"架构—发展—评价"（F-D-E）对答结构。在场景特征汇总中出现了新的维度，师生呈现出比较亲密的肢体互动，拉近了师生之间的距离和等级关系，因此在场景中增加了"师生关系"维度。

研究者还发现了课堂对答场景中的时间特征维度下产生了新的属性，视频 B 中的教学时间依据"学习指南"切割成了几段，每段时间内学生获得了一些自主支配时间的机会，并且在小组讨论时间，课堂上有多人开口说话，整个课堂的听说模式呈现了不一样的特征。空间形式这个维度下也产生了新的属性，视频 B 中的空间是"十字形的小组式桌椅"，学生在教室空间中也具有了更大的流动性。信息流向维度也产生了新的属性，学生之间出现了直接的交流。这些新增的维度和属性都被增加到了框架 T2 中去。

（3）对多个课堂教学视频个案进行持续比较，不断拓展和修正

在完成了对视频 A 和 B 分析之后，研究者需要找到个案 C 进行继续比较和分析，并形成 T3，当然修改后的 T3 也必须要满足视频 A 和视频 B 的特征。以此类推，不断纳入视频个案 D、E……，一直到 N，通过不断纳入新的属性和修改原有特征模型形成 Tn，能全面地概括了 D 小学的课堂对答特征。整个过程就是一个持续比较，不断夯实、补充，或者修正课堂对答特征不同维度的属性的过程。

（三）基于潘诺夫斯基图像学方法的图像阐释

质性研究中的"表征危机"（the Crisis of Representation）与图像学方法逐渐兴起。随着影像技术的迅速发展和"图像转向"（Pictorial turn）这一术语的提出，图像成为重要的实质性研究资料。图像得以成为质性研究资料主要有两个原因：第一，图像的无处不在，使他们成为反映一定社会关系和社会背景数据

的理由。第二，图像拥有双重性质，是一种表征系统使得分析成为可能；独立于创作者但又与所象征的事物保持生动而系统的联系使其在呈现缄默知识时比文本更有优势。这种"如在现场"的生动联系可以呈现被语言掩盖的真实和难以言说的缄默知识，还原一个真实鲜活的社会现场。而图像学分析视角从"什么"到"如何"的转变，更能揭示图像背后的时代"惯习"。这恰好缓解了质性研究中的"表征危机"，因此图像阐释方法逐渐被社会科学研究者接受，教育学亦然。通过"图像"这一媒介而获得的对日常生活实践的理解以及对行为活动的导向大多都是"前反身性"，因为这一"理解方式"往往比那些可以通过概念或语言而得以明确表达的方式更为深刻。总的来说，缄默知识使"惯习"以及习惯性行为得以结构化，而图像是呈现"缄默知识"最好的方式。因此视频图像中师生的肢体动作、课堂教学空间的变化，都能作为图像阐释的对象。

潘诺夫斯基提出了基于社会学的图像意义阐释框架，框架分为三个层级：意义的前图像志层，意义的图像志层，以及意义的图像学层。下文以"脱帽致意"这一行为为例来说明。首先，前图像志层面包括从知觉形式到事实意义的描述。对脱帽这一动作，观者从知觉形式（form）的角度看到的是弯腰取帽等若干动作的变化；当观者意识到这是"绅士脱帽"时，就进入主题或意义的最初领域，即事实意义（factual meaning）。第二，图像志分析则从自然意义上升到了习俗意义。将脱帽理解为合乎礼仪的致意是西方中世纪特有的方式，这种方式是骑士制度的遗风。要理解脱帽致意这一举动的意义，不但需要了解行为主体的动机（即致意），还要了解组织机构所产生的知识（即中世纪独特的习俗），综合这两点即上升到了习俗意义（convention meaning）。第三，图像学阐释是深意的图像志解释或者说是图像志的综合。"脱帽这一时空中的自然事件能使阅历丰富的观察者从中看到构成其'个性的一切东西'，这一个性由他的民族、社会与教育背景以及他是一个 20 世纪之人这一事实所决定。"[①]这被称为内在意义（intrinsic meaning），要把握内在意义，必须要了解一个时代、一种哲学、一个民族甚至一种宗教的基本态度，这些内容会不自觉地体现于那个时空中的人的个性之中，凝结于那个时空的艺术作品或照片中。一个年代的教学空间图像总是包括一系列教学用品及其位置以及物品隐含的人与人之间的关系，更隐含着当时的教育哲学和时代特征，这些都能够从前图像志层到图像学层的阐释中得以揭示。

---

① ［德］欧文·潘诺夫斯基.图像学研究：文艺复兴时期艺术的人文主题 [M].上海：上海三联书店，2017. 2.

（四）辅助性的访谈资料分析

在语言学的会话分析研究中，并不采用其他的方法作为辅助，因为会话分析的研究者们认为，会话分析依赖"互解"和"下一个话轮证明程序"已经能够保证研究者对对话内容的理解是对话在"场景"中本来的意思了。本研究中对访谈资料的分析主要用来佐证视频分析中得出的结论，以及分析课堂对答的影响因素。

第三节　研究的信度效度与伦理

定性研究的信度指的是"不同的研究者或同一研究者在不同的场合把事例或情况归入同一个类属的一致性程度"。效度即研究人员的阐述再现所涉及的社会现象的正确程度，简单来说，效度就是研究报告反映对象的真实程度。

一、研究的信度

定性研究的信度的评估方向是检查资料和程序的可依靠性程度。增加质性研究信度的方法在于提升资料搜集过程与分析过程中的可靠性。

（一）资料搜集的程序信度

1. 视频资料的信度

研究者所使用的主要资料是课堂教学视频，视频能够准确、连贯地捕捉人类稍纵即逝活动的场景，并带来如在现场的真实感和精确感，弥补了人类记忆的不足，而且能够反复观看，为研究带来了极大的便利。视频是比课堂观察记录、师生访谈、师生问卷调查更为直观、具体的课堂教学研究资料。课堂教学视频资料搜集完成以后，研究者对视频进行了筛选，包括去掉结构不完整的、格式有损坏的视频，并将视频转成统一的 wav 格式备用。并对视频的基本信息，包括录制日期，教学内容，教师信息等进行记录和编码。

对视频的基本信息进行转录之后，研究者需要使用会话分析专用的转写系统对视频信息进行转录。会话分析不仅是话语分析和常人方法学的重要流派，还是一种重要的具有实证精神的社会科学研究方法。会话分析迥异于传统的社会学研究方法的地方有两点：第一，会话分析通过精确记录的录音和录像来反复研究对话，对会话的理解不仅取决于研究者的解读，还取决于对话参与者自身对双方所说话语的解读，因为对话本身建立在对话双方的相互理解和修正之上，相比仅靠研究者解读的"访谈"类话语信息，会话分析者对对话的理解更具信度。第二，会话分析研究者通过复杂精确的转录系统力求全面地呈现真实对话的"语言标本"，并且会在研究报告中呈现这个标本，其他研究者可以针对同样的材料判断研究者的分析是否正确。除此之外，后续的利用录像作为材料的会话研究者并不排斥其他资料形式，例如视频资料中的图像、访谈资料、观察资料等，这些方法的综合使用也有利于提升会话分析的信度。

2. 访谈资料的信度

增加访谈资料信度的方法包括两个方面：第一，确保受访者以同样的方式来理解所提的问题的含义。在访谈时尽可能清楚地解释访谈问题，必要时可以举一些例子。第二，确保受访者的回答可以使日后的编码避免不确定性。一次访谈结束之后，研究者尽快整理了访谈资料，对于其中不清楚的问题，以及新想到的问题进行了补充访谈。

（二）资料分析的程序信度

在分析视频资料和访谈资料时，提倡合作分析信度（inter-rater reliability）。在转录视频资料的过程中，仔细区分视频中直接呈现的信息和研究者从信息中得出的观点。在采用归纳分析路径分析视频资料的过程中，邀请了其他课程与教学论专业的博士来检验类属生成的过程和结果，并积极讨论，尽可能地消除各自意见的差异。同时在分析过程中撰写研究过程的备忘录，以便随时反思和进行检查。

二、研究的效度

效度即研究人员的阐述再现所涉及的社会现象的正确程度，质性研究的效度问题指研究人员的建构在多大程度上是经验地建立在被研究者的建构的基础上的。因而研究者寻求的是建构过程中的程序效度。提升质性研究效度的常用方法主要包括：三角互证（Triangulation）、结晶化分析（Crystalization）、相反案例分析（归纳分析路径）（Negative case analysis）、成员验证（Member validation）等。本研究采用的保证研究效度的方法主要是三角互证和归纳分析路径。

（一）资料搜集的程序效度

三角互证指的是结合各种方法、各种研究群体、各种研究场景和各种理论视角来研究某个现象。主要包括四种方法：资料三角交叉（例如使用各种不同的资料来源）；研究者三角交叉（例如两个访谈员访谈同一个人）；理论三角交叉（例如糅合不同的理论流派，防止偏激）；方法论三角交叉（例如包括同一个方法内部的三角交叉和使用不同的方法进行交叉）。本研究搜集资料的过程中，主要采用资料三角交叉的方法获得各种不同的资料。既搜集大量的 D 小学的课堂教学视频资料，也采用访谈法访谈课堂教学视频中的教师和学生，这两类信息相互验证，既能获得一种"局外人"的整体感观，又能获得一种"画中人"的内心想法，两类资料相互印证，使得研究者能更加接近所描述的对象。

（二）资料分析的程序效度

定性研究报告中，对访谈或者观察资料常常采取"例证性引用"来说明研究得出的理论命题和观点。但这种做法常常被批评可信度不充分，是一种"选择性貌似有理"。批评者质疑研究者如何处理那些不那么具有例示性的个案或者资料，尤其是与作者的论点相背离或者矛盾的信息。研究者到底是故意直接回避这些资料还是有效地处理了与自己的理论观点相矛盾的研究资料，即修改了自己的研究假设，与资料保持一致。"归纳分析的路径"能够呈现经由资料析出结论和资料取舍的过程，因而可以回应这种质疑。研究者首先对所要描述的"课堂对答特征"这个对象进行文献梳理，建构出最为粗略的描述框架。第二，纳入一个教学视频 A 进行分析，拓展和细化这个粗略的框架的相关维度，得到更加细致的分析框架 T1。第三，纳入教学视频 B 进行分析，来拓展、细化或者修正 T1，经过得到修正的框架 T2。第四，找到教学视频 C 进行继续比较和分析，并形成 T3，当然修改后的 T3 也必须要满足视频 A 和视频 B 的特征。以此类推，不断纳入视频个案 D、E……，一直到 N，通过不断纳入新的属性和修改原有框架形成 Tn，能全面地概括了 D 小学的课堂对答特征。整个过程就是一个持续比较，不断夯实、补充，或者修正课堂对答特征的不同维度的属性的过程。通过这种归纳分析路径，研究者就得到了一个涵盖 D 小学所有个案的课堂对答特征的描述。

三、研究伦理

教育是人类的重要活动，教育研究是研究人在"教育场域"中的活动，因此必须遵守与人有关的研究伦理。陈向明认为，处理质性研究伦理问题的几个重要原则是："自愿和不隐蔽原则、尊重个人隐私和保密原则、公正合理原则、公平回报原则。"[①]本研究主要从三个方面保证研究的伦理。第一，在获取视频时获得了校方和老师们的同意。第二，在视频转录的过程中，尊重事实，尽可能精确地转录课堂教学视频中的信息。第三，尊重教师们的隐私，在正式的行文中，隐去教师和学生的真实姓名，在正式呈现时，将图片处理成"动画"形式，或者为师生的面部打上马赛克，尽量保护教师和学生的个人隐私。

---

① 陈向明. 质的研究方法与社会科学研究 [M]. 北京：教育科学出版社，2000.425-426.

第四章　课堂对答的话轮特征

本章主要阐述课堂对答内单个话轮完成的行为与方式。通过对相关文献的分析能看出，"I-R-F"对答结构是不同文化背景下课堂上最稳定、最普遍的结构，卡兹登称其为课堂教学的"默认"对答结构。D 小学课堂教学中最普遍的也是"I-R-F"结构。这个结构由教师引发（Initiation）—学生回应（Response）—教师反馈（Feedback）这三个话轮组成，简称"I-R-F"结构。会话分析既关心每个话轮完成的行为，也关心这些行为实现的方式，即通过课堂话语，教师和学生以什么样的方式做了什么事。因此本章主要从话轮完成的具体行为和行为实现的方式这两个方面来分析 D 小学课堂话语中的师生话轮特征。

第一节　以言行事——课堂对答中话轮完成的行为

奥斯汀（J.L.Austin）提出了施行话语（performative utterance）的概念，施行话语不履行语言的描述或者陈述功能，它们的首要功用是做事。在实际的交际语境中，"说话就是做事"，说话就是在实施一类活动或履行其中的一部分，而情境则决定了说话施行的行为是否恰当，以及能否实现。[①] 会话分析也将行为（action）作为重要的概念，谢格洛夫指出，人与人的互动其实包含着"构成行为（action formation）"的过程，说话者在说话时，产生了一个可识别的行为 X，交谈的另一方根据社会规则，识别了这个行为 X，这就是一个构成行为的过程。在具体的人际互动中，人们可以通过相关社会规则将话轮中的某些特征识别为一个"行为"。研究者可以观察对话中的说话者以某种方式说话的目的是什么，并试着通过听话者的应答来判断说话者完成了什么"行为"。例如 A 说，"晚上有空吗？我发现了一家不错的餐厅"。B 说，"好啊，正好不想回家做饭"。这个话轮中虽然没有出现"邀请"两个字，但在语境中可以根据社会规则将其

---

① ［英］奥斯汀 . 汉译世界学术名著丛书 如何以言行事 [M]. 杨玉成，赵京超译 . 北京：商务印书馆，2013.7.

识别为一对"邀请"和"接受"行为。值得注意的是，会话分析研究"行为"，不是从行为的分类和名称入手，而是从语料本身及其发生的具体语境入手探寻说话者在做什么或者试图做什么。[①]这种做法会使研究者发现一些还未被命名的"行为"。

课堂师生对话的每一个话轮都完成了一些与教学有关的行为，伯明翰学派的辛克莱尔和库尔萨德对这些行为进行了初步的描述，研究者以他们的理论为基础，对课堂上教师和学生话轮中所完成的行为进行逐句编码和统计，根据真实语料"命名"一些新的行为，并通过参考点的数量看出这种行为发生的频率。由于"I-R-F"是"默认"的课堂对答结构，因此分析从"I-R-F"结构的三个话轮进行。

一、引发话轮完成的行为

引发话轮 I 是"I-R-F"对答结构的首个话轮，也可以被认为是课堂对答中最重要的话轮。教师依赖引发话轮不断引入和确认新的对答主题，引发话轮可以看作这个对答结构的动力系统。编码发现教师的引发话轮主要完成两类行为，第一类是主要行为，第二类是伴随行为，另外在教学环节的交界处会有承前启后的总结和元陈述（导入）行为。

（一）引发话轮中的提问、指示和告知行为

课堂教学视频转录稿的逐句编码显示，引发话轮完成的主要行为包括：提问、指示和告知。提问需要学生用言语做出回答，通常是一个问句；指示行为需要学生以非言语形式做出反应，例如教师指示学生看黑板，学生就需要抬起头看黑板，常常通过祈使句实现；告知行为传递思想、事实，主要通过陈述句实现。但是这三种行为和三种句式之间并不是一一对应的关系，例如在某些具体的语境中，陈述句也能实现"指示"的功能。表 4-1 以 D 小学教学视频《捞铁牛》中的编码为例来对这三种行为进行说明：

表 4-1《捞铁牛》中引发话轮完成的主要行为分析表

I 话轮完成的行为	具体行为	参考点
I 话轮完成的主要行为	提问（诱发）	67
	告知	12
	指示	28

① ［美］伊曼纽尔·谢格洛夫. 对话中的序列组织 [M]. 马文等译. 北京：北京大学出版社，2013.8.

在《捞铁牛》这个教学视频中，引发话轮里，提问（诱发）是最主要的行为，共有 67 个参考点，占一个教学视频语料的 20%。教师的话轮通常以问句结尾，等着学生去回答，课堂教学在教师的持续提问中不断推进。

其次是指示行为，有 28 个参考点，占一个教学视频语料的 8.71%。教师的指示行为主要完成以下几个目的：第一个是调控学生的注意力，主要是调控学生的视觉和听觉，例如"请大家看第三自然段；请看学习指南一；注意看卡片上的提示；大家往前看；请大家仔细听"等。第二个是给学生分配任务，例如"请 XX 读第一段；大家根据学习指南来一步一步地学习；写完的同学，可以跟小组同学交流一下；现在请大家把这几个词语填到你的学习卡片上，填到这几条粗线旁边；请你快到文中找一找，画一画"等。第三个任务是调控学生的身体，例如"请大家回到座位，坐好；请你大点声"等。在一对多的对答语境中，教师需要不断通过指示行为（言语指令）调控学生的注意力，建立师生之间的"共同注意"（joint attention），因为共同注意是有效教学的前提，教师还需要通过言语指示分配学习任务，推进教学流程，并通过指示行为随时"规范"学生的身体，使其符合课堂场域的"惯习"。

第三是告知行为，由于教学的本质与人类间接经验的传递密切相关，因此告知成为教师话语中的重要行为，但是 D 小学的课堂上，教师直接的告知行为的频率通常都低于提问和指示行为，原因是教师们都倾向于采用"问答"的形式推进课堂进程。即使有些内容可以"告知"的方式呈现，教师也喜欢将他们转换成"I-R-F"的对答结构，让学生自己说出教师想要告知的内容，这样既可以保持学生的注意力，也可以测试学生的理解水平。

在一节课的话轮数量中，教师约占 50%，所有学生共占 50%，考虑到教师的引发话轮和反馈话轮的长度通常超过学生的回答话轮，教师实际上说的话，超过所有学生的总和。除了这些主要行为，引发话轮通常还包括一些伴随行为。

（二）引发话轮中的提名、示意、提示和催促行为

引发话轮完成的伴随行为包括提名、示意、提示和催促。由于课堂是多人对话场景，为了准确地指定下一个说话者，教师的引发之后通常伴随着提名行为。有的时候教师不会直接提名或者对学生发出言语指示，而是用眼神或者手势对学生进行示意，例如示意学生坐下，示意学生举手以后再说话（教师提问后做出举手的动作），示意学生到讲台来（在讲台上向学生招手），示意学生小声一点等（"嘘"的手势）。关于其中的催促行为，不同的教师之间存在较大差异，有些教师为了追求行云流水或者说无缝链接的教学效果而去催促学生，有些教师则认为，"'行云流水'的教学流程不应该作为一节好课的评价标准，学

生出现卡壳的情况很正常，自己不会催促学生，除非学生跑题特别严重"。（D 小学 S 老师）整体上来看，大部分教师会在课堂上努力表现出亲和的样子，至少在公开课上会努力地克制自己，不会去催促学生。表 4-2 列出了《狼牙山五壮士》这个教学视频中，教师引发话轮完成的伴随行为：

表 4-2《狼牙山五壮士》中引发话轮完成的伴随行为分析表

引发话轮完成的行为	具体行为	参考点数量
引发的伴随行为	提名	74
	示意	4
	提示	18
	催促	5
课段交接处的边界回合中的行为	总结	5
	元陈述（导入）	6

在伴随行为中，提名行为的频率有 74 次，几乎和教师引发话轮的数量一样多，因为课堂场景中，学生数量众多，教师为了精确地指定下一个说话者，必须清楚地提名。其次是提示行为，在学生的回答遇到困难或者没有说出教师理想的答案时，教师总是会提示学生。在这个教学视频中，共观察到了教师的 5 次催促行为，从旁观者的角度来看，教师很希望学生说出正确答案，只有这样才说明学生听懂了教师讲的知识点，进而证明教师的教学是有效的。教师的催促行为见下例所示：

对话 4-1，《狼牙山五壮士》教学视频语料片段

01 教师：这几句话主要描写了狼牙山五壮士中的哪一位？张 ×！

（引发 I_1）

02 张 ×：主要描写了……嗯……　　　　　　　　　　　（回答 R_2）

03 教师：＝你大点声。　　　　　　　　　　　　　　　（指示 D_1）

04 张 ×：＝主要描写了……　　　　　　　　　　　　　（反应 R_2）

05 教师：＝你坐下，接着考虑，叶 ×？（转向下一个叫叶 × 的同学）

（反馈 F_1）

但是催促行为同时损害了说话者的积极面子和消极面子。因为催促意味着担心说话者不能在需要的时间内完成表达，是对说话者能力的不信任，因而损害了说话者的积极面子；又因为干预了说话者表达的节奏（侵犯说话者的领地）而损害了说话者的消极面子。访谈 D 小学的学生时，当问到，"如果你一边想一边说，说得比较慢的话，教师会催促你吗"？得到的回答都是"通常不会，

除非你跑偏地特别严重"。（D 小学五年级 L 同学）当学生的应答不顺利时，教师会给予提示，既包括使用言语的方式也包括非言语的方式。详见下例所示：

对话 4-2，《月光曲》教学视频语料片段

01 教师：坐下。是一般的想听吗？比这程度再加深一点，该怎么说呢？

（引发 I_1）

02 学生：非常想听，特别想听。 （应答 R_2）

03 教师：还可以怎么说呢？用两个字表示。 （引发 I_2）

04 学生：渴望。 （应答 R_2）

05 教师：对，你就把这种渴望听到的心情读出来。 （反馈 F_2）

这段对话中，教师希望学生说出的答案是"渴望"，但是话轮 02 中，学生没有准确地说出这个词，因此话轮 3 中，教师给予了提示，"用两个字表示"，话轮 04 中，学生会意，说出了老师想要的答案。教师的提示行为受教师个人的教学风格和具体的对话情境影响较大，不同教学视频中的参考点数量差异比较大。

（三）引发话轮中的"总结"和"元陈述"行为

围绕一个核心议题的几个"I-R-F"结构组合成一个课段，在课段的结尾处，教师通常会对本课段进行总结，并且通过"元陈述"导入下一个课段的内容。例如"刚才我们了解了课文的大意，也知道每一段究竟写了哪些内容，下面我们来看一看课文是怎样围绕五个战士不怕牺牲这样一个中心逐步展开的"。值得注意的是，日常对话中，交谈双方都有引入和确立话题的机会和权力。但是在课堂对话中，教师和学生说话的权力和机会是不平等的，教师是强大的参与者（powerful-participant），学生是不强大的参与者（non-powerful participant）。[①] 因此通常是由强大的参与者教师来导入和确立下一个话题的。

二、回答话轮完成的行为

在师生对答中，"诱发"和"回答"是两个互补的话轮。引发话轮主要完成三种行为，回答话轮也主要有三种行为与之对应。这三种对应关系分别是：诱发对应回答；指示对应反应；告知对应接受。学生通常用语言回答教师的诱发；用言语或者非言语行为对教师的指示做出反应；用眼神注视、点头等来回应和接受教师的告知。由于课堂是几十个人参与的大型复杂对话场景，再加上课堂的传统习惯，学生必须要经过举手"投标"程序，表示自选成为下一个说话者的意愿，被教师提名（允许）之后，才能开口说话。因此学生的每一个回答话轮都伴随着

---

① 费尔克拉夫区分了机构对话中的，强大的参与者（powerful participant）和不强大的参与者（non—powerful participant）。

"举手投标"行为，这个行为最能体现课堂机构对话的特征。详见表4-3所示：

表4-3《狼牙山五壮士》中回答话轮完成的行为分析表

回答话轮完成的行为	具体行为	参考点数量
回答	回答（直接回答教师的问题）	113
	回答（补充同学）	2
	回答（更正同学）	4
反应	肢体动作反应或读课文	21
接受	注视或默契地接话	8
投标	举手	113

（一）学生面对提问的回答行为

课堂对答中，教师提出问题，学生们做出回答，他们之间似乎建立了一种"刺激和反应之间的客观联结"。中国学生一进入公立的教育机构，例如幼儿园，教师就试图在正式的教学活动中建立这种联结，到了小学阶段，学生已经完全习得了这种"提问—回答"模式，并且会习惯性地等待教师的评价，形成课堂上"默认"的"I-R-F"结构。卡兹登指出，一种对话结构可能只适合某些教育目的，"I-R-F"同样更适合呈现那些"既定事实"，即教师在提问之前就知道答案，并且希望通过师生对答让学生也知道这个答案，这更接近布卢姆所说的"事实性知识"和部分"概念性知识"。而对于更为复杂的"程序性知识"和"元认知知识"则需要更为复杂和更相对开放的对答结构。

（二）学生面对指示的反应行为

课堂上，教师通常通过指示来完成三个任务：第一，聚焦全体学生的注意力；第二，发布学习任务；第三，调控学生行为。从公开课上学生外显行为来看，学生对教师的指示都是服从的。学生的注意力依据教师的指示在"看老师""看黑板""看书"之间来回切换。学生会立即执行教师发布的学习任务。在回答问题的过程中，如果教师提出"你大点声"的指示，学生也会立即调整音量。整体感觉是，公开课上的学生们都积极地配合老师"度过"这节课。这里需要注意的是，学生的回答行为和反应行为都是"被动"的"应答性"行为，是在教师的"刺激"之下产生的。学生被完全"嵌入"到了课堂对答的结构中，失去了"主动"活动的愿望和可能性。此时教师和学生眼里的积极参与就是"积极地回答教师的问题"。这种景象是如此的"整齐热烈"又如此让人感觉不到思维的活力。叶澜教授认为，课堂教学应该是一个师生交互作用的动态过程，这种单向的"刺激—反应"，缺乏一种"动态的交互性"。

（三）学生面对告知的接受行为

面对教师的"告知"性陈述，学生们会直视教师、间或点头表示接受，有时师生之间会非常默契地把教师的"独白语言"转化成师生的"对白语言"表演出来。如表4-4的几小段对话所示：

表4-4《狼牙山五壮士》中教师将"独白语言"转化为"对白语言"分析表

参考点和覆盖率	对答内容
参考点 1 - 0.50% 覆盖率	教师：很好。那么在敌人数以千计，气焰十分嚣张的情况下，战士们必须以少— = 生：=胜多！（齐声）
参考点 2 - 0.39% 覆盖率	教师：那么，正因为战士们有这种精神，敌人才始终没有前进一步，说明阵地还在我们的— = 生：=手里！（齐声）
参考点 3 - 0.36% 覆盖率	教师：哎，蜂拥而上，一群敌人，这个时候班长拔出手榴弹，拧开盖子，把敌人又消灭了— = 生：=一大群！（齐声）
参考点 4 - 0.17% 覆盖率	教师：行动非常果断，没有丝毫的— = 生：=犹豫！（齐声）
参考点 5 - 0.24% 覆盖率	教师：为什么不犹豫，想想，因为他早已做好了牺牲的— = 生：=准备！（齐声）
参考点 6 - 0.54% 覆盖率	教师：好。此时此刻啊，在生命的最后一刻，武器没有了，石头也砸光了，战士们呢仍然高喊着口号，实际上是在用口号和敌人继续— = 生：=做斗争！（齐声）
参考点 7 - 0.43% 覆盖率	教师：大无畏的精神。都对。（下课铃响）这是一种什么精神啊？献身的— = 生：=精神！（齐声）
参考点 8 - 0.23% 覆盖率	所以我想，学完了这一课，同学们一定会更加热爱— = 生：=祖国！（齐声）

上表中的八小段对话中，教师每句话最后的一个词都可以自己说出来，但却比较喜欢把它们转化成互动的形式，这既是为了保持学生的注意力，也可能是为了测试学生是否跟老师的理解一致，也有可能是为了呈现"积极互动"的效果。

很显然，这些对答中的学生已经完全习得了课堂上的"I-R-F"对答模式，或者说习惯了教师表演的"脚本"，因此他们能够预测教师想要让他们说出的话，并且大声地说出来，从而帮助教师完成这段对话，达成教师想要的效果。"教师的任务就是努力引导学生，直至得出预定答案，学生在课堂上实际扮演着配合教师完成教案的角色。"①

（四）学生的主动提问行为

有些课堂对答中，学生会出现少量的主动"提问"行为。例如在《捞铁牛》这个教学视频中，当讲完"捞铁牛"的过程之后，教师总结道："好，同学们，了解了打捞铁牛的整个过程之后，此时此刻，你有什么话要说？"老师想让学生们说说自己的感受，例如"怀丙很有智慧"之类的，但是有位同学提出了一个自己想不明白的问题。这个问题不是在教师的引发之下产生的，而是学生自己主动提出的。详见下例所示：

对话4-3，《捞铁牛》教学视频语料片段

01 教师：好，同学们，了解了打捞铁牛的整个过程之后，此时此刻，你有什么话要说？李 ××-

02 李 ××：我觉得他特别聪明。

03 教师：就是太聪明了，（另一个学生举手）你说说。

04 学生 A：就是老师你刚才提出的那个问题，我也想到了一个问题。

05 教师：嗯，说吧

06 学生 A：八只笨重的铁牛，两只大船，一起往上拉，那铁牛不会一直把船往下拉（拽）吗？

07 其他学生：一只一只。（小声）

08 教师：我没听明白，你再说一遍。

09 学生 A：就是铁牛不会把船往下拉吗？

10 教师：铁牛是被拔出来的，还能沉下去了吗？谁知道？你给他解释解释。（请另一个同学）

11 学生 B：就是那个船是拖着铁牛，这里面有水的浮力，所以他不会把船往下拉。

12 教师：对，这里面有水的浮力，是不是？明白了吗？嗯，此时此刻，你想说什么？

13 教师：太聪明了，太有智慧了，太了不起了，是不是啊？

14 学生 C：老师，我也有个问题，和尚让有水性的人潜入水底，然后把那个铁牛给绑起来了，那铁牛，铁牛的它的，下面是怎么绑的呢？那个、那个、那个熟悉水性的人，能把它抬起来，那很像是一个有一个扣。

15 教师：嗯，那谁来回答他这个问题？王 ××-

16 王 ××：前面我们说，沉下去的铁牛，栓桥的那个环用得上了。

---

① 叶澜.让课堂焕发出生命活力——论中小学教学改革的深化 [J].教育研究,1997(09):4.

17 教师：明白了吗？因为他是拴浮桥用的，所以肯定有个环，是不是？

18 王××：是-

19 教师：看来呀，你能联系上下文阅读，还有谁？你想说什么？

这段对话中，学生 A 主动提出了一个问题，八只铁牛可能会把船往下拉（拽），让船下沉，此时这个学生忽略了课文里呈现的是"一只一只"。其他同学小声进行了提醒，但是没有引起老师和学生 A 的注意。老师重新组织了学生 A 的观点（话轮 10），然后把问题抛给了学生 B，学生 B 解释了因为浮力，铁牛不会把船拉下去（让船沉下去）。话轮 14 中学生 C 也提出了自己的问题，水性好的人是怎么在水下绑铁牛的，应该有一个扣。此时，学生回答的不是教师最初引发的问题，即说说感受，而是根据课文的描述在想象"捞铁牛"的过程，并提出了自己的困惑。也就是说，此时"学生通过和老师的对话在不断地探索自己的想法，而不仅仅是提供教师测验性问题的答案"。[①]

（五）学生的主动评价行为

在"I-R-F"对答结构中，评价话轮都是属于教师的。如果没有教师的引发，学生通常不会主动评价其他同学的答案。但有些视频中，出现了少量学生主动评价其他学生答案的现象。详见下例所示：

对话 4-4，《捞铁牛》教学视频语料片段

01 教师：非常好，她现在基本把这段内容都复述下来了，还有谁想说一下（复述一下）？李××。

02 李××：她说的，没有把这四个词：：就是有的时候把这四个词语用的颠倒了。（教师没有让学生评价，但是学生自己发现了前一个学生答案中的问题，自发地指了出来）

03 教师：哦，那你能不能来试着说一说？

04 李××：先摸清铁牛沉在哪（吸），然后准备木船，船舱里装满泥沙，（吸）再把两只船拴起来↑，搭个架子靠在船上，又用绳子拴住铁牛和架子。

上例中，教师评价了前一个同学对这段教学内容的复述，并继续引发说"还有谁想说一下"（话轮 01）。李同学没有直接复述这段话，而是指出了前一个同学的问题，即把"先、然后、再、又"四个词用颠倒了（话轮 02）。教师随即进行了一个新的引发，即请李××同学说出正确的答案（话轮 03），李同学在更正前一个同学的基础上复述了这段话（话轮 04）。这时我们能看出学生的话轮已经不再是被动地对教师的引发和指示进行回答和反应，而是主动思考，表

① ［美］考特妮·卡兹登.教室言谈：教与学的语言 [M].蔡敏玲，彭海燕译.台北：心理出版社.1998.88.

达自己当时的真实想法，即使这并不直接对应教师的前一个提问。

随着课堂改革持续进行，D 小学的课堂氛围进一步宽松，师生关系进一步平等，学生回答话轮的自主性进一步增加了。学生更多自发地提出问题、更多自发地评价同学、更多自发地回应其他同学的质疑。在 R 话轮完成的伴随行为"举手投标"中，学生也表现出了更大的自主性，在举手时，主动"喊老师"要求回答问题，这一点在后续的访谈中也得到了佐证。D 小学的 S 老师指出："现在的孩子他们很敢表达的，有不同意的想法，他们很敢表达，有的时候，他会反对你。大部分孩子会举手，但是也有一些孩子，可能是下意识的不举手，我思考好了，我想好了我要发表我的意见了，我觉得老师这句话说得不对，就会下意识地直接说，可能跟孩子年龄小有关系。"除了课堂氛围和师生关系，这也得益于课改之后教师注重对学生进行积极评价，提升了学生在课堂上的自信心。

三、反馈话轮完成的行为

反馈是"I-R-F"对答结构的重要组成部分，常常紧随学生的回答之后。辛克莱尔和库尔萨德认为反馈所在的话轮通常完成三种主要行为：接受、评价和议论。但是在本研究搜集到的语料中，教师反馈话轮主要完成的行为是：接受、评价和更正，因此本部分主要论述这三种行为。接受行为表示教师已经听到了学生的回答；评价行为是对学生回答的好坏做出评议；更正行为指教师认为学生的回答存在某些不恰当的地方，而对其进行的一些修改。这里的更正与会话分析学派的"修正"的含义有所不同，在会话分析理论中，修正（repair）指对话中出现一些问题时，说话者采取一定的策略来解决这些问题。[①] 修正（repair）与本研究想说明的更正（correction）行为具有以下两点不同：第一，修正的发起者可以是说话人也可以是听话人，但是课堂上更正行为的发起者主要是听话人（教师）；第二，更正是用正确的来代替错误的，修正却与错误替代没有直接的关系，在交际者没发现错误的情况下，修正也有可能会发生。例如说话者对自己"正在说的话"发起修正是因为在大脑中搜索到了其他相关的词语，因此这里用更正而不用修正。表 4-5 以《狼牙山五壮士》这个教学视频为例，来说明 F 话轮完成的主要行为：

表 4-5《狼牙山五壮士》中 F 话轮完成的主要行为分析表

F 话轮完成的主要行为	具体行为	参考点数量
接受	注视、点头、语气词（嗯）等	48

---

① 　刘运同 . 会话分析概要 [M]. 上海：学林出版社 ,2007.66.

续表

F 话轮完成的主要行为	具体行为	参考点数量
评价	积极评价	48
	板书学生答案表示肯定	2
	简单的肯定	3
	紧接着说出学生想说的词	2
	夸奖	19
	重复学生答案表示肯定	22
	消极评价	23
	打断	9
	疑问表示不赞同	4
	直接否定	1
更正	补充、替换、解释、修改学生的观点	9

（一）反馈话轮中的接受行为

教师在反馈话轮中的接受行为，常常表现为反馈项目，教师们都比较注重通过"反馈项目"对学生的应答进行鼓励。"反馈项目是听话者对说话者所说的话的反应形式，通常用来表示'我在听'、'你继续说吧'、'你说的跟我想的一样'、'我很感兴趣'、'原来这样'、'你说的事我以前不知道'等。"[1]刘虹认为反馈项目有六个基本特征：第一，由听话者发出；第二，客观上不打断说话者的话轮；第三，主观上没有索取话轮的意向，而是鼓励说话者保持话轮；第四，形式上比较简短；第五，内容上不提供新信息；第六，不充当对答结构的引发语。下例呈现了师生对答中教师反馈话轮中的反馈项目。

对话 4-5，《狐狸阿权》教学视频语料片段

01 教师：还有没有不同的？ （引发 I_1）

02 学生：我们组有三个意见 - （应答 R_1）

03 教师：＝嗯↑ （反馈项目）

04 学生：这是我们组江××的 - （应答 R_1）

05 教师：呦↑，勾成这样了，看来在讨论过程中有修改，是吧？

（引发 I_2）

06 学生：嗯。 （应答 R_2）

07 教师：＝先说说。 （反馈项目）

---

① 刘虹.会话结构分析 [M].北京：北京大学出版社,2004.52.

08 学生：他认为阿权呢先看到（兵十的妻子）染黑牙，很好奇很开心，因为要举行活动了，他有可能从中获得一些利益，然后呢他看见还有人在梳头，在梳头，阿权他觉得很好奇，这又是在干什么呢？然后呢又看到兵十妈妈死了，他很后悔，心想如果说，他不放走他的鳗鱼的话，有可能结局，结果就不是这样的了。

（应答 R_1）

在上例中，教师首先进行了一个引发"还有没有不同的"（话轮 01），随后教师的话轮 03、07 都是"反馈项目"，这些反馈项目形式上简短、没提供新的信息，教师也没有索取话轮的意向，其主要功能是向学生表示，"我在认真听你说，你可以继续说下去"。

（二）反馈话轮中的评价行为

反馈话轮完成的最主要的行为是评价，即教师需要对学生的回答做出一种判断，正确还是不正确，教师是否同意学生的观点等。评价通常包括积极评价和消极评价两种。课堂对答中，如果教师对学生的答案表示满意，会通过板书、重复学生答案、夸奖、紧接着说出学生想说的话等方式进行反馈。如果教师对学生的回答不满意，可能会直接打断、更正、质疑、否定学生的回答。随着新课程改革的进行，教师在反馈话轮更注重去称赞学生，并且用尽量细致、准确的语言称赞学生，指出学生具体值得夸赞的内容。例如"把课文的内容基本说清楚了""太简练了，真是高度概括""看来呀，你能联系上下文阅读"。这种有针对性的称赞有两个优点：第一，让学生清楚自己哪里做得好，应该保持这个行为；第二，夸奖细节能让学生感觉到教师的夸奖是用心的，是认真思考之后表示的认同，这更容易促成师生之间良性的情感交流。

也有部分老师让渡评价的权利和机会，请学生自己来评价其他同学的答案或者作品，期望通过评价发展学生的认知。安德森等修订布卢姆的认知过程，详细区分了认知过程的六个过程：记忆、理解、运用、分析、评价、创造。其中评价指的是"依据标准或规格做出判断"。包括"核查"和"评判"两个过程。核查包括协调、探测、监测、检测，具体指查明某过程或产品的不一致性或谬误；确定过程或者产品是否有内在一致性；查明某种程序在运行时的有效性。例如，核查说明文中作者引用数据的来源。评判指判断，具体指查明产品和外部标准的不一致性，确定某产品是否具有外部一致性；查明一个程序对一个问题的适当性，例如，写作时，评判那个语句或那种写法更能表达你此刻的心情。总之这两个过程都是重要的认知过程。随着课堂改革逐渐深入，教师认识到"评价"的认知价值，因此，课堂对答中常常出现学生之间相互评价、对答的情况。[①]下面这段对话发生在课堂教学视频《十六字令》中，学生们将一段散文改写成了十六字令，教师请学生们自己来点评和修改。详见下例所示：

对话 4-6，《十六字令》教学视频语料片段

01 教师：先看，看完之后你来说说你最欣赏那个小令。哪一首小令让你觉得还有值得商榷一下的地方。来，你来说。 　　　　　　　　　　（引发 I_1）

02 学生：我认为第一：：第 11 组的小令（吸），值得商榷一下，"各立孤峰灿若辰"单拿出来很好听，但是因为"辰"字不押韵。 　　　　（应答 R_1）

03 教师：确实如此，发现了吗？哎↑我们换个字吧，（听不清）发什么韵啊？这回好一点了，对吧？这样的韵脚也押上了，好了，还有没有？你说。

　　　　　　　　　　　　　　　　　　　　　　　（反馈 F_1/ 引发 I_2）

04 学生：我觉得第八组的比较好，因为感觉就是写得特别美（吸），就是感觉在山里：感觉跟梦一样。 　　　　　　　　　　　　　（应答 R_2）

05 教师：那你给大家读读他们组创作的小令↑ 　　　　　　（引发 I_3）

06 学生：山，桂林祁山如玉簪，梦似幻，碧水映青山。 　　　（应答 R_3）

07 教师：哎↑，读的真好，你来说- 　　　　　　（反馈 F_3/ 引发 I_4）

这段对答共有七个话轮，三个"I-R-F"对答结构。整段对话围绕引发 I1 进行，即请同学们评价一下贴到黑板上的小令，说说优点和值得商榷的地方。学生共有三个话轮，话轮 2 是提出了"不押韵"的问题，话轮 4 是评价第八组小令的优点，话轮 6 是朗读第八组小令。教师在评论中发展了学生关于"小令"的复杂认识，并提升了学生把散文改成小令的技能。如上文所述，评价是一个比较复杂的认知过程。新课改之前课堂对话中的评价和反馈都主要是由教师来进行的，评价和反馈是教师的天然权力，但是新课改之后，尤其是到了核心素养阶段，很多教师有意识地把一些评价的权力让渡给学生，让学生在互相评价中学习，发展学生的高阶思维，并促使学生之间形成合作学习的共同体。

（三）反馈话轮中的更正行为

不同于会话分析理论中的"修正"，更正主要是被教师发起的，在内容上补充、替换、解释、修改学生的观点。教师的反馈话轮中有大量的更正行为，并涉及不同的类型，详见下表所示：

---

　　① ［美］安德森等 . 学习、教学和评估的分类学 布卢姆目标分类学修订版 [M]. 皮连生译 . 上海 : 华东师范大学出版社 ,2008.52.

表 4-6《狼牙山五壮士》教学视频中教师的更正行为分析表

参考点和覆盖率	语料示例	更正类型
参考点 1 - 0.30% 覆盖率	教师：故事发生的时间、人物、地点、事件，说完整啊。刘 ×× 补充。	直接纠错
参考点 2 - 0.25% 覆盖率	教师：不要照着念一遍，用自己的话说，张 ×。	启发式更正
参考点 3 - 1.44% 覆盖率	教师：老师问的是表现了他什么样的作战精神？	启发式更正
参考点 4 - 0.37% 覆盖率	教师：老师说怎样描写班长的，是这几句话，让你找出句子来，并没有说动作，是吧？	启发式更正
参考点 5 - 0.17% 覆盖率	教师：还有砸，砸是班长说的话，是不是啊。	补充观点
参考点 6 - 0.30% 覆盖率	教师：宁可站着死，绝不跪着生。所以要死出中国人民的骨气来，很好。	更正性复述
参考点 7 - 0.82% 覆盖率	生 3：眺望是远望，证明人民群众和敌人已经"相差很大距离了"。 教师：已经"安全转移了"。	直接纠错
参考点 8 - 0.17% 覆盖率	教师：不是看见，是已经看见，是吧。	直接纠错

在课堂教学中，更正是反馈话轮的重要组成部分，教学在很大程度上是通过"更正行为"实现的。更正行为告诉学生哪些观点需要保持，哪些观点需要改变，并且指出了改进的方法。基于不同教师的教学风格和教学内容，在具体的语境中，会产生各种类型的"更正行为"，其效果也不尽相同，教师们需要注意的是，在对学生进行更正时需要顾及学生的情感和面子，才能收到良好的教育效果，这正是下一节研究者要讨论的内容—师生话轮中行为实现的方式，主要涉及对话中的情感、礼貌和仪式问题。

第二节 情感礼貌——课堂对答话轮中行为实现的方式

话轮分析的第一个任务是关注话轮完成的行为，第二个任务则是分析这些行为实现的方式。"施行话语"除了"以言行事"之外，还反映个体的社会归属，建构个体间的关系，因此"言语礼貌"和"仪式与套话"也是会话分析领域的重要研究内容。D 小学的课堂上，教师常常使用不同类型的"礼貌准则"来建构相对比较宽松的课堂心理气氛和比较平等的师生关系。礼貌准则在引发话轮的语言特征中表现为诱发行为中更多地使用"请"字，告知行为中使用"称赞策略"，指示行为中更多地使用协商性语气。

由于人的身体是表达的源头并时刻参与进表达之中，因此在分析话轮中行为实现的方式时，既要关注说话者的语言特征，也要关注其手势、眼神、身体姿势、发话时机、使用的物品等非语言特征。在真实的对话情境中，这些内容是相互关联起来建构意义的。下文将从语言特征和非语言特征两个方面来阐述引发、回答、反馈三个话轮中行为实现的方式。

一、引发话轮中行为实现的方式

D 小学的课堂上，教师在和学生说话时，普遍比较注重使用礼貌用语和协商性语气，而且教师会有意识地和学生进行积极的眼神和肢体互动。

（一）行为实现的语言特征：礼貌用语和协商性语气

欧文·戈夫曼（Erving Goffman）提出了互动中的"面子理论"，戈夫曼认为，出现在互动中的任何个体都是接受了某种行为规范的人，个体会根据自己的理解在交往中建构符合这一行为规范的形象，即他的"面子"。交往中个体必须维持这一行为规范，否则会丢面子。但是互动中个体间的意愿和形象可能无法协调，因此会出现很多"丢面子"的风险，因此每个互动参与者都应该尽量避免产生冒犯的行为，并修补可能无法避免的冒犯行为。[①]

佩内洛普·布朗和史蒂芬·列文森（Brown and Levinson）在戈夫曼"面子理论"的基础之上提出了"领地"的概念。他们使用积极面子（即戈夫曼所说的面子）和消极的面子（韦罗尼克将其称为"领地"）这两个概念拓展了面子理论。积极面子指的是"自己在他人看来是不是好的"（一个个体建构出的符合社会和他人期待的形象）；消极面子指的是"在某个'私人空间'内个体有权自由行动且不被强迫"（一个内在的自由的范畴），它们之间的关系如图 4-1 所示：

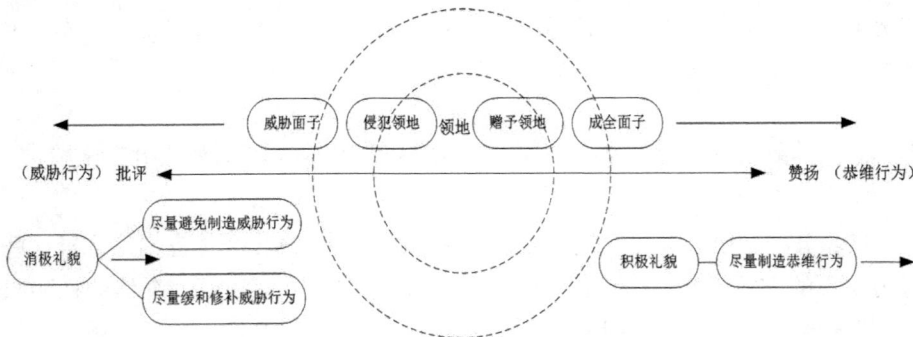

图 4-1 礼貌理论结构图

---

① ［法］韦罗尼克·特拉韦索. 会话分析 [M]. 杨玉平译. 天津：天津人民出版社 ,2017.99.

如图 4-1 所示"领地"（图中心的小圈）是个体的私人空间，包含身体、物质、空间、时间、认知或情感等各个方面。在领地内，个体可以无所顾忌地采取行动。对于领地来说，他人的贸然闯入，甚至是单纯的介入都可以被视作一种干涉。"面子"则是个体通过确定的行为规范展示的自我形象，即个体接受了某种行为规范，在特定情况下，根据自己认定的社会期望，去建构符合这一行为规范的形象（图中领地之外的大圈）。面子对他人的依赖性很大，需要在人际交往中被给予和成全。在社会交往中每个人都有防止自己"面子"被威胁的需求（不丢面子）和努力呈现和维护"面子"的需求（挣得面子）。列文森和布朗又据此提出了"礼貌理论"，礼貌是"个体有意为之的行为，是为了防止威胁以及满足自己和他人面子需求的行为"。[①]

人际互动中的行为可以"领地"和"面子"为中心分成两个方向。一个方向是侵犯领地和威胁他人面子的行为，最为极端的代表是批评行为，批评行为既威胁了听话者的面子又侵犯了听话者的领地。为了缓和"批评行为"对他人面子的威胁性，批评者需要采取"消极礼貌"策略，例如一些比较缓和的策略来修补这个威胁行为（图 4-1 左侧内容）。另一个方向是赠予领地和成全面子的行为，最为极端的代表是赞扬（恭维）行为，恭维行为既赠予了听话者领地又成全了听话者的面子。为了这个目的，说话者需要采用积极礼貌去尽量制造恭维行为。（图 4-1 右侧内容）

"平衡面子的需求源于这样一个事实，多数交流行为从内在上讲是强迫性的。"例如"建议"这个行为，从积极面子的角度来看，建议意味着被建议者是一个没有独立决断能力的人；从消极面子的角度来看，建议干预了被建议者的行动自由。礼貌策略是互动中说话者用来规避和降低威胁面子的风险而采取的办法。

说话人侵犯听话人面子的风险值与其使用礼貌策略的关系如图 4-2 所示：

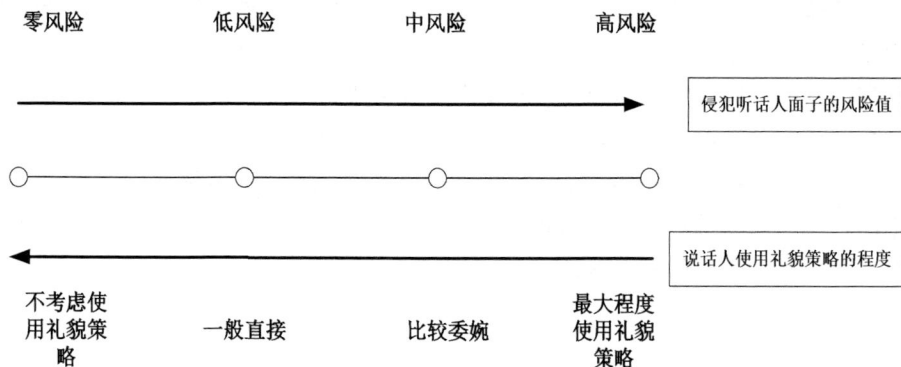

图 4-2 礼貌策略选择与侵犯听话人面子风险的关系图

① ［美］图恩·梵·迪克. 话语研究 多学科导论 [M]. 重庆：重庆大学出版社,2015.137.

如果侵犯听话人面子的风险值很小，则有压倒性的理由可以忽视面子风险，说话者可能变得非常直接（bald on record），采用最直接有效的方式来实现交流行为，而不采用任何礼貌策略。例如军队中高级军官对下级军官说话时就会非常直接。反之如果侵犯听话人的面子的风险值很大，说话人则会考虑最大限度地使用礼貌策略。例如封建社会大臣向皇帝提出建议时，必须要反复斟酌措辞，最大限度地使用礼貌策略。

语用学的"礼貌策略"理论指出，礼貌策略的选择取决于语境中的三种变量：说话者和听话者的社会距离、说话者和听话者的相对权利，以及说话者和听话者在既定文化中的相对等级。教师和学生对话时其礼貌策略的选择也取决于这三种变量。不同历史时期，师生之间的社会距离、相对权利以及相对等级是不同的。

学校文化不同，课堂上礼貌策略的使用也呈现不同的样态，D小学的教学视频中，大部分老师都注重礼貌策略的使用。

1. 教师们普遍重视使用礼貌用语

当前的教学理念认为"教学是对话、交流与知识创生的活动"。[①] 教师要确立学生作为知识的建构者的身份，就需要承认教学中师生平等交往这个前提，因此教师们都努力在课堂上呈现比较平等开放的师生关系。在这种大的语境下，根据列文森和布朗的"礼貌理论"，教师侵犯学生的积极面子和消极面子的风险都提高了，教师不再有压倒性的理由可以忽视面子风险。教师直接"提名"某个学生回答问题是一种侵犯学生"领地"（消极面子）的行为，尤其对于不想回答问题的学生来说。当教师给这种行为加上礼貌用语，例如"请"字时，就能使这种"侵犯"行为变得柔和。"请"在现代汉语中是一种"敬辞"，用于请求、邀请或希望对方做某事，在说话时加上"请"字是一种礼貌策略。

访谈中，D小学的教师告诉研究者，当前教师们上课时注重使用礼貌策略也是改革的结果，新课改之前的课堂不是这样的，因此研究者搜集到了D小学新课改前的一些课堂教学视频，在这个维度上进行了对比，以此呈现D小学这一微小课堂"惯习"的变化。由于"请"字使用受教师个人风格影响较大，因此统计每节课上教师使用"请"字的话轮占整节课教师所有话轮的百分比，并求出一个时间段的均值，然后将不同时期的均值进行比较更容易看出这一特征的变化趋势，详见图4-3所示：

---

① 靳玉乐. 新课程改革的理念与创新 [M]. 北京：人民教育出版社,2003.79.

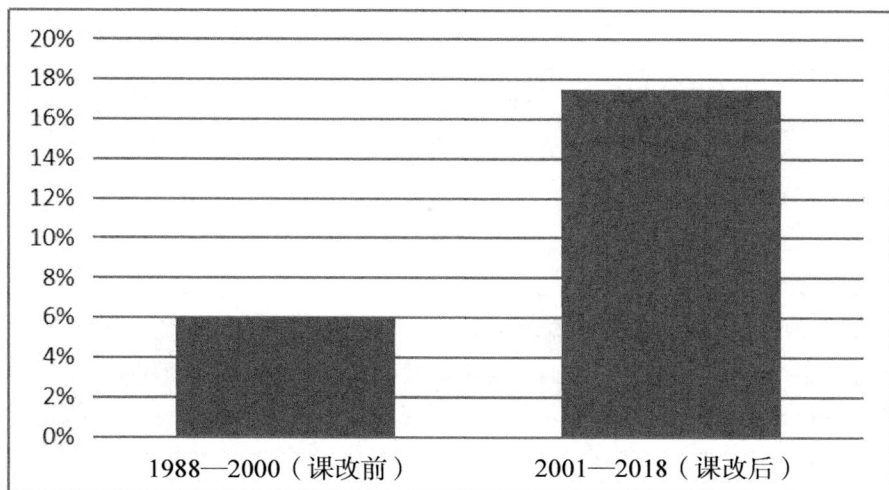

图 4-3 新课改前后教师话轮中"请"字使用比例变化图

如图 4-3 所示，教师话轮使用"请"字的平均百分比在课改后有了显著提升，这一课堂话语中微小"惯习"的变革说明，教师在与学生对话的过程中，越来越尊重学生，越来越注重维护学生的面子。

2. 教师们普遍比较重视使用协商性语气

任何互动的进展都依靠互动者之间不断的协商，从而保证互动者确定他们对场景具有共同的判断，他们对自己在场景下的所作所为、对话语的分配、对自己和世界的形象和表述都拥有统一的意见。会话分析领域的协商一般包含两个方面：第一个方面指的是互动过程中固有的合作活动。如果用游戏来做比喻，每一个参与者实施的行为都必须得到合作伙伴的认可，游戏才能继续进行下去。第二个方面指的是处理意见不一致的方式，互动的参与者需要在交换意见的基础上，在各方做出调整甚至妥协后达成一致。

韦罗尼克认为协商是公式性语言的反面，协商的目的是在分歧甚至是冲突的情况下，重拾继续交流的脉络，公式性语言的功能则是让互动保持平稳的状态，只允许出现认可的行为，降低出现分歧的风险。课改之前的师生对答更像是一种公式性语言，即教师提问一个教师知道答案的问题—学生回答—教师评价，课堂上也只会出现这些"公式性"程序允许的语言，师生之间不会出现分歧。如果学生的回答不符合教师的期望，教师会直接更正学生的观点，而不是用"协商性"语气跟学生说话。但是新课程改革以后，教师话轮中，教师使用的协商性问句明显增多了，详见表 4-7 所示：

表 4-7《捞铁牛》中教师使用协商性语气频次统计表

教师话轮中使用协商性问句	频次
是吗？	6
是不是？	36
同意吗？	1
对吗？	1

这个教学视频中教师话轮有 131 个，其中出现协商语气的话轮一共有 34 个，比例占到所有话轮的 33.5% 以上。教师在引发话轮的告知行为以及反馈话轮中，经常反过来问学生"是吗？是不是？你们同意吗？他这样说对吗？"教师在完成告知行为时，通常是传递一个"确定"的间接经验（知识）。随着社会的发展，知识的"确定性"不断地受到挑战，尤其是非自然科学类的知识。并且随着信息社会的到来，学生获取知识的途径和机会不断被拓展，甚至出现"后喻文化"，"后喻文化"指的是"由年轻一代将知识文化传递给他们生活在世的前辈的文化形态"，由美国人类学家米德提出。[①] 这些因素都促成了教师话轮协商性语气的出现，同时从师生对答的形式特征来看，教师使用协商性语气时，也是把评判的权利还给了学生。

（二）行为实现的非语言特征：亲切礼貌的肢体互动

会话分析除了关注会话中的听觉信息，还要关注会话中的视觉信息。对教师和学生在对答结构中的肢体动作的分析是通过对视频中图像的分析来进行的。教师的礼貌策略不仅表现在语言的词汇选择中（使用请字），还表现在提名时的肢体动作中。由于人的"身体时刻处于与外界环境的开放沟通之中"，通过图像获得的对教学实践的理解大多是"前反身性"的，比通过语言和概念而得以明确表达的方式更为深刻，对图像的理解和阐释过程就是潘诺夫斯基所说的从图像志到图像学的阐释过程。因此在师生话轮实现的非语言特征这部分，研究者会依据欧文·潘诺夫斯基的图像学阐释框架，从前图像志层、图像志层、图像学层三个方面来阐释课堂教学视频中的图像。研究者在第三章的研究方法部分详细介绍了这个框架，就不在此赘述了。

---

① 陈国强 . 简明文化人类学词典 [M]. 杭州：浙江人民出版社,1990.

图 4-4 组图 1　　　　　图 4-5 组图 2　　　　　图 4-6 组图 3

（1）前图像志层的描述

图 4-4 是教师引发问题时正在面带微笑地注视学生，图 4-5 是教师引发问题时，走到学生中间，微笑着拍了一下学生的桌子，将其选择为下一个说话者。图 4-6 是教师提名时，五指并拢用"请"的手势提名某个学生为下一个说话者。

（2）图像志层的阐述

在课堂这个特殊的情境中，师生都按照自己的角色身份进行互动。这组图片中，能明显看出教师在引发问题时表现出了"亲和"的特征。首先教师面对学生时表现出了一种比较接近平等的"礼貌"而不是一种透露着"师道尊严"的"命令"。其次，通过对 D 小学多位教师的课堂教学视频进行分析发现，老师们在引发问题和进行反馈时，肢体互动和眼神互动较多，有些老师更喜欢走到学生身边和学生互动，师生之间的互动似乎打破了讲台上下的"无形阻隔"，有了更多近距离的交流。很多课堂教学视频中，总是能看到教师在引发时走向学生，因此即使一节课上相机位置保持固定，也经常能看到教师和学生同框的画面。这种亲近的物理距离和亲切自然的肢体互动"投射"着师生之间相对亲近平等的关系。

（3）图像学层的阐释

图像学层面关注图像中的"社会现象"是如何产生的。人的"个性"或者"身体"由他过去的经历以及现在所处的环境及时代背景决定。课堂上教师引发话轮中的非语言特征受到我国新课程改革政策和教育思潮等多重因素的影响。新课程改革理念倡导课堂上教师和学生的积极互动，教师要尊重学生，"尊重"的意思是尊敬、重视，古语是指将对方视为比自己地位高而必须重视的心态及其言行，现在已逐渐引申为平等相待的心态及其言行。教师内化了这些理念，并自然地在自己的行为中表现出来。20 世纪 80 年代，"全面苏化的时代背景直接导致了中国当代'三中心'课程实施模式的产生，又在掺和了极'左'政治思潮及应试教育的负面因素后，逐渐演化为单向度以国家意志为主宰的中国式

'指令型课程范式'"。① 随着改革开放逐渐深入，纷沓而至的教育学思潮不断冲击着旧的课程范式，教育朝着释放学生生命潜能、尊重学生主体性的方向不断发展。课堂教学从准军事化的氛围中解放出来，教师以更加亲近的姿态跟学生对话，这些变化都投射在教师的身体姿势上。

二、回答话轮中行为实现的方式

与引发话轮一样，学生回答话轮行为实现的方式也可以从语言特征和非语言特征两个方面来分析。

（一）行为实现的语言特征：靶向式和探索式语言风格

"I-R-F"对答结构中学生的 R 话轮是一种教师刺激之下的反应，并且具有比较强的"靶向式"特征，但是也有一些学生的回答呈现出"探索式"的语言风格。

1. 回答话轮语言中的"靶向式"特征

"I-R-F"对答结构中很多学生的回答都呈现出一种"应激性"和"靶向式"特征。应激性指的是学生的应答是一种刺激之下的反应，完全看不出主动性。"靶向式"指的是学生的回答在极力迎合老师，想要说出让老师满意的答案。详见下例所示：

对话 4-7，《狼牙山五壮士》教学视频语料片段

01 教师：通过这些（神情、心理、动作描写）表现了什么精神？

02 学生 1：对人民有赤诚的心，对敌人有恨之入骨的仇恨。

03 教师：你没听懂老师的话，表现了他什么样的作战精神？你坐，董 × ？（转向一个叫董 × 的同学）

04 董 ×：表现了他英勇杀敌的作战精神

05 教师：好，英勇奋战，这是书上第一段用到的一个词。（教师转身把这个词写在板书里）那么，正因为战士们有这种精神，敌人才始终没有前进一步，说明阵地还在我们的 -

06 学生：   ＝手里：：↑

这段互动中，学生 1 说出了自己的答案，但不是老师想要的，老师着急了，他心里有一个像"靶心"一样的词，急需学生的答案去射中。通过引导，董 × 同学说出了接近"靶心"的答案，老师想要"英勇奋战"，董佳说的是"英勇杀敌"，但意思接近，相当于射靶成功（图 4-7）。老师满意地把它写在了黑板上，

---

① 潘涌.国外教育思潮的融入与中国现代教育思想的价值演绎 [J].清华大学教育研究,2011,32(04):57.

而那个没说出老师预设答案的同学则有些内疚地坐下了，因为自己"没射中"，像一个失败者。

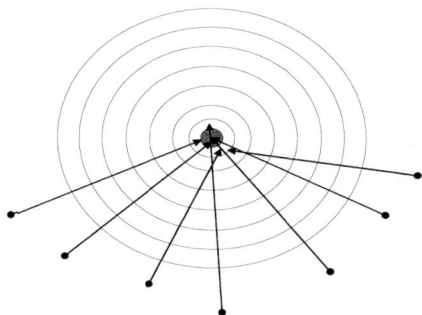

图4-7 学生R话轮中的靶向式特征图

"靶向问答"从目标上看，指向教师心里预设的标准答案，即"靶心"，老师希望通过不断引导，让学生的答案都射中靶心。"靶向问答"从节奏上看，是匆忙急促、直奔主题的，与之无关的学生的思考过程，思考过程中的迂回带来的对"靶心"的偏离，思考过程的艰难带来的迟疑，以及对说错答案的恐惧都被老师"无情"地忽略或打断了。"靶向问答"从路径上看，是一条直指"靶心"的封闭直线，经过一番紧张的引导，学生说出了老师预设的答案，老师把他们——写在黑板上，问答完美结束。

2. 回答话轮中的"探索式"语言风格

卡兹登认为"I-R-F"对答结构在序列向度上的稳定性表现在三个方面：说话的权力、教师的角色、谈话风格。她将谈话风格分为"定稿式"和"探索式"。探索式语言风格指的是学生一边思考，一边表达自己的观点；定稿式语言风格是指学生直接说出一个想好的答案。探索式语言风格的一些指标包括：迟疑、重说语句或者"假开始"。有些课堂对答中，能够明显地观察到学生R话轮中的探索式语言风格，详见下例所示，这段对话发生在小组汇报环节，学习指南中的问题是"阿权看到了哪些场景，相对应的阿权看到这些场景的心情是怎样的"。

对话4-8，《狐狸阿权》教学视频中语料片段

01 学生：这是我们组马×同学的，他从书上先看到的是阿权的妻子染黑牙齿、梳头，觉得很好奇，是不是村里面又举行什么活动了？　　　　（应答 R_1）

教师：嗯　　　　　　　　　　　　　　　　　　　　　　　　（反馈项目）

02 学生：然后他看到"兵十家小屋里挤满了人"，他很"好奇"，兵十家谁死了，后来才知道，原来是兵十的妈妈死了，阿权很后悔和自责，但是呢：他说"看到兵十的妈妈死了"，这个"并没有看见"，我觉得前面应该添个"知道"，就"知道"兵十的妈妈死了，我也是刚想出来的。　　　　（应答 R_2）

03 教师：嗯，刚想出来的，就补充上去了。这是一种主要的意见，是不是？ （反馈 F_2/ 引发 I_3）

04 学生：嗯。 （应答 R_3）

这段对话中，R 话轮中学生很坦然地说，"我也是刚想出来的"（02）。他不同意在"阿权看到的场景"这一栏填"看到兵十的妈妈死了"，因为阿权没"看到"兵十妈妈死亡的过程，只是看到"兵十身穿白色的孝服，手捧灵牌"才知道他的妈妈过世了。学生觉得这一栏的答案应该加一个"知道"来协调马×同学的答案和题目之间的矛盾。这是学生在汇报的过程中突然想到了，他就把这个想法说了出来，并且直言，"我也是刚想出来了"。这坦然的一句话能使观者感受到学生在汇报时是在放松地思考和表达，而不是在努力说出教师想要的答案。从学生语句中的迟疑、语音延长等地方能看出，学生的应答是探索式的。由于语言是学生思维过程的外部表现，分析学生的对答过程能够帮助研究者看到学生产生"某一个想法"的过程，以及学生语言交锋背后的思维过程。

学生语言风格的探索性也体现在内容上。虽然很多时候学生的 R 话轮是为了"提供教师测验性问题的答案并接受评量"，但是在课堂心理气氛比较宽松的情况下，学生除了完成比较被动的回答和反应等行为，学生 R 话轮的自主性会进一步增强，敢于表达自己的想法而不仅是答出教师预设的答案。课堂对答中，会出现一些让老师都感觉比较意外，但是很符合会话情境和问题本身的回答，是学生在比较放松的状态下思考、想象的结果，他们是在"表达自己的想法，而不仅是在回答问题"。比如下面这个例子：

对话 4-9，《灰雀》教学视频中的语料片段

01 教师：男孩这个时候啊，已经含含糊糊地说"没看见，我没看见"↓。我们再来读一读好不好？ （引发 I_1）

02 学生：我！我！（重叠） （举手自选）

03 教师：啊，你来！ （教师指定下一个说话者）

04 学生：（用书挡着脸）我想应该拿什么捂着脸读，（笑）["没看见，我没看见"。 （应答 R_1）

05 其他学生：哈：：：哈：：：哈：：：] （反馈项目）

06 教师：（笑）你捂上脸读一读，哎哟，这样子的话一下子就露馅了，是不是？你快把我的灰雀给我拿回来，哈哈，是不是？接着来，好不好？（有个学生举手）还有问题？嗯，你来吧。 （反馈 F_1/ 引发 I_2）

07 学生：我觉得列宁说，说那个，对那个小孩说那个，一只深红色胸脯的灰雀吗？我觉得他应该就是说，找过了很多树林，他已经很累了，说不定，他应该一边问一边大喘气。 （应答 R_2）

08 教师：哈哈哈，（喘着气）孩子↓，你看到过一只::深红色胸脯:的灰雀吗？↓（教师按照学生的想法"表演"了一下，因喘气而有了多处停顿），

[哈::哈::也有道理，非常好，好了，我们接着来-（反馈 F_2 引发 I_3）

09 全班学生：＝哈:::哈:::]　　　　　　　　　　　　　（反馈项目）

这段会话共有9个话轮，教师有4个话轮，学生有5个话轮。一共有两个完整的"I-R-F"对答结构。教师希望学生通过有感情地朗读体会"没看见，我没看见"这句话中小男孩的心理状态（I1），这时学生在应答R1中提出了一个有趣的想法，即"我想应该拿什么捂着脸读"，并且她自己也是用书挡着脸读的（想表现小男孩的不好意思），老师就反馈说这样"一下就露馅了"，并配合着表演说"你快把我的灰雀给我拿回来"。应答R2中，学生则根据想象指出，当时列宁已经找遍了树林里的每一棵树，肯定已经很累了，所以应该"一边问一边大喘气"。在反馈中，教师也很配合地"表演"了这个情景。教师的两次表演引得同学们哈哈大笑，学生的回答也逗笑了作为听众的同学们，这些笑声和生动的对答使得课堂气氛显得非常轻松和热烈。这种气氛又反过来促进了学生在一种自然放松的状态下思考，表达出自己与众不同的想法，可以说这种轻松的氛围促进了学生思考的独特性和发散性。

（二）行为实现的非语言特征：学生回答时放松的身体

"身体时刻处于与外界环境的开放沟通之中"，观者能从图像中学生的"身体"上看出促成这身体姿势的课堂心理氛围和时代"惯习"，这也就是潘诺夫斯基所说的从图像志到图像学的阐释过程。

图 4-8 朗读　　图 4-9 回答问题　　图 4-10 举手　图 4-11 到讲台汇报

（1）前图像志层的描述

图 4-8 至 4-11 展现了学生在课堂上的身体姿势和表情。图 4-8 是一个男生在朗读课文，他把书摊在桌上，重心放在倚在桌面的手上，身体姿势比较放松。图 4-9 是学生正扬起脸回答老师的问题，他一只手扶着课桌，另一只手自然下垂，教师身体前倾，认真地听他讲述。图 4-10 是教师提问时，大部分同学举起了手，但姿势各异，有的手臂笔直，有的略微倾斜，一个男生一边举手一边歪

着头思考，还有一个男生将整个上身趴在桌子上。图 4-11 是一个学生到讲台汇报，教师一边帮忙调控实物展示仪一边与他对话。

（2）图像志层面的阐述

在课堂这个特殊的情境中，师生都按照自己的角色身份进行互动，学生的身体动作表现着 D 小学的课堂心理气氛。课堂心理气氛"是师生在课堂上共同创造的心理、情感和社会氛围"，这一与情感有关的过程能以心境的形式加强或抑制认知过程的效率，是课堂教学至关重要的部分，但由于难以诉诸语言或量化，未能引起大量的研究和探讨。宋广文和窦春玲把课堂心理气氛分为四种类型：智力紧张，情绪紧张型；智力轻松，情绪紧张型；智力轻松，情绪轻松型；智力紧张，情绪轻松型。第一种类型会出现好的教学效果，但是如果时间过长，就会导致学生压力过大，第二种和第三种类型都不利于好的教学效果，第四种，智力紧张，情绪轻松的状态下，学生的思维积极，反应迅速，师生关系比较融洽，课堂上更容易形成积极的双向交流，学生既能够紧跟教师的教学思路又不担心答错问题被教师批评，这是比较理想的课堂教学心理气氛。[①] 从上面组图来看，这些学生的身体相对自然放松，表情也更加平和，学生们可以将注意力集中于交流的内容上一步一步完成学习任务。说明这个课堂教学视频中呈现的课堂心理气氛以第四种为主，学生的情绪状态是比较放松的，而智力活动则比较紧张，学生都在跟着教师的指引思考问题。

（3）图像学层面的阐释

图像学层面关注图像中的"社会现象"是如何产生的。人的"个性"或者"身体"由他过去的经历以及现在所处的环境决定。随着改革开放逐渐深入，纷沓而至的教育学思潮不断冲击着旧的课程范式，教育朝着释放学生生命潜能、尊重学生主体性的方向不断发展。现代教学论从强调教师的主导作用逐渐发展到强调学生的主动学习。"'教师主导'只有在能引起学生主动学习活动时才最能促进学生发展。"[②] 因此课堂教学改革的核心议题逐渐变成如何促使学生主动学习，新课改也朝着这个方向努力。在这些现代教学理论的影响下，学生在课堂上渐渐获得了更多自主活动的机会，课堂心理气氛也变得更加宽松。在这种课堂心理气氛影响下，学生回答问题时才呈现出了比较放松的身体状态。

三、反馈话轮中行为实现的方式

下文仍然从语言特征和非语言特征两个方面来分析 F 话轮中行为实现的方式。

---

① 宋广文，窦春玲.课堂教学心理气氛及其教育作用 [J].教育科学,1999(02):36.
② 王策三.论教师的主导作用和学生的主体地位 [J].北京师范大学学报,1983(06):70.

（一）行为实现的语言特征：称赞准则和协商性语气

在面子理论和积极、消极礼貌的基础上，英国学者利齐 (Leech) 提出了礼貌准则 (Politeness Principle)，这一准则是在格莱斯 (Paul Grice) "合作原则"的基础上提出的。[①] 礼貌准则分为六类：得体准则、慷慨准则、称赞准则、谦虚准则、一致准则、同情准则。得体准则指的是少表达有损他人的观点，让别人少付出，多受益。慷慨准则指的是少表达有利于自己的观点，自己多吃亏，让别人多受益。称赞准则指的是少贬损他人，多称赞他人。谦虚准则指的是少表扬自己，多贬低自己。一致准则指的是减少表达与他人不同的看法，减少双方分歧，增加双方的共识。同情准则指的是减少与他人在情感上的对立，降低双方的互相反感，增进双方的同情。[②] 反馈话轮中行为实现的语言特征主要表现在教师称赞准则和协商性语气的使用上。

1. 反馈话轮中的称赞准则

在课堂对话的反馈话轮中，教师大量使用"称赞准则"，尤其是呈现了很多关于细节的"称赞"，表 4-8 所示是 D 小学一个教学视频中教师的反馈语：

表 4-8 教师反馈语中呈现的称赞准则

序号	《七子之歌》视频教师反馈语	序号	《七子之歌》教师反馈语
1	读得真好，……是不是这样？	27	你这首诗做得太好了。
2	你们为什么这么喜欢这首诗？让老师猜猜好吗？	28	我们的祖国太伟大了，是不是？
3	同学们唱得很好，我想同学们也能学得很好。	29	真好。
4	我刚才下去的时候发现同学们都读得挺好了。	30	真好。
5	这个问题提得特别好，还有没有其他的问题。	31	说得真好。
6	对了，是这样的，你了解得真多。	32	对，这是我们全中国人的期盼。
7	嗯，了解得真好。	33	太好了啊，同学们越说越好了。
8	啊，真好，徐 × ×。	34	非常好，好，谁还愿意读？
9	说得真好。	35	我想同学们把这首诗已经学得很好了。

---

① 解静莉 . 浅谈礼貌原则在英语课堂教学中的应用 [J]. 山西师大学报 (社会科学版),2006 (S1):162-163.

② 卢敏 . 汉语礼貌原则探析 [J]. 学术界 ,2007(03):229.

续表

序号	《七子之歌》视频教师反馈语	序号	《七子之歌》教师反馈语
10	嗯，挺好。	36	同学们讨论得非常热烈，想出了很多办法。
11	哎呀，说得多好啊。	37	哦，都是形声字，你看出来了。
12	说得真好。	38	对，右半部分还念 (wān)。
13	同学们读的真投入啊，读得也特别好听。	39	嗯，那就叫湾了。
14	你背的真好啊，这是一首非常好听的诗。	40	说的真好，那他说这三个字都是形声字。
15	嗯，"时间多漫长"，她那里读得特别好。	41	对了，除了是奥运会的奥还是哪个奥？
16	非常好，好，谁还愿意读？	42	对了，是奥林匹克的奥。
17	嗯，读得非常"迫切"，是不是？	43	对了，大街小巷的巷。
18	说得真好，她读的也好。	44	嗯，这部分三点水是形旁，讲得很明确。
19	我也认真听了，确实很好。	45	哦，都在海外漂流过，还有没有？
20	很好，"我要回来"那里稍稍停顿一下就更好了。	46	对了，这部分念巳 (si)，很好，啊。
21	真好，读得非常好。	47	哦，这么好。
22	蒋××（读）得那个更好，是不是？	48	说得真好，天涯的涯也是三点水旁。
23	好了，现在呢，我听到同学们读得都非常好了。	49	9点到11点是巳时，这个说得太好了。
24	读的真好听啊，老师都没有听够。	50	太好了，林××。
25	同学们看得那么认真，你们心里在想什么？	51	对了，都和水有关系，是不是？
26	对，也给收回来。	52	真好，这是（"七子"）中的"三子"。

表 4–8 列出了《七子之歌》这个课堂教学视频中教师的所有反馈语，教师一共进行了 52 次反馈。教师的反馈语注重礼貌原则的运用，处处维护学生的积极面子（positive face），并努力不侵犯学生的消极面子（negative face）。

教师通过采用积极礼貌策略来满足学生对积极面子的要求，例如表明共识、合作、伙伴关系的语言。通常采用消极礼貌策略来满足学生对消极面子的要求，例如通过道歉、"贬己"等途径使学生的行为不受干扰。①

---

① 宋振芹. 和谐医患关系中医生的言语礼貌策略分析 [J]. 医学与哲学（人文社会医学版），2010，31(01):41.

　　教师反馈中的积极礼貌策略主要表现在对礼貌准则的运用上。教师的反馈语中体现了"礼貌原则"中的"称赞准则""一致准则""同情准则"。称赞准则指的是"少贬损他人，多称赞他人"。一致准则指的是"减少表达与他人不同的看法，减少双方分歧，增加双方的共识"。同情准则指的是"减少与他人在情感上的对立，降低双方的互相反感，增进双方的同情"。[①]"称赞准则"几乎贯穿了教师的每一个反馈语，教师毫不吝啬自己对学生答案的"赞美"，例如"说的真好""读得真好""了解的真好""学得很好""问题提得很好"等。"一致准则"体现在教师在反馈时常常通过"重复"学生的答案，来表示对学生想法的赞同或者共识。例如，反馈15，"嗯，她'时间多漫长'那里读得特别好"，以及后续的反馈17、28、32、37、38、39、40、43、44、45、46、48、49、51、52都体现了"一致准则"。"同情准则"体现在教师在反馈语中努力实现跟学生情感上的沟通，并保持一致，例如"同学们唱得很好，我想同学们也能学得很好"，"对，这是我们全中国人的期盼"等。教师还使用了消极礼貌策略来维护学生的面子，比如在反馈中使用建议的语气提出意见。例如反馈20"很好，'我要回来'那里稍稍停顿一下就更好了"。这里，教师没有直接指出学生读得不好，而是采用建议的语气委婉地指出学生需要改进的地方。

　　2. 反馈话轮中体现的"协商"性语气

　　课堂对话中，如果教师提出了一个问题，并且提名了某个学生，这个学生就有回答问题的义务，这是"I-R-F"对答结构的特征，此时的引发话轮和提名行为更像是一个"命令"。随着课堂改革的深入，教师越来越能尊重学生的感受，在 D 小学的课堂上，这个过程展现出了更多的协商性。

　　　　　　对话 4-10，《捞铁牛》教学视频中的语料片段

　　01 教师：好，同学们，了解了打捞铁牛的整个过程之后，此时此刻，你有什么话要说？许 ××-

　　02 许 ××（抬头看了一下教师，又低下了头，沉默 2"）

　　03 教师：没想好？（微笑），那你坐下再想想。（学生又抬起了头）

　　04 教师：（教师以为学生要回答问题了）想好了吗？

　　05 许 ××：没有↓：：

　　06 教师：那你再想想↓，李 ××-

　　通常情况下，学生在不知道答案的情况下被提名，答不出问题时会觉得十分不好意思，这时教师为了教学的流畅性会直接叫下一个同学回答问题，答不出问题的学生的感受都被忽略了。但是在这段对话中，学生沉默了 2 秒，教师并没有催促学生，并且微笑着对没答出正确答案的同学给予温柔的反馈，"那你

_____

① 卢敏. 汉语礼貌原则探析 [J]. 学术界，2007(03):229.

坐下再想想"，学生抬起头，教师以为学生想好了，又给了学生说话的机会，问他说"想好了吗"，学生还是说"没有"，教师也没有着急，而是平静地说，"那你再想想"。整个过程教师的反馈都是温柔而平静的，在跟学生协商你想好没有，而不是命令学生回答问题，这里能体现出教师很在意学生的感受，而不只是答案。长久以来，无数教育研究都关心课堂教学的效率问题，即知识技能的掌握，而忽略了课堂对话其实也是一种社会性和情感的交流。这种交流中的善意的、情感因素对学生的全面发展十分重要，应该引起更多研究者的重视。

（二）行为实现的非语言特征：亲切礼貌的肢体互动

D 小学的教师在反馈时，更注重跟学生的本人的交流，而不只是关注答案本身。因此教师在反馈时和学生有了更多眼神、肢体动作的接触。教学情境中的象征性符号、隐喻性的形式（form）表达了教育中的缄默知识，这些缄默知识和课堂教学行为中的"惯习"通过图像媒介中的"事实（fact）"和"形式（form）"表达出来。从显性的"事实"和"形式"到缄默知识的这一阐释过程，也就是潘诺夫斯基所说的从图像志阐释到图像学阐释的转译过程。[①]

图 4-12 组图 1   图 4-13 组图 2   图 4-14 组图 3

1. 前图像志层的描述

前图像志层面和图像志层面的阐释主要说明图片表现了什么。前图像志层面主要从"知觉形式"进入"事实意义"。图 4-12 中呈现的是教师让学生起来读课文，学生自信地说能背下来，学生背的时候，教师面带微笑地、不时点头鼓励学生，背完之后，教师反馈说"你背的真好啊"；图 4-13 呈现的是，学生回答问题的时候，教师帮学生举着话筒；图 4-14 呈现的是，学生答得非常精彩，教师激动地说"好孩子"，并亲切地把手搭在学生的肩膀上，随后用重复学生答案的方式表示赞同。

2. 图像志层的阐述

图像志层面阐述主体行为的"动机"，这一过程应该被置于"机构与角色"

---

① 陈旭远，张娟娟. 教学空间演变：基于 1988—2018 年教室的图像学阐释 [J]. 华南师范大学学报，2019（04）:35.

框架之下，即图中教师的行为是置于"学校"这个机构以及"师生"这个角色的框架之下的。教师在反时肢体动作变革的动机首先来自新课改理念的指引。2001年《基础教育课程改革纲要（试行）》指出，"教师在教学过程中要与学生积极互动"，要"尊重学生人格、关注个体差异"。[1]互动意味着相互作用，"互"即交替，相互；"动"则指使起作用或变化。"积极"意味着热心的、增加动力的。积极互动的意思就是说"教师与学生要在交替的相互作用中发生某些变化，并且这种互动应该是有热情的，有动力的"。这种理念具体到教师的实践中就表现为，教师对学生的关注，例如教师倾听和反馈时眼神的注视、交流；教师会用手拍学生的肩膀传达难以言表的积极肯定的态度。新课程改革理念还提出了要"尊重学生的人格"，尊重的意思是尊敬、重视，古语是指将对方视为比自己地位高而必须重视的心态及其言行，现在已逐渐引申为平等相待的心态及其言行。[2]要建立真正平等的师生关系，教师也应该带着尊重与敬畏，重新思考自己在课堂中的位置。

人格是指个体在对人、对事、对己等方面的社会适应中行为上的内部倾向性和心理特征。表现为能力、气质、性格、需要、动机、兴趣、理想、价值观和体质等方面的整合，是具有动力一致性和连续性的自我，是个体在社会化过程中形成的独特的心身组织。[3]课改理念中说的要尊重学生的人格，指的应该就是要尊重学生身上呈现的能力、气质……价值观等方面的特征，以及这些特征中表现出的一致和连续的自我。即把学生作为一个和自己平等的独立的人来看待，尽管教师在知识上可能比学生丰富。但是中小学生是未成年人，因此作为学校机构代表的老师除了对学生平等相待，还需要多一份对未成年个体的爱护，因此教师的肢体动作努力表现出平等、鼓励、亲和的状态。

3. 图像学层的阐释

从前图像志和图像志层面的分析到图像学分析是一种从"什么"到"如何"的转变，从关注社会现象转向他们是如何被生产的。随着我国不断进行教育改革，教师们的教育理念也在传统和外来教育思潮的共同影响下不断发生变革。例如后现代教育理论对传统师生关系的解构，后现代教育理论倡导建立平等、合作、对话的师生关系，在这种关系中教师不是"权威"而是"平等中的首席者"。很多教师渐渐放弃了"权威"的地位，以更加平等的姿态和学生互动，比

---

① 中华人民共和国教育部.基础教育课程改革纲要（试行）[EB／OL]. http：//www.moe. gov.cn/srcsite/A26/jcj_kcjcgh/200106/t20010608_167343.html，2001-06-08.

② 刘威，刘占杰，王立.中国未识别民族文化权利保护——以湖南省沅陵县"瓦乡人"为例[J].北京化工大学学报(社会科学版),2015(04):31.

③ 车文博.当代西方心理学新词典[M].长春:吉林人民出版社,2001.44.

如亲切地拍学生的肩膀或者给学生举话筒等。经过教育思潮的浸润和课改理念的洗礼，课堂上师生平等积极地互动已经成为深入教师群体的理念。

第三节　本章小结

"行为"（act）是话轮的基础构建单位，也是会话分析中最重要的内容。因此本研究从课堂默认的"I-R-F"对答结构中每个话轮完成的行为入手，详细分析了师生话轮完成的行为。然后依据布朗和列文森的礼貌理论分析了师生话轮中行为实现的方式，现将本章主要观点总结如下。

一、课堂对答中话轮完成的主要行为

在实际的交际语境中，"说话就是做事"，说话就是在实施一类活动或完成某些行为。

（一）引发话轮完成的主要行为

引发话轮（简称 I 话轮）是"I-R-F"对答结构的第一个话轮，承担着导入和确立话题、掌控整个课堂对答方向的重要作用，是课堂对答中最关键的话轮。D 小学的课堂对答中，引发话轮完成的主要行为是提问（诱发）、指示、告知；完成的主要伴随行为是提名、示意、提示和催促；在教学环节的交界处会出现总结和元陈述（导入下文）行为。其中，提问行为的频率是最高的，指示行为其次，直接的告知行为比较少，大部分教师会把一些需要告知的信息转化成问句和学生进行问答。由于课堂上的学生非常多，教师在提问之后常常伴随着提名学生的行为。D 小学现阶段的课堂上较少出现催促行为，教师都会耐心地等待学生把自己的观点说完。

（二）回答话轮完成的主要行为

教师和学生的话轮之间完成的三种对应关系分别是：提问（诱发）—回答；指示—反应；告知—接受。部分情况下，学生回答话轮中的行为是"被动"的"应答性"行为，已经习得了"I-R-F"对答结构的学生们知道面对教师的"引发"，自己应该提供答案并接受评价；面对指示，应该用肢体动作及简单言语表示服从；面对告知，应该用注视、点头等方式来表示自己的"接受"。课堂上学生不能随意开口说话，每一次口头回答，都必须伴随着"投标"行为。总之，学生习得"I-R-F"对答结构，意味着需要把自己"嵌入"到这个模式之中，在适当的时候做出适当的反应。

在课堂气氛比较宽松的课堂上，学生逐渐呈现出一些自发行为，例如自发地提出问题、评价同学、表达自己的观点，一些课堂对答中，学生甚至还主动指出了教师的问题。通过这些现象能看出"被嵌入到I-R-F对答结构中的学生的自主性获得了一些解放"。他们说话的动机不再只是提供教师测验性问题的答案，而是会尝试主动探索一些自己的想法。教师和学生在对答话轮的变革趋势上表现出互补的关系。师生对答中，学生自主性的彰显意味着教师控制力的减弱，学生主体地位的提升意味着教师需要更加注重礼貌策略的使用，学生主动开启话轮，意味着教师需要被动转换话轮。

（三）反馈话轮完成的主要行为

反馈话轮是"I-R-F"对答结构的第三部分，紧随学生的回答话轮之后。反馈是教师的言语特权，教师通过反馈话轮控制整个课堂对答的方向，就像"车夫通过缰绳驾驭马车"，如果学生的回答稍有偏离预设的轨道，教师就会通过"反馈"话轮打断学生来调整对话的方向。反馈所在的话轮通常完成三种主要行为：接受行为、评价行为和更正行为。教师主要通过"注视、点头、语气词"等来表示接受；教师的评价主要包括积极评价和消极评价，积极评价的行为包括板书学生的答案、重复学生答案、夸奖、紧接着说出学生想说的词等。消极评价的行为包括直接打断、否定、质疑等。更正则主要是教师发起的更正学生错误的行为。

二、课堂对答中话轮行为实现的方式

对于课堂对答话轮中行为实现的方式，仍然从引发话轮、回答话轮、反馈话轮三个角度进行总结。

（一）引发话轮行为实现的方式

话轮分析的第二个任务是关注话轮中行为展开的方式，即这些话轮是"如何""以言行事"的。从语言特征来看，教师的引发话轮普遍比较重视礼貌用语的使用，例如注重使用请字，同时在"指示"和"告知"行为中更多地使用"协商性"语气，而不是使用祈使句直接指示或者使用陈述句直接告知。从非语言特征来看，教师在引发话轮中也注重使用比较礼貌的"请"字手势，并且注重和学生的肢体互动，例如教师在引发时会用手扶着学生的肩膀，和学生有进一步的肢体交流。

根据列文森和布朗的"礼貌理论"，教师在引发话轮更多地使用礼貌用语和协商语气，能更好地维护学生的消极面子（领地）。努力使"提问"这一对学生的"自由"稍具威胁性的行为变得比较缓和。这一微小的课堂对答的"惯习"的变革说明了在教师的潜意识中，侵犯学生面子的风险增加了，因此才使用这些礼貌策略。这也从侧面说明了在新课程改革和后现代教育思潮的洗礼下，课堂上师生之间的关系渐趋平等的事实。

（二）回答话轮行为实现的方式

从应答的语言特征来看，部分学生的应答具有比较强的靶向式特征，但也有一些学生的应答呈现出"探索式"语言风格。"靶向式"特征即引发问题时，教师的心里已经有了一个预设的标准答案，即"靶心"，学生回答的过程就是努力射中靶心，答出教师预设的答案。有些学生的语言风格则呈现出"探索式"特征。即学生回答时的答案不是预先计划好的，而是在表达的过程中逐渐地被想出来的。同时，如果学生还没有想到合适的答案就会告诉老师自己还没想好，不会不好意思，或者觉得羞耻。也有些学生会说出一些让老师感觉比较意外，但是很符合对话情境的应答，是学生在比较放松的状态下思考、想象的结果，他们是在"表达自己的想法，而不仅是在回答问题"。另外，在比较热烈的课堂气氛中，其他作为听众的同学不再仅仅是沉默的观众，他们随时准备着抢夺话轮，表达自己的看法，有时还会爆发出笑声。从应答时的非语言特征来看，学生应答时的身体也比较放松，并且"投标"这个仪式化的程序有了些许松动，个别时候，学生回答问题时没有举手。

（三）反馈话轮行为实现的方式

从教师反馈时的语言特征来看，有些课堂对答的"靶向式"特征在反馈话轮也得到了明显的体现，具体表现为个别教师有时候直接"打断"不符合预期的学生的回答过程，这种对答能让人感觉到教师的权威和引发语对学生应答语的强烈限制，以及课堂上不太平等的关系。有些教师会注重使用"称赞准则"，尤其是对学生回答的细节的称赞，比较典型的课上，教师对学生的称赞有 52 次之多。除了使用"称赞准则"，还能看到教师使用协商性的语气对学生的回答进行反馈。并且注重使用反馈项目跟学生交流，例如"嗯、哦、噢"等。从教师反馈时的非语言特征来看，教师更注重使用肢体语言对学生进行反馈，包括反馈时身体前倾靠近学生、亲切地把手搭在学生的肩膀上或者帮学生举着话筒等动作。通过这些动作能看出，教师的注意力从答案本身转移到了学生这个"人"本身，把学生当作了一个对话的主体，而不仅仅是一个需要被传递经验的客体。

卡兹登的研究指出，不同文化背景中的"默认"课堂对答结构都是"I-R-F"，这说明，"I-R-F"对答结构与"教学"这个教师言谈的交流目的密切相关。因为"教学的根本问题，是外部知识如何被学生获得、占有并转而成为学生个体的内在力量和精神财富的问题"。[①] 教师作为教学主体中知之在先、知之较多的

---

① 郭华.带领学生进入历史："两次倒转"教学机制的理论意义 [J].北京大学教育评论,2016,14(02):8.

一方，需要通过跟学生的对话实现学生知识水平的提升，使学生个体的知识水平迅速接近人类整体已经获得的认识水平，而不必亲自去经历知识发现的过程。在这个过程中，教师需要不断通过提问，检测和确认学生的理解水平，这是课堂教学中的"提问"与日常"提问"最大的区别；教师还需要对学生的回答进行判断和评价，使学生知道自己的理解与教师的期望之间的差距。双方需要通过对话确认"互解"的达成度，在"I-R-F"三个话轮不断转换的动态的过程中，师生不断地在某一个知识点达成动态的相互理解，就好像人的左右腿交替移动一级一级地爬上楼梯的过程。"I-R-F"结构以最直接和最简洁的方式完成了这个对话目的。引发话轮完成的提问、指示、告知等行为；学生的回答、反应、接受等行为以及反馈话轮中的评价、接受和更正行为都是围绕着"知识理解"这个目的展开的，因此无论是纵向的历史比较还是横向的跨文化课堂比较，"I-R-F"结构都是课堂的"默认"对答结构。

作为课堂"默认"结构的"I-R-F"在完成的主要行为和前后顺序上是稳定的，但是其选择向度存在多种变化的可能性。"引发"和"反馈"话轮中，教师和学生都可以从说话权利、自身的角色、礼貌策略的使用以及谈话风格上作出调整。随着课堂教学改革的持续进行，教师和学生在对答话轮中行为实现的方式上都有了变化，例如教师话轮中更多地使用了礼貌用语和礼貌准则（称赞、一致性、同情准则），都注重和学生进行亲切地肢体互动，学生也呈现了更多的探索式语言。我们从中能看出师生的等级关系正在逐渐消融，以及在课改的催动之下，优质学校的传统教室文化也在发生"静悄悄地革命"。

第五章　课堂对答的组织特征

本章主要描述课堂对答的组织特征，组织特征主要探讨两方面的内容，第一，在一个对答单位内部，两个以上的话轮在具体的语境中基于其实现的功能组成的不同的对答结构类型。第二，在一个对答单位内部，话轮交接中呈现的师生互动控制的方式，即师生对话中的权力关系。

第一节　组织形式——课堂对答中话轮组成的对答结构

对答结构指的是在实际对话中，"不同人说出的话轮是如何按照一定的规则有序地衔接在一起的"。有些对答结构是一个简单的独立结构；有些则是围绕一个话题持续进行多轮对答形成的复合结构。独立结构主要包括"I-R-F"结构或者省略"F"的"IR"结构，这里的"IR"结构可以看作"I-R-F"对答结构的一种变式。[①] 随着课堂教学持续改革，师生之间还出现了"回音"（I-R-Rv-E）和"架构—发展—评价"（F-D-E）对答结构。

一、课堂"默认"的"I-R-F"对答结构

教师引发（Initiation）—学生回应（Response）—教师反馈（Feedback）简称"I-R-F"对答结构，是课堂上师生对话的"默认模式"（default），"默认模式"的意思是说，如果没有采取特别的行动来执行某种功能，课堂上的对话就一直是这种结构。[②]

对答中的每一个话轮都是嵌入到互动序列中的，既展示了对先前话轮的理解，又反映了与接下来的话轮之间的关联，就像一个锁链上的某一环，总是与

[①] 黄山 .I-R-F 课堂话语结构刍议 : 发现、争论与再思考 [J]. 全球教育展望 , 2018, 47(05): 17. 2016, 36（24）:47.

[②] ［美］考特妮·卡兹登 . 教室言谈 : 教与学的语言 [M]. 蔡敏玲 , 彭海燕译 . 台北 : 心理出版社 , 1998. 87.

上一环及下一环紧扣在一起，共同建构意义。[①] 教师的兼具"反馈"和"引发"功能的话轮承前启后，把前后两个对答结构连接在了一起，如图 5-1 所示：

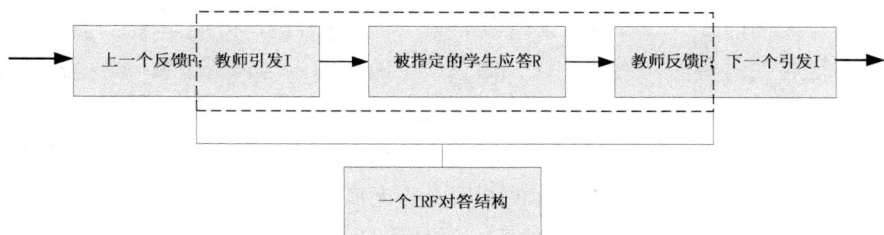

图 5-1 "I-R-F"组成的链状结构中的一个"I-R-F"结构图

从图 5-1 能看出，"I-R-F"对答结构前后衔接组成了一个链状结构，教师的前一个反馈和后一个引发几乎是无缝链接的，师生对答的进程和节奏都由教师掌握。

若干个"I-R-F"对答结构围绕一个话题前后相接组成一个对话序列，若干个序列相接组成一个课堂教学环节，若干个课堂教学环节前后相接组成了整个课堂对话。

"I-R-F"对答结构在具体的课堂语境中又可以分为三种情况。第一种是教师主导的"I-R-F"，包括教师引发—学生回答—教师反馈三部分；第二种是中间型的"I-R-F"，教师引发—学生回答—学生反馈三部分；第三种是学生主导的"I-R-F"，包括学生引发—学生回答—学生评价三部分。

（一）教师主导的"I-R-F"对答结构

教师主导的"I-R-F"对答结构由教师引发、学生回答、教师反馈三个部分组成。三个话轮的顺序和归属如下图所示：

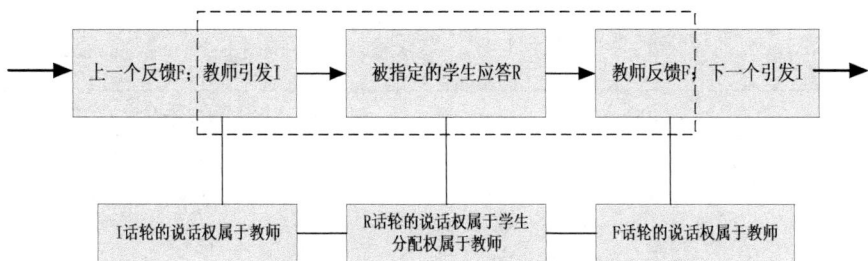

图 5-2 教师主导的"I-R-F"对答结构图

从话轮归属来看，引发话轮 I 和反馈话轮 F 都是属于教师的，全体学生共享

---

① ［美］图恩·梵·迪克.话语研究 多学科导论 [M].周翔译.重庆：重庆大学出版社，2015. 154.

应答话轮 R。引发话轮相当于整个师生对答的"动力系统"，教师运用引发话轮导入和确立新的议题，总结一个教学环节并引出下一个教学环节，使得整个课堂对答不断向前推进。反馈话轮相当于整个师生对答的"方向系统"，教师运用反馈话轮控制着师生对答的方向，如果学生所说的内容偏离了教师的意愿，那么教师就会通过打断、更正、评价等方式把学生的回答拉回到"正确"的轨道。R 话轮是被嵌入到师生的对答结构中的，全班学生共享这一个话轮，每个学生得到说话机会之前都要有举手投标的程序，被老师分配和提名之后才能开口，可以说"I-R-F"对答结构是一种强大的"课堂话语发生机制"。无论哪种文化背景，在班级授课制的课堂上，"I-R-F"对答结构都随处可见，如下例所示：

对话 5-1，《月光曲》教学视频语料片段

01 教师：同学们经过预习，刚才又听老师读了一遍，谁能告诉大家这篇课文主要讲些什么事？　　　　　　　　　　　　　　　　　　（引发 I_1）

02 学生：这篇课文主要是讲《月光曲》是怎样谱写成的。　　　　（应答 R_1）

03 教师：对，坐下，谁还有什么补充吗？　　　　（反馈 F_1/继续引发 I_2）

对话 5-1 是一个典型的教师主导的"I-R-F"对答结构，由教师进行引发和评价，学生只进行应答。这种对答结构反映着师生的角色特征和教学的本质。对话开头引发问题和后继的持续引发体现着教师"传道授业、启迪思考"的角色特征；有权利对学生的回答做出评价又体现着教师"知之在先，知之较多"的角色特征；根据问题思考答案、回应教师、接受评价也体现了学生学习者的角色特征。这个结构体现着学校作为教育机构的"规训"本质。

日常对话中也经常出现"提问—回答—反馈"的三部式对答结构，课堂"I-R-F"结构与日常"三部式"对答结构的最大区别在于，第三个话轮通常是一个"评价"而不是简单的"反馈"，如下表所示：

表 5-1 日常对话中的"I-R-F"与教室对话中的"I-R-F"对比表

日常谈话	教室对话
小明，现在几点了？	小明，现在几点了？
三点半	三点半
谢谢	对

师生对答中"评价"的持续存在默认了教师有评估学生表达的权力，并通过持续提问测验学生是否"知道"某个信息。在课堂情境之外，人们很少这么直接地评价他人的对错。除了这种教师主导的"I-R-F"对答结构，课堂上还出现了中间型和学生主导的"I-R-F"对答结构。

（二）中间型的 I-R-F 对答结构

中间型的"I-R-F"对答结构，也包括三个部分：教师引发—学生回答—学生反馈。即引发问题的仍然是教师，回答问题的是教师筛选出的学生，最后是学生进行反馈，这里又分为两种情况，一种是教师进行引发，"谁来评价一下刚才这位同学的观点"，然后找一个学生来评价前一个学生的观点。在氛围更加宽松，更加民主的课堂上，也会有学生"跳过"举手投标和教师提名程序，直接说出自己的想法。此时的"I-R-F"对答过程和话轮归属如图 5-3 所示：

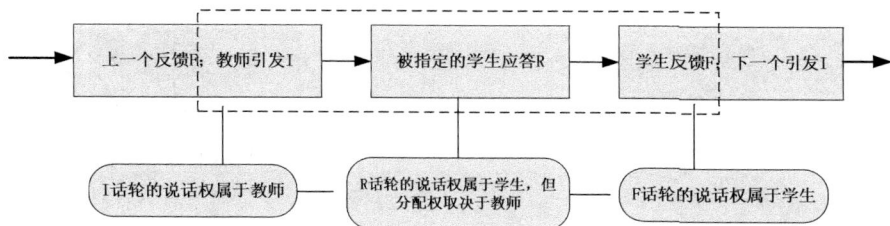

图 5-3 中间型的"I-R-F"对答结构图

在这类对答中，I 话轮的获得是教师在教室里的专属权力，R 话轮的获得取决于教师的分配，R 话轮说话的机会属于学生，反馈话轮 F 本来也是教师的专属权力，但是随着课堂改革的深入，教师有意识地向学生让渡了更多的说话机会，因此，在中间型的对答结构中，教师会提名某个学生对其他学生的答案进行反馈，这时，F 话轮就属于学生了。

（三）学生主导的"I-R-F"对答结构

学生主导的"I-R-F"对答结构也包括三个部分：学生引发—学生应答—学生反馈。这种对答结构通常出现在学生的展示、汇报环节，学生结束展示之后，会向讲台下的其他同学提问，并选择一个学生进行回答（通常进行提名的还是教师），提问的同学再进行反馈。详见下例所示，下例的对话场景是，教师请学生上讲台来展示自己根据《丑小鸭》这个故事创作的画，并进行讲述，潘××同学讲完之后，跟听众（学生和教师）之间的一段对话。

对话 5-2，《丑小鸭》教学视频语料片段

01 潘××：有没有同学想对我提问？（有学生举手）孟×× （引发 I_1）

02 教师：唉，要做有礼貌的小朋友啊，不能用一个手指指着同学。（教师更正潘××提名时的手势）

03 孟××：书里说丑小鸭的毛是灰色的，你怎么画的是棕色的？

（应答 R_1）

04 潘卓远：刚，刚开始我就不小心画成橘色的了，然后我突然又想起来了，

137

就用灰的描了一下，就变成黑色的了。   （反馈 F₁）

05 教师：对，这是个技术问题。是吧？好的，潘××，非常感谢，把你的画展示到黑板上来。

有些课堂上，课堂对答不再完全是"I-R-F"结构前后衔接组成的链状结构，有些环节是由学生们完成的，引发、应答、反馈的主体都是学生，教师只是起到中介作用（例如协助提名下一个说话者）或者是在学生的对答结束后进行总结。学生主导的"I-R-F"结构的过程和话轮归属如图 5-4 所示：

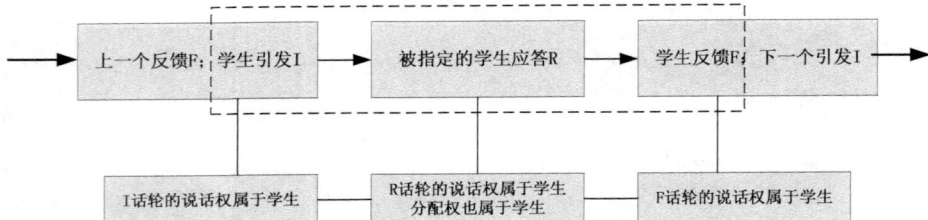

图 5-4 学生主导的 I-R-F 结构图

在这种对答中，I 话轮的说话权属于学生，R 话轮的说话权和分配权都属于学生，F 话轮的说话权也属于学生，所以将其称为"学生主导的 I-R-F"对答结构。在这种对答类型中，学生获得了更多的说话机会和一些分配话轮的权利。

二、省略"F"的"IR"对答结构

"I-R-F"是师生对答中最普遍的结构，但是课堂上也经常出现省略 F 的"IR"结构。最常见的是学生齐答时产生的独立"IR"结构和一个主题相关组内的"IR"对答结构。

（一）独立的"IR"对答结构

有些场景中，教师面向全班提问，全班学生根据语境集体自选为下一个说话者，就会产生一些没有反馈 F 的"IR"对答结构。详见下例所示：

对话 5-3，《作文讲评：记一个熟悉的人》教学视频语料片段

01 教师：内容记得真实不？	（引发 I₁）
02 全体学生：真实。	（应答 R₁）
03 教师：具体不具体？	（引发 I₂）
04 全体学生：具体。	（应答 R₂）
05 教师：有没有语言描写？	（引发 I₃）
06 全体学生：有。	（应答 R₃）
07 教师：有没有动作描写？	（引发 I₄）

08 全体学生：有。　　　　　　　　　　　　　　　　　　　（应答 R_4）

09 教师：老奶奶那颤抖的双手，那描写地相当怎么样了？　（引发 I_5）

10 全体学生：生动。　　　　　　　　　　　　　　　　　　（应答 R_5）

对话 5-3 中，应答的话轮 04、06、08、10、12 都是在教师没有指定下一个说话者的情况下，全班学生集体自选成为下一个说话者。因为学生根据具体语境，明白教师希望大家一起回应这个引发。这个语境同时满足三个条件：第一，教师在话轮转换关联位置（transition-relevance place 简称 TRP）没有立刻指定下一个说话者；第二，教师的问题是"真实不""具体不具体""有没有"这种非 A 即 B 的问题；第三，面对这类非 A 即 B 的问题，根据课堂上下文信息进行，学生们非常清楚教师想要的答案。当这三个条件同时具备，就很容易出现这种全班学生自选成为下一个说话者的情况。

（二）"主题相关组"内的"IR"对答结构

米恩（Mehan）提出了主题相关组的概念，在一个相关主题的对答中，有一些围绕主题的"基本 I-R-F 结构"，也有一些出现在"基本 I-R-F 结构"之前的辅助结构，和出现在"基本 I-R-F 结构"之后的延伸结构，这些被称为条件结构，基本结构和条件结构组合起来构成了"主题相关组"（topically related sets，简称 TRS），在一个主题相关组内，不是每个学生的回答都能得到老师的反馈，但在一个主题相关组的结尾部分教师总会反馈。[①]因此围绕一个主题，常常出现省略了反馈 F 的"IR 结构"，其结构可简单表述为 I1—R1—I2—R2—I3—R3……Fn。如下例所示：

对话 5-4，《月光曲》教学视频语料片段

01 教师：兄妹俩在谈话，妹妹说什么呢？　　　　　　　　（引发 I_1）

02 学生：这首曲子多难弹啊！我只听别人弹过几遍，总是记不住该怎样弹，要是能听一听贝多芬自己是怎样弹的，那有多好啊！（读出课文中妹妹说的话）

　　　　　　　　　　　　　　　　　　　　　　　　　（应答 R_1）

03 教师：从这句话咱们知道妹妹在想什么呢？　　　　　　（引发 I_2）

04 学生：姑娘自己弹得不好，想听贝多芬是怎么弹的。　　（应答 R_2）

05 教师：坐下。是一般的想听吗？比这程度再加深一点，该怎么说呢？

　　　　　　　　　　　　　　　　　　　　　　　　　（引发 I_3）

06 学生：非常想听，特别想听。　　　　　　　　　　　　（应答 R_3）

07 教师：还可以怎么说呢？用两个字表示。　　　　　　　（引发 I_4）

---

① ［美］考特妮·卡兹登.教室言谈：教与学的语言 [M].蔡敏玲，彭海燕译.台北：心理出版社,1998.59.

0 学生：渴望。 （应答 R_4）

09 教师：对，你就把这种渴望听到的心情读出来。 （反馈 F4/ 引发 I5）

对话 5-4 中，教师一共有 4 次引发，学生有 4 次应答，但是教师只有一次反馈，即话轮 09，只有一个字的反馈"对"，对学生的应答 R4 表示满意。在关于"妹妹在想什么呢"这个核心问题的系列对答中，老师只在这个主题相关组的结尾处进行了反馈。

（三）得到"非如意应答"的"IR"对答结构

波梅兰茨（Pomerantz）等人指出，一种引发语的不同应答语的地位是不同的，并提出了"如意结构"的概念。即在每个引发语允许的范围内，至少有一种应答语是如意的，一种是不如意的。[①] 例如当某个人发出邀请时，表示接受的应答语是如意的，表示拒绝的应答语则是不如意的。通过分析课堂会话发现，教师在提出问题时，心中也有一个类似"如意结构"的答案，如果学生的应答语对教师来讲是"如意的"，那么学生就容易得到积极的反馈；如果学生的答案对教师来讲是"不如意"的，但是也勉强可以接受，教师会继续引发，直到其他学生答出教师的"如意"答案；如果学生的答案和教师的期许相去甚远，教师会用反问的方式表示反对，并进行追问，直到得到"如意的应答"，才会对其进行反馈。如下例所示：

对话 5-5，《斗鱼》教学视频语料片段

01 教师：同学们看看在写鱼鳍的时候这里用了一个什么句子？谁知道？何×。 （引发 I_1）

02 何 ×：用了一个长长— （回答 R_1）

03 教师：用了一个长长？王 ×？ （继续引发 I_2）

04 王 ×：用了一个像披着一丝丝彩色的飘带。 （回答 R_2）

05 教师：这是一个什么句子呀？罗 ××。 （继续引发 I_3）

06 罗 ××：这是一个比喻句。 （回答 R_3）

07 教师：把什么比作什么？ （继续引发 I_4）

08 罗 ××：比……，把斗鱼身上的鳍比作了彩色的飘带。 （回答 R_4）

09 教师：嗯，这就写出了这个鱼外形美丽的特点。那么，我想找同学读一下课文，把这个描写斗鱼的美丽的那些词语，那种语气读出来，谁愿意读？王×。 （反馈 F_4/ 继续引发 I_5）

对话 5-5 中，前六个话轮组成了 3 个"IR"对答结构，第 07、08、09 话轮组成了一个"I-R-F"对答结构。这段对话中，教师希望学生说出"作者写鱼鳍

---

① 刘虹 . 会话结构分析 [M]. 北京：北京大学出版社 ,2004.114.

的美丽用了一个比喻句"。第一个学生何 × 刚说出"用了一个'长长'一",还没说完就被老师打断了,因为老师心里的标准答案是"比喻句",何 × 一开口老师就判断她说的不是自己想要的答案。老师反问"用了一个长长?"来表示对这个答案的不满意,并立刻叫了下一个同学王 ×。王 × 回答完之后教师也没有评价,继续叫了下一个同学罗 ××,当罗说出,这是一个"比喻句"之后,老师立刻继续引发"把什么比作什么",并用手比画出飘带的动作。由此可见,对于"非如意应答",教师可能不会进行反馈,而是会选择使用"反问""追问"等方式继续引发,直到学生答出让自己满意的答案时,教师才会给予反馈,然后这个主题相关组的对答才会结束。

由于一段对答是具有"连续性含义"的,即"任何言词的表达都将会限制随之而来的话轮","I-R-F"是课堂对话的"默认模式",因此学生应答 R 之后反馈 F 的缺席就显得比较引人注意,费尔克拉夫也认为"如果教师没有对学生的回答给予反馈,那么这就会被当作是含蓄地反对学生的意见"。[①]学生们也很理解教师这个语言"惯习"的意思,这似乎形成了课堂对答中师生之间的一种隐秘的默契。

三、"回音"(I-R-Rv-E)对答结构

在 D 小学的某些课堂对答中,还出现了"回音"(Revoicing)这样特殊的对答结构,可以简写为"I-R-Rv-E"。这个对答结构是由迈科尔斯(Michaels)和奥康纳(O'Connor)分析了小学科学课的语料后提出的。其主要特征是"教师不直接对学生的回答进行反馈,而是重新组织语言说出学生的想法(类似于大山对人声的回音),以这种方式回应学生,这就是回音"。[②]

(一)"回音"的语言结构与功能

从维果茨基的社会文化理论来看,回音提供了协调学术任务结构(academic task structure)和社会参与结构(social participation structure)的重要工具,促使学生从课堂对话进入知识社会化的进程。[③]1996 年,奥康纳和迈克尔斯进一步对回音的语言结构和功能进行了说明。详见表 5-2 所示:

① [英]诺曼·费尔克拉夫. 话语与社会变迁 [M]. 殷晓蓉译. 北京:华夏出版社,2003.18.

② O'Connor M.C., Michaels, S. Aligning Academic Task and Participation Status through Revoicing: Analysis of a Classroom Discourse Strategy [J]. *Anthropology & Education Quarterly*, 1993, 24(4): 318-335.

③ 郁志珍. 小学科学教师回音(Revoicing)话语策略的实证研究 [D]. 华东师范大学,2019.18.

表 5-2 奥康纳和迈克尔斯提出的回音对答结构要素表 [①]

回音结构要素	内涵	例子（从自己的语料中找）
教师重新表达的部分（the reformulation component）	教师对学生贡献的再表达（reutter）或改述（rephrase）如果学生同意教师"再表达"或者"改述"，学生就获得了这个内容的所有权	"所以你刚刚说这是一个奇数吗？"
间接引语的使用（the use of indirect speech）	这里的间接引语包括"人称代词"和表"认知"的动词两部分。尽管教师可能已经对话语进行了重构，但教师通过人称代词明确了"某个学生"是知识内容的创始者。教师通过"回音"将不同学生的话语内容分配到不同学生的贡献中，从而将他们的话语联系在一起。	你认为……；你预测……；亚瑟说……；你说……
合理推理中"所以（so）"和其他标记的使用（The use of so and other markers of warranted inference）	这表明教师在对之前学生所说的话语进行他认为有根据的推断。通过这个"合理推理"的表征，教师将解释和确认推理的责任进行了分配（layer），即提供初始推理的那个学生。通过回音，教师在对话的过程中开辟了一个"间隙"，学生获得了一个回应的机会，即是否同意教师的"回音"。	所以……

　　回音发生的位置通常在学生的话轮结束之后，通常包括三个要素：第一个是教师重新表达学生观点的部分；第二个是使用间接引语，例如"你认为""你预测""小明认为"等；第三个是关于推理的标记语的使用，例如"所以"。回音对答结构中第一话轮和第三话轮属于教师，第二话轮和第四话轮属于学生。这个结构的特殊之处在于第三话轮本来应该是反馈（F）的，此时变成了"回音"（Rv），即教师使用逻辑连接词 + 指示代词 + 认知动词 + 改述了学生的观点，这句话代替了"I-R-F"对答结构中反馈的位置。

　　这种结构有以下几个优点：第一，对学生来说，它创造了一种新的参与结构，在"I-R-F"对答结构中，R 话轮结束之后，学生就失去了发言的机会，但是在教师的"回音"之后，学生又获得了一次参与的机会。如下例所示：

对话 5-6，《捞铁牛》教学视频语料片段

01 教师：为啥小船不行？　　　　　　　　　　　　　　　　　　（引发 I_1）

02 马××：因为小船，小船的泥沙，就少了，然后那个，就算有浮力，但是浮力不够-　　　　　　　　　　　　　　　　　　　　　　　　（回答 R_1）

① O' Connor M.C., Michaels, S. *Shifting Participant Frameworks: Orchestrating Thinking Practices in Group Discussion. In D. Hicks (Ed.) Discourse, Learning, and Schooling* [M]. New York, NY: Cambridge University Press, 1996: 63-103.

03 教师：啊↑，你的意思是说，小船的浮力比大船的浮力小，是不足以能够把铁牛给拉出来吗？　　　　　　　　　　　　　　　　（回音 Rv_1）

04 马××：嗯，是。　　　　　　　　　　　　　　　　　　（评价 E_1）

在这段对话中，话轮 03 是教师对学生回答的一个回音，而不是一个简单的反馈。教师使用回音接住了学生的话轮，同时又把评价的权利还给了学生。

回音对答结构的第二个优点是，将某些互动的学生置于对立面上，创造了一个虚拟的争论空间，有助于学生之间进行观点的交锋，从而发展学生对某些观念的高阶认识，并在这个过程中培养学生的说话技能。如下例所示：

对话 5-7，《捞铁牛》教学视频语料片段

01 教师：哪几个段落属于打捞过程？唐 ×-　　　　　　　　　（引发 I_1）

02 唐 ×：嗯，打捞过程是第四自然段 -　　　　　　　　　　（回答 R_1）

03 教师：= 有没有不同意的？ 陆 ××。　　　　　　　　　　（引发 I_2）

04 陆 ××：四、五、六这三个自然段 -　　　　　　　　　　（回答 R_2）

05 教师：= 她说四五六这三个自然段都写了打捞的过程，是不是？唐 ×-

（回音 Rv_1）

06 唐 ×：（。）是 -　　　　　　　　　　　　　　　　　　（回答 R_3）

这段对话中，教师提名唐同学回答问题（话轮 01），唐同学说出了答案（话轮 02）。老师不认可这个答案，但是并没有直接给予否定评价或者更正，而是叫了另外一个同学陆同学来回答问题，唐同学的答案和陆同学的答案就形成了一种观点的交锋和对照，经过这种对比，教师再用回音的方式反馈唐同学（话轮 05），唐同学就发现了自己的问题。

回音结构的第三个优点是，教师的"回音"还有助于将其他有些不在状态的学生重新"聚焦"到学习任务之中。[1] 由于课堂教学都是以师生对话的方式推进，一节课的时间又比较长，并且，大多数时候跟教师对话的都是某个学生，其他学生是听众，因此可能有些学生容易走神，教师的"回音"有助于帮助那些不在状态的学生重新"聚焦"到学习任务之中。回音结构的第四个优点是，在"回音"时突出了上一个回答问题的学生的观点的原创性。例如对话 5-6 中的话轮 03 突出了马同学的观点，对话 5-7 中的话轮 05 突出了陆同学的观点。

（二）"回音"（I–R–Rv–E）的具体表现

以下对话发生在小组讨论结束之后的汇报环节，汇报围绕"阿权看到了哪些场景，划出描写阿权想法的语句，体会阿权的心情"这个引发进行。

---

[1]　肖思汉 . 听说：探索课堂互动的研究谱系 [M]. 上海：华东师范大学出版社，2017.50.

对话 5-8，《狐狸阿权》教学视频语料片段

学习指南 1：阿权看到了哪些场景？阿权的心情是怎样的？

01 汇报的学生：我还对阿权的心情有个补充，是"阿权很害怕"，他可能害怕以后被兵十抓到。　　　　　　　　　　　　　　（应答 R_1）

02 教师：噢↑，你怎么会有这样的想法呢？　　　（反馈 F_1/ 引发 I_2）

03 汇报的学生：被他抓着，它不害了兵十的妈妈嘛，被他（兵十）抓着，

那个兵十会：　　　　　　　　　　　　　　　　　　（应答 R_2）

04 教师：= 会埋怨它的，是吗？　　　　　　　（反馈 F_2/ 引发 I_3）

05 学生：对（点头）　　　　　　　　　　　　　　　　（应答 R_3）

06 教师：他（汇报的学生）认为兵十会认为阿权害了他妈妈，使她去世的，是这样吗？（前半句是对全班学生说的，"是这样吗"是对这个学生说的）

（反馈 F_3/ 引发 I_4）（回音 Rv）

07 汇报的学生：是的。　　　　　　　　　　　　　　　（应答 R_4）

08 教师：还有一个地方，他说看到了兵十妈妈的葬礼，这个地方有没有同学给他再订正订正，看没看到葬礼呀？　　（反馈 F_4/ 引发 I_5）（回音 Rv）

09 汇报的学生：没有，看到的是送葬队伍。　　　　　（应答 R_5）

10 教师：对，你自己发现了没看到葬礼，是不是？嗯，再接着说，他说得不到位的地方，小组内同学可以自己站起来补充啊↑

（反馈 F_5/ 引发 I_6）（回音 Rv）

　　这段对话中，教师的反馈都不是对学生应答的简单评价，话轮 02 中，教师用追问作为反馈，希望学生能进一步解释自己的观点。话轮 04 中，教师紧接着说出了学生想说但是还没说出的话"会埋怨它的"，作为反馈，并用一个"是吗？"把评价的权力交给了学生。话轮 06"他认为兵十会认为阿权害了他妈妈，使她去世的，是这样吗？"包含对应答 R2 的反馈，也包含一个新的引发 I4，这是一个回音。这个话轮包含了"回音"的三个要素：第一使用间接引语"他"；第二使用认知动词"认为"；第三，教师对学生的表述做了扩展，"兵十会认为阿权害了他妈妈，使她去世的"。语文课的观点之间可能没有数学课上那么鲜明的推理特征，这里老师没用到"所以"这样的标记语。

　　话轮 08"还有一个地方，他说看到了兵十妈妈的葬礼，这个地方有没有同学给他再订正订正，看没看到葬礼呀"也是一个回音，包含了"回音"的两个要素：第一，间接引语和认知动词——"他说"；第二，试图澄清学生的表述，"看没看到葬礼呀"，用问句把做出判断的权利交给了学生，学生在话轮 09 改正了自己的表述，"没有（看到葬礼），看到的是送葬队伍"。这里老师没有使用"所以"这样的连接词，但是教师使用了"还有一个地方"这样的标记语。

在这段对话中，回音的使用，使这段对话有别于传统的"I-R-F"对答结构。首先，教师通过回音中的扩展和澄清重新聚焦了论证的主要方面。其次，这种回音明确了学生之间的"一致"或者"不同"的立场，学生需要回应老师，"是还是否"，这种回应需要经过思考并伴随论证（即前文所说的开辟"间隙"slot）。第三，回音面向全班同学，拓展和澄清了学生的表述，为那些作为听众但是使具有同样困惑或者问题的学生澄清了观点。第四，回音结构突出了应答学生的贡献，即对某些观点的原创性。

第 10 个话轮中教师运用回音策略，进一步引发课堂讨论。"对，你自己发现了，是不是？嗯，再接着说，他说得不到位的地方，小组内同学可以自己站起来补充啊↑，你再接着说。"从这个话轮中能看出，教师不但鼓励这个汇报的同学接着说，还鼓励小组内的其他同学站起来补充。这种语言策略有利于实现讨论编排（Discussion Orchestration）的互动模式，以及学生之间开展"负责任的交谈"（accountable talk）。

四、"架构—发展—评价"（F-D-E）对答结构

"F-D-E"结构由哈佛大学教育学博士迈耶提出，这个提法也得到了课堂话语研究领域的代表人物卡兹登（Cazden）和米恩（Mehan）的认可。[①]

（一）"F-D-E"的语言结构与功能

迈耶认为，文学课上集体知识的建构本身可以被视作一个包含三阶段的过程：群体中的一人（或多人）架构（frame）一个问题，成员通过回答发展（development）出多种解释的可能性，某些人对这些可能性进行评价(evaluation)和判断，这个过程就在群体中确立了一种意义，此类对话不断展开，关于文本的知识也逐渐被师生建构起来。据此迈耶提出了分析课堂话语的"F-D-E"结构：架构问题（frame issues）—发展解释（develop interpretations）—评估解释（evaluate interpretations），简称"F-D-E"。迈耶进一步指出，这三个阶段的话步（或话轮）[②]不是教师或学生的专属，如果学生真正参与了课堂上的知识建构，那么他们可能会同时参与这三个阶段，而不只是参加其中的回答话步，下文介绍了这三个阶段的话步的详细类型。

---

① 肖思汉. 听说：探索课堂互动的研究谱系 [M]. 上海：华东师范大学出版社，2017.47.

② 话步由辛克莱尔和库尔萨德提出，话轮由会话分析学派提出，在"I-R-F"结构中，教师的上一个评价话步（F）和下一个引发话步（I）有时候在一个话轮里，有时候分开为两个话轮，但是学生的回答（R）通常都是一个单独的话轮，会话分析的相关著作中习惯用话轮这个概念，其他课堂话语分析的文献中，有的用话轮、有的用话步，本研究以会话分析理论为基础，因此整体上都用的都是话轮的概念，但迈耶的英文博士论文中用的是话步的概念，因此在介绍"F-D-E"结构的这个部分使用话步这个概念。

1. 架构话步

架构话步（framing move）在课的开头就会出现，并在某种程度上贯穿全文，这个阶段的话步通常包括三种类型，详见表 5-3 所示：

表 5-3 架构话步的类型表

类别	具体意义
1. 指示（Directing）	对学生的详细动作进行指示，包括请学生把书翻到第几页；提名某个学生；请大家安静等。
2. 提问（Questioning）	需要学生给出一个想好的答案、信息或推论。
3. 邀请（Inviting）	邀请学生进行口头解释、观察和提问话步，通常涉及特定段落、人物或问题。

邀请、指示和提问这三个话步分别指向了开放性问题、封闭式问题以及课堂上的指令。指示在编码系统中代表了一种特殊的情况，因为它几乎只适用于教师的话步，而提问和邀请话步既可以属于学生也可以属于教师，但通常是教师进行提问并邀请学生进行更多开放性的解释。

2. 发展话步

发展话步（developing move）需要回应第一个阶段的架构话步，这个阶段的话步被细分为 12 个基本的类型，详见表 5-4 所示：

表 5-4 发展话步的类型表

编码	具体意义
1. 阐释（Interpreting）	对文学作品提出一个原创性的解释视角。
2. 详细阐述（Elaborating）	接受并进一步发展（补充）自己或者他人的解释或评论，暗含同意这些观点的意思。
3. 回答（Answering）	提供明确且简短的回答；回答上下文中相关的提问或邀请。
4. 观察（Observing）	对尚未明确说明的内容进行审视或者评论。
5. 承认（Acknowledging）	毫无异议地尊重或承认他人的观点，尤其是教师的观点和要求，与第六个编码"反对"相对应。
6. 反对（Objecting）	对某人的观点（非阅读文本本身的内容）保持异议，包括这个人对其他人的观点的理解或程序性建议。
7. 澄清（Clarifying）	要求某人对他所说的前一个话轮进行说明或进一步阐述。
8. 解释（Explaining）	扩展自己或他人的上一个话轮，以增加其他听众对所说内容的理解；经常用来回应澄清话步。

编码	具体意义
9. 辩护（Justifying）	为自己或他人有争议的主张提供理由或阅读文本中的证据；通常回应挑战或者反驳话步。
10. 告知（Informing）	提供提问者要求回答的范围之外的一些信息。
11. 总结（Summarizing）	巩固之前的贡献，甚至包括一些暗含但尚未说明的意思。
12. 检查（Checking in）	询问一个或多个学生是否听到、理解、同意（某些观点）或者是否想发言。
13. 其他（Other development）	有助于议题的发展，但没有被包含在以上编码里的内容。

发展话步阶段，首先会有一些同学运用解释或者观察话步回应第一个阶段提出的邀请话步，随后会有另外一些同学运用详细阐述、澄清等话步对上面同学的观点进行进一步的拓展和探索。在这个过程中，为了建立一种课堂过程的连贯感并确保每个人都有机会参与对话，师生们通常会采用承认、反对和检查话步。总结话步可以概括并巩固之前的贡献；辩护话步可以回应质疑和与其他人观点的分歧；告知话步提供没有被特别要求回答的信息，但是这些信息对解释阅读文本有一定的作用。

3. 评价话步

评价话步（evaluating moves）可以被细分为五个具体类型。简单的评价话步只包含教师或学生对前一个人所说的观点的欣赏或者接受，而没有详细的说明，除了这种简单评价，还有其他更为详细的评价，详见表5-5所示：

表5-5 评价话步的类型表

编码	具体意义
1. 反驳（Countering）	表示最初不同意他人对阅读文本的观点，通常会提出相反论点或引用文本的特定部分。
2. 挑战（Challenging）	要求某人为自己的观点提出证据或解释，如"你为什么这么说？"
3. 改变（Changing）	在他人观点的影响下，转变自己原来的观点。
4. 修改（Modifying）	接受他人的解释，修改自己的部分观点，包括教师的轻微的纠正。
5. 批准（Ratifying）	同意他人所说的话或对其做出积极的判断，包括极少量的详细说明，或重述先前观点或问题。
6. 其他（Other evaluation）	用于评估解释话步，但没有被包含在以上编码里的内容。

此外，怀疑和不同意有时通过挑战话步（例如"你为什么这么说"）和反驳话步（"我不同意"）来表达。讨论中，有些人的观点会被改变，完全同意挑战者的观点（改变），也可能仅仅做出部分修改，保留或改善自己之前的观点（修改），这些可能都被持不同观点的第三个说话者完成。

迈耶认为教育学研究者必须从对话参与者的目的、意义及其相互作用的方式（而不仅是语法和功能）来关注师生对话，即分析的重点应该从对话的序列结构转移到广泛的知识建构过程，在这个考察师生逐渐建构相互理解的过程中，人们将能够看到比"I-R-F"结构"镜头"所允许的更大，更复杂的结构，这三个阶段中的话步类型只有少数与之前的"I-R-F"结构重合，详见表5-6所示：

表5-6"F-D-E"结构的编码系统与"I-R-F"结构的异同表

文学解释的三阶段	每个阶段的具体话步类型
架构话步（3种）	提问、指示、邀请
发展话步（12种）	回答、阐释、详细阐述、观察、承认、反对、澄清、解释、证明、通知、总结、检查、其他
评估话步（5种）	评价、反驳、质疑、改变、修改、批准、其他

如表5-6所示，在师生共同建构知识的三个阶段的多种话步类型中，只有少数跟"I-R-F"结构重合。架构话步的类型与引发话步基本一致；发展话步除了简单回答，还有其他11种可能；评估话步除了评价，还有其他五种可能。"F-D-E"分析中，这三个话步并不是教师或者学生的专属，学生也能完成架构和评估话步，这取决于对话过程中的需要和时机。还能够进行量化指标的统计，例如对话中，教师和学生，谁做了多少次架构、多少次发展、多少次评价。①

（二）"F-D-E"的具体表现

在"F-D-E"结构中，没有教师和学生专属的话轮，教师或学生的话轮都能完成架构—发展—评价功能。有的情况下是教师架构起不同学生之间的对话，学生做出回应或者解释（发展），紧跟着的是教师的批准、挑战、反击或评价。详见下例所示：

对话5-9，《狐狸阿权》教学视频语料片段（小组讨论结束之后的汇报环节）

01 学生1：这是我们组柏××的，她说阿权看到葬礼，阿权的心情是觉得很"奇怪"，这个我没懂是什么意思？　　　　　　　　（Challenging 提问）

02 教师：他自己说一说，（面向柏××同学），你说说。（Inviting 邀请）

---

① Susan Jean Mayer. Analyzing Agency and *Authority in the Discourse of Six High School English Classrooms* [D]. Harvard University, 2006. 9-12.

03 学生2（柏）：他很奇怪兵十它们家谁：死了？ （Clarifying 澄清）

04 教师：嗯，这是你由这句话体会到的心情，是不是？ （Ratifying 批准）

05 学生2：嗯。 （反馈项目）

06 学生1：他说阿权看到兵十妈妈死了，阿权很后悔，我对他有不同的意见。 （Objecting 反对）

07 教师：嗯。 （反馈项目）

08 学生1：兵十妈妈死了，不是他看到的情景，他只是看到兵十妈妈的葬礼，我认为是，应该写，他看到的情景这一栏应该写成"无精打采"，他看到兵十"无精打采"的时候是兵十的妈妈死了，所以他很后悔。

（Elaborating 详细阐述）

09 教师：（点头）听清楚了吗？ （Ratifying 批准）

10 所有学生：清楚了。 （Acknowledging 承认）

语料5-9中，学生1对柏××提出了质疑（01），教师邀请柏××来回应（02），柏××进行了澄清（03），教师也批准了这个回答（04），学生又对柏××的观点提出反对（06），教师使用反馈项目（鼓励说话者继续说下去的"嗯"等词语）鼓励学生说下去（07），学生进行详细阐述（08），教师认为学生1的阐述有道理，进行了批准，并询问所有学生是否听清楚了（09），学生们表示听懂并认可了这个观点（10）。"F-D-E"分析的依据是师生所说的话在意义推进过程中的功能，观点在话语中流转、对峙、交锋、协商，最终形成对话者的一种共同理解。这种对话跳出了"I-R-F"结构的简单框架，具有以下特征：从话步归属来看，这三个知识建构阶段中的话步类型并非教师或者学生专属，而是可以由课堂上的任何人说出。从话步功能来看，不是简单的引发、回答、评价，而是出现了更细致的质疑—澄清—批准、反对—细化阐述—承认等话步，虽然还是三元结构，但其内核有了改变。从参与者角色来看，教师不再固定承担引发和评价的角色，引发和回答可以直接在学生之间发生。从话步流转的内在动力来看，话步的流转不再仅仅依赖"I-R-F"的结构惯性，而是受不同参与者之间观点的分殊、融合形成的张力的驱使。在这个过程中我们看到，学生之间通过更加自主地对话，发展出了对问题更加深入的认识，深度学习逐渐发生了。

"F-D-E"结构还突破了传统"I-R-F"结构中固有的话步归属，使得话步更加自由地在师生之间流转。传统的"I-R-F"结构是一个双边参与的对话，教师是参与对话的一方，学生（个体和集体）是另一方，双方的话步归属是固定的，如图5–5所示：

```
                    ┌──────────────┐
                    │ 群体学生齐答R │
┌──────────┐        └──────────────┘         ┌──────────┐
│ 教师引发I │ ───→       或者       ───→      │ 教师反馈F │ ───→
└──────────┘        ┌──────────────┐         └──────────┘
                    │ 单个学生回答R │
                    └──────────────┘
```

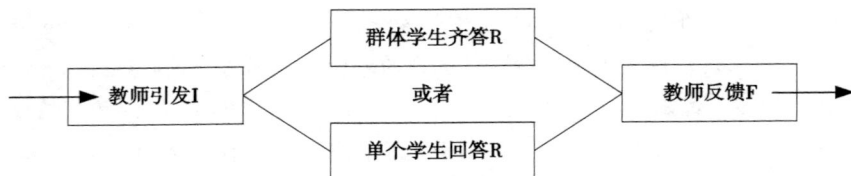

图 5-5 传统"I-R-F"结构中的话步归属分析图

由于师者的身份以及课前的教学设计，教师在课堂上天然拥有引发话步，能主导教学走向，并决定了每个时间节点上的对话主题的权力。由于教师在专业领域"知之在先，知之较多"，具有评判学生答案对错的权力和能力，因此天然拥有评价话步的权力。学生们作为被引导、被教育的对象，有义务回答教师的问题并接受评判，因此只拥有回答话步。学生的这个话步被"嵌入"到教师的引发和反馈中去，对话步的内容和交接都不能自主，这种话步的固定归属使得传统"I-R-F"结构呈现封闭的、线性的、公式化的特征。

在使用"学习指南"的课堂上，时间往往被切分成段状，在学生汇报环节，师生对话更容易出现"F-D-E"结构，并形成多边参与的形式，对话中的话步归属不再固定，如图 5-6 所示：

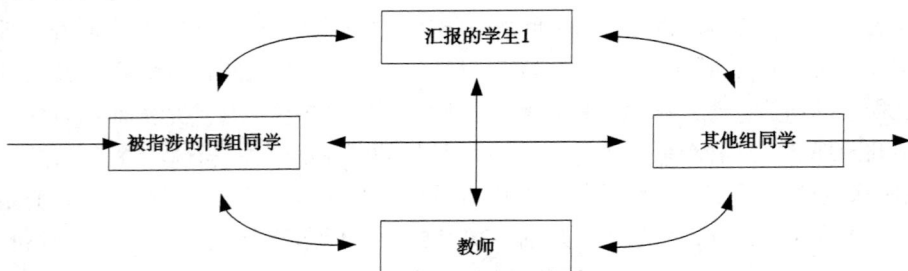

```
                    ┌──────────────┐
              ↙      │ 汇报的学生1   │      ↘
          ↙          └──────────────┘          ↘
┌──────────────┐            ↕            ┌──────────────┐
│ 被指涉的同组同学 │ ←─────────────────→ │  其他组同学   │ ──→
└──────────────┘            ↕            └──────────────┘
          ↘          ┌──────────────┐          ↗
              ↘      │    教师      │      ↗
                    └──────────────┘
```

图 5-6 多边参与的课堂对话中的话步归属分析图

图 5-6 呈现了语料 1 中的多边参与形态，虽然对话者还是教师和学生，但是在具体的场景中却分化出了四种身份：汇报的学生 1、教师、被指涉的同组同学、作为听众的其他组同学。这段对话发生在小组汇报环节，小组汇报的形式奠定了课堂上多重身份的参与者交谈的场景基础，将四种身份的人置于对话的不同位置，提升了对话的丰富性、开放性和交互性。这种多同伴讨论能以与老师交谈所不能的方式激发学生学习。原因是学生通常更能够理解和应对同伴思维带来的挑战。由于同龄人的主张并不像成年人的主张那样具有最终的权威性，因此孩子们更经常受到启发去辩论一件事，这有助于他们加深和澄清自己的推理基础。最后，当同龄人辩论真理的来源时，他们就成为真理的来源，学

生们对自己解决问题的能力产生了信心。^①

第二节 权力关系——课堂对答中话轮的获得与转换

"依照轮次进行"这个法则渗透于社会生活的方方面面，例如体育比赛、交通运输以及言谈应对等。人们有意识或者无意识去顺应的这些对话规则反映着微型的社会组织结构。对话中的"话轮转换机制"控制着话轮的获得与转换，这种机制是对"说话权"这种稀有资源的调控。对课堂上师生话轮的获得与转换方式的研究，实际上是在探讨师生在课堂上的说话权利。

课堂对话中的权利和义务是明显不对称的，在这种不对称的话语系统中，师生取得、保持、转换话轮的方式都是明显不同的。

一、课堂对答中师生获得话轮的方式

日常对话中，参与者可以平等地自选为下一个说话者，先开口说话的就能得到说话机会。但是在师生对话中，教师可以随时自选为下一个说话者，学生却必须伴随着严格的自选程序，接受教师的筛选并得到提名后才能说话。

（一）教师获得话轮的方式：随时随地开口说话

说话机会，即谈话者获得话轮的机会是说话权利最重要的组成部分，课堂上师生说话权利的最大的差别就在于是否能自主开口说话。

1. 教师可以随时随地主动开启话轮

课堂上，教师可以在任何时间、教室的任何地方、以任何音量、对任何一个学生说话，并且学生没有权利反对。相对而言，学生只能在获得教师的提名之后、站在自己的座位上、以中等音量（让老师和其他同学都能听到）、面向教师和其他同学开口说话。这种获得话轮机会的差别体现了师生说话权利上的差异。教师与学生之间，说话的机会也是互相流转的，教师话轮的结尾通常是一个问题，说完之后，教师就会发出话轮已经结束的信号，例如停止说话，注视学生等。早已习得课堂对话机制的学生们对这些信号异常敏感，甚至已经达到了自动化的程度，当教师发出话轮结束的信号时，学生就会十分配合地举手了。

2. "I-R-F"对答结构赋予教师的结构性权力

"I-R-F"对答结构是课堂对话的默认结构，绝大多数情况下，教师独享引发话轮和反馈话轮，全班学生共享回答话轮。这个课堂对话的默认结构赋予了

---

① Susan Jean Mayer. Analyzing *Agency and Authority in the Discourse of Six High School English Classrooms* [D] .Cambridge:Harvard University, 2006: 9-12.

教师许多的结构性权力。

（1）教师独享引发话轮

在日常对话中，争取成为对引发语的发话者是成功的对话者应该采取的技巧之一。在课堂上，教师天然拥有并独享引发话轮。并且引发话轮中"提问"行为对应答语的限制力就比较强，如果教师进行了"提问"，学生不"回答"，就会让人觉得很奇怪或者很失礼。课堂对话中，教师是唯一的引发者。在 D 小学的某些教学视频中，教师问学生，看完课文后"把你不懂的地方提出来"，学生们纷纷提出了课文中自己不懂的地方，但是这应该看作是对教师这个问题的应答而不是学生针对教师的引发。

（2）教师独享反馈话轮

在课堂教学默认的"I-R-F"结构中，教师拥有反馈话轮 F 也是一件"不言自明"的事情。反馈话轮最能体现教师作为"师者"的角色特征，因为教师常常是通过"反馈"来进行教学的，在内容方面，告诉学生那些观点要保持，那些需要被更正，实现"教书"的目的；在社会情感方面，也通过反馈称赞、鼓励学生，帮助学生提升自我效能感，实现"育人"的目的，可以说课堂教学的价值很大程度上是通过"反馈"实现的。

（3）教师可以随时打断学生获得话轮

大部分时候，教师在学生的应答话轮结束之后开启反馈话轮，但是，实际上教师有权力在任何时候开启这种反馈，比如在学生的应答还没有结束的时候开启，打断学生的应答话轮，从而形成"未完成话轮"。课堂上，教师的引发通常指向他心理的一个比较明确的答案，如果学生的应答语和教师的期待相差甚远，就容易被教师打断。如下例所示：

对话5-10，《狼牙山五壮士》教学视频语料片段

01 教师：这几句话主要描写了狼牙山五壮士中的哪一位？张 ×！

（引发 I_1）

02 张 ×：主要描写了……嗯……　　　　　　　　　　　（回答 R_2）

03 教师：＝你大点声。　　　　　　　　　　　　　　　（指示 D_1）

04 张 ×：＝主要描写了……　　　　　　　　　　　　　（反应 R_2）

05 教师：＝你坐下，接着考虑，叶 ×？（转向下一个叫叶 × 的同学）

（反馈 F_1）

上例中，教师引发了一个问题，话轮 02 是学生第一次应答，被老师打断了，因为声音太小，形成了一个未完成话轮；话轮 04 是这个学生第二次应答，又被老师打断了，因为老师感觉她不能说出正确的答案，而不愿意等待了，形成了第二个未完成话轮，老师立刻把下一个说话者的机会分配给了其他同学。

在一个总共只有5个话轮的对话中，由于教师打断，形成了两个未完成话轮，这种对话让人感觉到教师的权威、引发语对应答语的强烈限制、课堂上紧锣密鼓的节奏和师生之间不太平等的关系。

教师直接打断学生，会侵犯学生的积极面子和消极面子，D小学新课程改革之前的视频中，有个别教师会打断学生，但是新课程改革以后，教师有意识地在对话中建构更加平等的师生关系，因此较少能观察到教师的直接打断行为了。对D小学学生的访谈也证实了这一点。这个小学生2016年入小学，正是深化课程改革时期的小学生。当研究者问道"如果学生的答案明显不是教师期待的那样，教师会打断学生吗"，学生回答说"那不会，他会等你说完，然后跟你说你那里有问题。"（D小学H同学）

（二）学生获得话轮的方式：举手自选等待提名

课堂对话与日常对话最显著的区别在于学生获得话轮的方式。学生在课堂上获得话轮的方式有两种，一种是正常的自选方式，另一种是非正常的自选方式。正常的自选方式指的是学生话轮的取得必须要经过一个"投标—筛选—提名"的程序。非正常的自选方式指的是学生在教师的话轮未完时介入，打断教师，获得说话机会。

1.学生获取话轮的正常自选方式

课堂上学生举手自选成为下一个说话者的程序主要包括两个步骤，第一，教师提问结束以后，发出放弃话轮的信号，学生举手自选成为下一个说话者。第二，教师在举手的学生之间进行筛选，然后指定下一个说话者。学生通过自选获取话轮的时候，常常要发出信号，告诉教师自己有话想说，这些信号主要包括：直视教师、明显吸气、口部肌肉的紧张和活动、身体有不同程度的紧张、身体的突然前倾等。D小学的课堂上，学生自选成为下一个说话者的方式包括以下几种：

（1）学生举手并注视教师

课堂上，学生使用的最频繁的自选方式是举手，当教师引发完一个问题之后，就会发出放弃话轮的信号，比如停下言语，使话论末尾有1秒以上的停顿；或者停下手里的其他动作，用询问的目光看着学生。学生接收到了这个信号之后，想说话的学生通过举手和直视教师的方式发出索取话轮的信号，教师在其中选择一人为下一个说话者。

通过分析不同教师的教学视频能够发现，虽然举手是学生使用最频繁的自选方式，但是不同的课堂上，学生举手的姿势是有差别的。在表情严肃、肢体动作比较少的教师的课堂上，同学们都是手肘放在桌上，举起小臂，显得非常整齐。

但是在比较爱笑、本身肢体动作也比较丰富的教师的课堂上，学生们有的斜举着手、有的半弯着手臂，有的努力把手往高了举，大半个手臂都越过了头顶。

（2）学生"注视教师＋举手＋喊老师"

学生自选成为下一个说话者的方式与教师的个性特征、师生关系、问题的难易程度、课堂心理气氛等密切相关。在教师比较随和，师生之间关系比较平等，课堂心理气氛比较宽松，并且教师提出的问题比较有吸引力的情况下，可能会出现多个学生一边举手，一边叫老师，希望老师选择自己成为下一个说话者。详见下例图文所示：

对话5-11，《灰雀》教学视频语料片段

01 教师：那么同学们回头再看这篇课文。你猜想一下，王老师和刚才这位同学。为什么要把一个简单的"爱"字写在黑板上呢？你都从这里面看出了谁对于谁的"爱"。

02 学生：老师！老师！老师！

综合运用多种方式自选，说明学生迫切地想回答问题，也说明了课堂气氛比较宽松、热烈。课堂心理气氛"是师生在课堂上共同创造的心理、情感和社会氛围"。[1]这一与情感有关的过程能以心境的形式加强或抑制认知过程的效率，是课堂教学至关重要的部分。对师生对话的状态和效果十分重要，在提升课堂教学效率的相关研究中应该引起重视。

（3）学生"注视教师＋举手＋喊老师＋站起来"

在课堂气氛更为宽松的课堂上，学生们会采用"注视＋举手＋喊老师＋站起来"的方式自选成为下一个说话者。详见下例图文所示：

对话5-12，《七子之歌》教学视频语料片段

01 教师：对了，那梦寐不忘是什么意思？

02 学生：老师！老师！老师！∷∷（三四个学生边举手，边喊"老师"，有两个学生甚至站了起来）

03 教师：我知道了，大家一起说。

04 学生：＝做梦也忘不掉！（齐声）

———————————

① 宋广文,窦春玲.课堂教学心理气氛及其教育作用[J].教育科学,1999(02).36.

这段对话中，学生自选成为下一个说话者的时候，除了眼神注视教师、喊老师引起老师的注意，还通过站起来的方式吸引老师的注意。课堂上那些严肃的"身体程序"在学生努力地想要表现自己时，有了一些"缝隙"。在此，我们也能看到学生的略微增强的自主性在身体实践中的表现。

（4）学生"注视教师＋举手＋喊老师＋站起来＋走下座位"

一些气氛更为宽松的课堂上，当学生想自选成为下一个说话者时，纷纷采用多种方式吸引教师的注意，甚至出现了走下座位的情况。在《灰雀》这个课堂教学视频中，讲到《灰雀》最后一段时，教师播放了灰雀叫声的音频，请同学们想象一下，它们在说什么。详见下例图文所示：

对话5-13，《灰雀》教学视频语料片段

01 教师：有的同学说了，灰雀又回来了，三只灰雀又欢蹦乱跳的在枝头歌唱起来了，同学们，你听懂它们刚才说什么了吗？

02 学生（齐声）：听不懂↑

03 教师：我们再听一遍好不好？（再次播放灰雀叫声的音频）这次要认真听，它们在说话呢 -

04 学生：老师↑，老师↑：：（学生边举手，边喊老师）

05 教师：人家（指灰雀）还没说完呢。

06 学生：老师，老师↑：：（学生边举手，边叫老师）

07 教师：你来 -

08 学生：我听见了另外两只灰雀，对那只深红色胸脯的灰雀说："你总算回来了，我们可想你了。"

09 教师：＝"真的好想你"，是不是？你来 -

这段对话中，学生用了多种方式引起老师注意，希望自己能被选为下一个说

155

话者，有两名学生甚至高举着手走下座位。下座位这个行为比较特殊，在传统的课堂上，学生几乎是被固定在座位上的，学生与座位的关系只有三种：坐在座位上（包括调整方向跟同桌和前后桌讨论）、站在座位上回答问题、在教师的指令下离开座位到讲台。除此之外学生是不被允许随意移动自己的位置的。学生举手时下座位这种行为虽然微小，但是反映了在课堂心理气氛比较宽松的课堂上学生开始更加自主地支配自己的身体引起老师的注意，从而获得说话的机会。

（5）学生自选时的重叠现象

学生自选成为下一个说话者时，经常会出现重叠现象，重叠的原因主要有两个，第一是教师未选择下一个说话者时，学生们竞相开口说话、争夺话轮。第二个原因是师生对转换关联位置判断失误，下一个说话者提前开口说话造成的。如下例所示：

对话 5-14，《灰雀》教学视频语料片段

01 教师：不过老师还有一个问题，列宁爱灰雀，男孩就不爱灰雀吗？

（引发 I_1）

02 学生群体：爱：↑老师！老师！老师！ （举手自选）

03 教师：你说↑ （教师指定下一个说话者）

04 学生：我觉得男孩也爱灰雀，因为就是他不爱灰雀的话，他为什么把灰雀捉回家里呢 - （应答 R_1）

05 学生群体：老师！老师！老师我知道！ （举手自选）

（这个女生直接站了起来，但是老师没有叫到她，而是叫了前排的男孩，这里老师可能考虑到了课堂纪律的问题）

课堂对话是多人参与的机构对话，除了齐答的时间点，学生都被分成了两部分，一部分是被教师选择的说话者，剩下的是听众。也就是说，几乎所有的时间里，当一个人（可能是教师也可能是学生）说话的时候，其他人都是听众。很少出现重叠的情况，但在学生自选举手时，出现了重叠，并且声音比较嘈杂，有的学生直接说出了答案"爱"，其他学生则一边举手一边通过喊"老师"引起老师的注意。某一学生的回答 R1 结束之后，教师还没来得及反馈，作为听众的学生们就继续举手自选，又造成了对话重叠。

2. 学生获取话轮的非正常自选方式

非正常的自选方式是指学生在教师的话轮未完时介入，打断教师，获得发言机会的情况。从打断的动机来看，包括故意打断和非故意打断；从打断的效果来看，包括合作型故意打断和非合作型故意打断。[①] 在课堂心理气氛比较宽松的课堂上，一些学生急于表达或者补充自己的观点，会直接举手或者开口说话，造成打断教师的情况，如果学生没有反驳老师的意愿，主要是为了补充自己的观点，这种打断就属于合作型打断，如果学生只是判断错了教师的话轮转换关联位置，而不是故意不想让教师说下去，这种打断就属于非故意打断。课堂上学生的打断以合作型非故意打断为主，详见下例所示：

对话 5-15，《灰雀》教学视频语料片段

01 教师：看来都读完了，你读懂了什么？读懂了一个地方或者一个词语都可以，那就是你的发现，是不是？老师只发现了 5 名同学举手，其他同学呢？你先来 -　　　　　　　　　　　　　　　　　　　　　　（引发 I_1）

02 学生（王 ×）：为什么小男孩告诉列宁灰雀没有死，为什么又不敢讲了。
　　　　　　　　　　　　　　　　　　　　　　　　（应答 R_1/ 引发 I_2）

03 教师：好的，你提出了一个问题，很好，有没有能解答他这个问题的？
　　　　　　　　　　　　　　　　　　　（架构）（反馈 F_1/ 引发 I_3）

04 学生：我！我！（多个学生边举手边争夺话轮，出现了短暂的重叠）
　　　　　　　　　　　　　　　　　　　　　　　　　　　（学生自选）

05 教师：你来↑　　　　　　　　　　　　　　　　　　　（提名）

06 学生：我想解答一下王 × 刚刚说的那个问题。我感觉应该是男孩他说一定会飞回来的。我觉得男孩可能是看灰雀很好，所以就把它关起来了，然后他又看列宁那么喜欢灰雀，所以第二天他又把灰雀放出来了。　　　（应答 R_3）

07 教师：哎，你说得挺好，不过：：　　　（反馈 F_3，未完成话轮）

08 学生：＝所以↑他不敢讲，因为他怕列宁说他。
　　　　　　　　　　　　　　　　　　　　　（应答 R_3 打断老师）

09 教师：哎，你说得非常好。老师发现你是一个非常会学习的孩子，但是呢，我还要考考你，你说这句这只灰雀被男孩捉走了，有依据吗？
　　　　　　　　　　　　　　　　　　　　　　（反馈 F_3/ 引发 I_4）

10 学生：我觉得男孩说他知道，但是他又不敢讲，他看见了他却不敢讲。他告诉列宁灰雀没有死，那就表示他看见灰雀了，但是他又说他没看见，所以我觉得他这是在撒谎，然后列宁又问他灰雀会不会飞回来？男孩回答说一定会

① 刘虹 . 会话结构分析 [M]. 北京 : 北京大学出版社 ,2004.82.

飞回来的。男孩这么肯定地说，所以我觉得，所以我觉得男孩是把灰雀给带回去了。看见列宁这么喜欢灰雀。所以他又把灰雀放出来了。

（应答 R_4）

11 教师：好的，你是说男孩是受了列宁的感染，是吗？老师发现了，结合课文中的语句，来解决课文中的问题，是学习语文课一个非常好的办法。

（反馈 F_4）

在这段对话中，话轮 06 和话轮 08 是对话轮 02 的回答，话轮 02 中，学生引发了一个问题"为什么小男孩告诉列宁灰雀没有死，为什么又不敢讲了"。这个话轮其实共有前后两个问题，第一个是"为什么小男孩告诉列宁灰雀没有死"，第二个问题是"为什么又不敢讲了"。学生的话轮 06 主要回答了第一个问题。话轮 07 教师对话轮 06 进行了评价，"哎，你说得挺好，不过：："，话还没说完，学生意识到自己还没答完，急于表达自己剩下的想法，就打断了教师，开启了话轮 08 "＝所以他不敢讲，因为他怕列宁说他"。老师看到学生开口，立刻让出了话轮，形成了一个未完成话轮。在课堂这种正式的机构对话中，"打断"会被认为是一种不礼貌的行为。反馈是教师的专属权利，可以看作是教师的领地，学生打断教师的反馈就是侵犯了教师的消极面子（领地）。但是这段对话中，学生打断了教师，教师立刻让出了话轮，并没有因为自己被打断而生气，而是评价学生"你说得非常好，老师发现你是一个非常会学习的孩子"，表示出了宽容鼓励的态度。这说明 D 小学的课堂上，教师在观念上逐渐不把自己当成权威，师生之间的关系也渐趋平等，师生之间可以比较平等地交流。

二、课堂对答中师生保持话轮的方式

课堂对答中，只要教师愿意，就可以一直保持话轮，而学生在回答完问题之后，说话的机会就自动回答教师手中。

（一）教师保持话轮的方式：可以随意保持话轮

"I-R-F"是课堂"默认"的对答结构，在这个结构中有三分之二的话轮是属于教师的，这是教师作为课堂对话强大的参与者的权利。因此一节课上，教师个人占据了整节课 50% 甚至以上的话语量，所有学生共享剩下的 50% 左右的话语量。这从课堂对话中教师和学生话轮参考点的数量可以看出来，如图 5-7 所示：

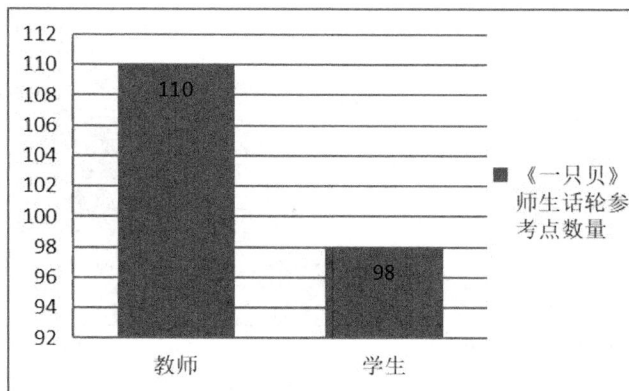

图5-7《一只贝》教师和学生话轮参考点数量图

通过使用 Nvivo 对《一只贝》这个课堂教学视频的转录稿进行逐句编码，发现这节课共有 208 个话轮，其中教师有 110 个话轮，所有学生共有 98 个话轮。教师话轮的总数比所有学生加起来还要多一些。

在使用 Nvivo 对语料进行编码时，Nvivo 不但能够标记话轮的数量，还能基于每个话轮的长度，标记每个话轮在文本中的覆盖率，《一只贝》这个课堂教学视频中，教师和学生话轮总数的覆盖率如图 5-8 所示：

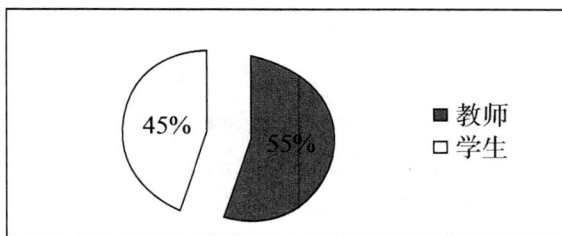

图5-8《一只贝》教师和学生话轮参考点覆盖率图

在《一只贝》这个课堂教学视频中，教师话轮参考点的覆盖率比学生多了约 10%，即教师的话语量比所有学生的话语总量多了 10%。随着课堂教学改革的逐渐深入，很多教师有意识地控制了自己话轮的数量。通过统计 D 小学新课改前后课堂教学视频中教师的话轮总数发现，新课改之后的单个教学视频中，教师的平均话轮数量有所下降。如图 5-9 所示：

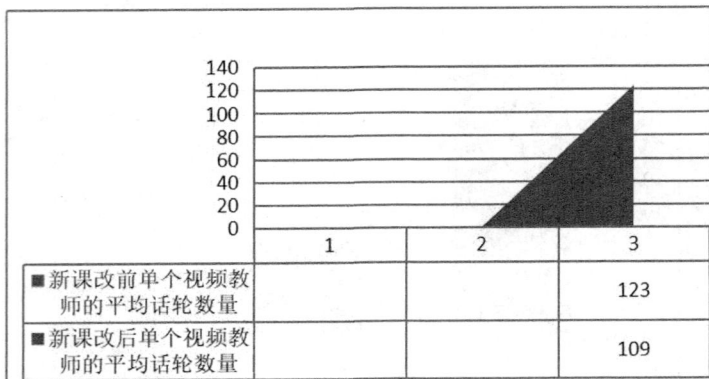

图 5-9 新课改前后 D 小学教师话轮数量变化图

如图 5-9 所示，新课改前，单个教学视频中教师的平均话轮数量为 123，新课改以后，单个教学视频中教师的平均话轮数量为 109，教师课上话轮总量的平均值下降了 12%。这说明，教师群体可能有意识地控制了自己说话的数量，把更多的时间留给了学生。也有可能是新课改之后，课堂上教师给予了学生更多自主阅读、小组讨论的时间，直接用于教师和学生群体之间对答的时间变少了，因此教师的话轮数量下降了。

（二）学生保持话轮的方式：避免出现放弃话轮的信号

通常情况下，在"I-R-F"对答结构中，学生回答完问题之后就会停下来，默认说话的机会回到教师的手中。这种"I-R-F"对答结构通常适合呈现"事实性"知识，形成的课的类型也是卡兹登所说的"背诵式"（recitations）的。在以"I-R-F"对答为主的课堂上，学生可能从未想过如何保持话轮，或者说保持自己说话的机会，因为在"I-R-F"对答结构中并不需要。但是在面对非事实性的知识，或者说不规则的问题时进行的讨论则需要学生学习保持话轮的技巧。

刘虹认为，如果学生（说话者）认为自己要说的话比较长，应该使用一些保持话轮的技巧包括：第一，在一个句子完成后，紧接着使用一些表示句子尚未完成的连接词，例如"但是，还有，而且"等；第二，句与句之间的衔接紧凑；第三，加快语速；第四，提高音量、音强；第五，避开潜在介入者的目光。如果被强行打断，可以采用"先听我说完""我马上说完"等方式保持话轮。[1]

三、课堂对答中师生交接话轮的方式

正常的对答中，话轮是在说话者之间自由流转的，在话轮中会出现多个转

---

① 刘虹 . 会话结构分析 [M]. 北京 : 北京大学出版社 ,2004.101.

换关联位置（TRP），每一个转换关联位置都可能发生话轮交接。话轮的交接一般包括以下几种情况：第一，当前的说话者主动选择下一个说话者；第二，当前的说话者未选择下一个说话者，别的对话参与者自选为下一个说话者。这里包括两类具体的情况，第一种情况是，下一个说话者正常自选成为下一个说话者，即在当前说话者的转换关联位置之后自选成为下一个说话者；第二种情况是下一个说话者以非正常的方式自选成为下一个说话者，即当前说话者还没说完，被人打断，被动完成了话轮交接。课堂对话中师生话轮交接的方式和日常对话有所区别。

（一）教师交接话轮的方式："I-R-F"惯性之下的主动选择

在师生所处的"不对称"的说话系统中，师生话轮交接基本上是依据"I-R-F"对答结构这个课堂对话的"默认机制"自动完成的。在这个机制中，教师可以随意开启话轮，学生则需要通过一个严格的举手程序获得说话机会。学生"举手"（投标）—教师筛选举手者并提名—学生站起来回答问题—坐回座位。这个复杂的过程以一种近乎自动化的、师生自身都难以察觉的方式快速完成，并沉淀成为课堂场景中最具特色的"身体惯习"。教师也可以随时随地保持话轮，而学生保持话轮的机会仅限于说话的那几秒，学生回答结束后，默认说话机会回到教师手中，这是课堂话轮交接机制中的另一种"惯习"。这两个话轮转换关联位置（Transition Relevance Place，简称TRP）与环环相扣的"I-R-F"结构结合，构成了整个课堂话轮交接机制，如图5-10所示：

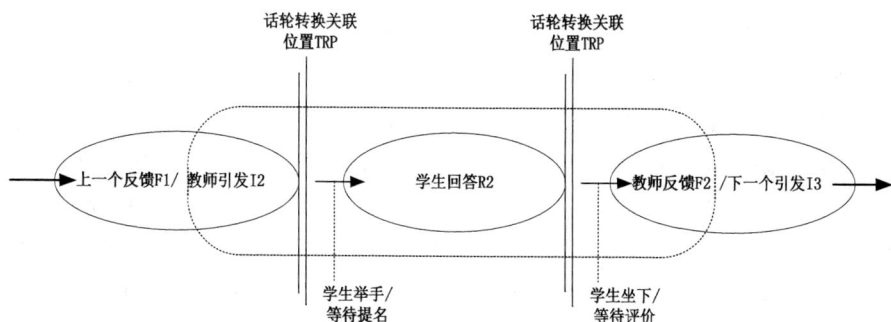

图5-10 "I-R-F"结构惯性之下的课堂话轮交接机制图

实际的对话场景中，教师话轮常常包含两个话步：上一个反馈F1和下一个引发I2。引发话步I1结束后，默认让出说话权，形成一个明显的话轮转换关联位置TRP，被提名的学生回答结束后（R2），也默认让出说话权，又形成一个明显的话轮转换关联位置TRP，教师接住说话机会开始反馈F2，然后开启下一个引发 I3。习得了这个话轮交接机制的学生清晰地知道"固定"的话轮转换关联位置的时机，总能在正确的时候自选成为下一个说话者，并在合适的时候交还说话权。这个话轮交接机制具有强大的惯性，一旦人进入课堂场域，人就会不自觉地被纳入其中，一年级之后的小学生都习得了这种机制。

教师拥有被身份赋予的"话语自主权"和对整个对话的"话语控制权"，因此在整个话轮交接机制的惯性之下仍然拥有主动选择的权利。这种主动性主要表现在三个方面。第一，教师能自由决定何时开始引发，教师完成引发话轮之后（引发话轮通常以问句结尾），就会释放出话轮结束的信号，包括停止说话、看着学生等。第二，教师能决定选择哪位学生回答问题，也就是把下一个话轮交给谁。当教师释放出话轮结束的信号之后，熟悉了课堂对答规则的学生，就会举手自选成为下一个说话者，然后教师从中指定下一个说话者。课堂上，只有教师一个人有权力指定下一个说话者（学生），学生不经过这个程序开口，可能会被视为不遵守课堂秩序。日常对话中，话轮交接是对话各方根据会话规则和具体语境"共同决定"的。即如果当前的说话人没有直接指明下一个说话者，每一个参与者都有权力自选成为下一个说话者，通常是先开口的人先得到说话的机会，并且每一个说话人都有权力制定下一个说话者。大部分时候，如果学生对教师话轮的转换关联位置判断错误或者急于表达自己，打断了教师，有的教师会把说话的机会让给学生，有的教师则不会，因为不想因为这种"意外"影响自己的教学进度。第三，教师可以选择何时开始反馈，在师生关系更加不平等的课堂上，教师可能会出于各种原因在学生没说完话的时候就开始反馈，形成打断行为。

（二）学生交接话轮的方式："I-R-F"惯性之下的无意识交接

学生的话轮是"I-R-F 结构惯性之下的课堂话轮交接机制"中的一环，所以学生的话轮交接是在这个机制下"自动"完成的。当学生结束回答之后，就会坐回座位，默认说话机会回到教师手中，当教师再次引发时，学生才能再举手投标争取下一个说话机会。学生的话轮交接依赖这个话轮交接机制的结构惯性，他们本身没有自主交接话轮的权力。这种话轮交接机制经过百年传承已经沉淀为了一种课堂文化，一年级之后的小学生都习得了这种话轮交接机制。

但是 D 小学的课堂心理气氛整体上比较宽松，有的时候也会出现学生非正常索取话轮的情况，有的教师会把说话的机会直接让给学生，有的则会制止学生，这取决于师生对话的公式化水平。课堂对话中，教师是强大的参与者，学生是不强大的参与者。完全被强大的参与者教师控制的对话属于"公式性"的对话，参与者之间完全平等的对话属于"自由讨论"，从完全的"公式性"对话到完全平等自由的讨论之间构成了一个说话权渐趋平等的连续体，如图 5-11 所示，从左向右，对话中强大参与者的控制程度逐渐降低，不强大的参与者的说话权力逐渐增大。

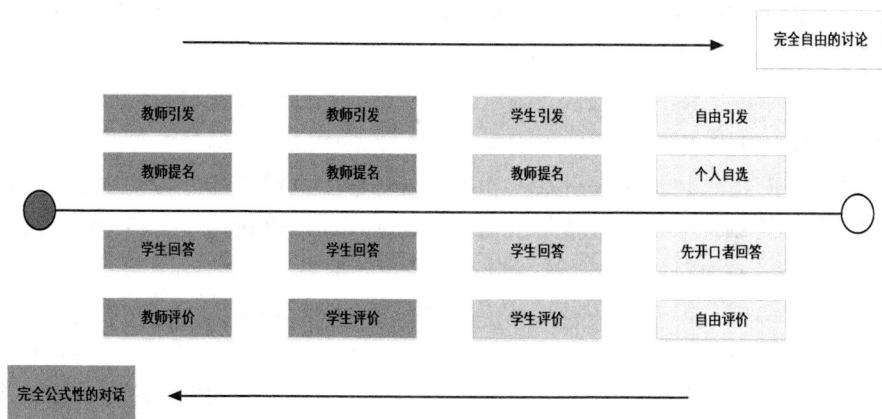

图 5-11 从完全公式性对话到自由讨论之间的连续体图

最左端是由强大的参与者（教师）控制的完全公式化的对话，典型代表就是以"I-R-F"结构为核心的话轮交接机制，话轮交接依赖"I-R-F"的结构"惯性"。角色关系上，教师处于支配和控制地位，学生是被动应答者。中间形态主要是学生主导的"I-R-F"结构，这类结构中，引发、回答和评价的人既可以是教师也可以是学生。话轮主要在学生之间流转，但需要老师提名，话轮交接机制以教师为中介。角色关系上，学生在教师的授权下成为引发者、应答者或评价者；教师作为组织者和补充者。最右边是完全自由的讨论，引发、回答和评价话轮可以属于参与对话的任何人，话轮在所有参与者之间自由流转。角色关系上，参与者之间没有明显的角色差别；所有参与者凭借说话技巧获得和保持话轮；每个参与者自主成为引发者、应答者或评价者。

由于 20 多年的新课程改革，"自主、合作、探究"的学习理念已经对课堂产生了一些影响，D 小学的教师们有意识地降低了师生对话的公式化水平，给予学生更多说话的机会与权力，创设了一些校本课程，这些课程的大部分时间是以学生的分组自由讨论为主的，例如"话说长城""猜猜我的宝物"等。

第三节 本章小结

一、课堂对答中话轮的组织形式

卡兹登指出，"任何一种事件结构只适合某些教育目的"，即没有一种对话结构能够适应所有的教育目的，因此课堂话语研究的一大任务就是探索适合不同教育目的课堂对答结构的类型，实现言谈的形式和教学功能两者的契合。D小学由于多年来坚持课堂改革，课堂上出现了话轮组合成的多种课堂对答结构。

首先最为普遍的仍然是"I-R-F"对答结构，这是各学段的教室言谈中的"默认"结构。根据主导者的不同，这种对答结构可以具体分为三类：第一种是教师主导的"I-R-F"，包括教师引发—学生回答—教师反馈三部分；第二种是中间型的"I-R-F"，教师引发—学生回答—学生反馈三部分；第三种是学生主导的"I-R-F"，包括学生引发—学生回答—学生评价三部分。在学生主导的"I-R-F"对答结构中，学生获得了更多的说话权利，也获得了一些分配话轮的机会。随着课堂改革的深入，这种对答类型逐渐增多。

第二是省略反馈 F 的 IR 对答结构，在师生的齐答部分、一个主题相关组内或者在教师得到"非如意应答"时都会出现"IR"对答结构，"IR"对答结构所占的比例比较少。第三个是"回音"对答结构，回音结构的特殊之处在于这个结构的第三话轮本来应该是反馈 F 的，此时变成了 Rv，即教师使用逻辑连接词＋指示代词＋认知动词＋改述了学生的观点，因此对答结构变成了"I-R-Rv-E"。回音对答结构包括以下优点：突出了应答学生对某些观点的原创性；学生需要回应老师，"是还是否"，这种回应需要经过思考并伴随论证；回音明确了学生之间的"一致"或者"不同"的立场，使原本不直接对话的两个学生有了对话的空间；回音面向全班同学，拓展和澄清了学生的表述，为那些作为听众但是具有同样困惑或者问题的学生澄清了观点。第四个是架构—发展—评价（F-D-E）对答结构，"F-D-E"是基于对话功能而不是基于语法的编码，编码系统概念化为合作建构知识的三个阶段：架构—发展—评价。整体来看，在 D 小学的课堂上，师生之间的课堂对答结构朝着多样化的方向发展，师生对答过程的交互性和开放性逐渐增强。

二、课堂对答话轮转换中的权力关系

课堂对话是一种不对称的说话体系，教师是其中强大的参与者，学生是其中不强大的参与者。在这种体系中，师生获得、保持和交接话轮的方式都与日常对话不同。

由于教师是强大的参与者，因此教师可以随时随地开口说话。而学生则必须等候教师的筛选和提名。课堂上也出现了少量的非合作型故意打断，例如，学生急于表达自己的想法打断了教师。以及非故意打断，即学生对教师话轮中的"转换关联位置"判断错误，当教师还在说话时，就发出了索取话轮的信号，最常见的是"举手"，教师看到后，主动放弃了正在进行的话轮，把说话的机会让给了学生。并且随着课堂教学心理氛围逐渐变得宽松，随着师生之间的交流渐趋平等，学生回答时严格的身体程序也出现了一些松动。

教师可以随意保持话轮，学生没有权力干预，只要教师愿意，就可以一直说下去，而学生如果要保持话轮，就必须避免出现放弃话轮的特征并采用一些保持话轮的具体策略。课堂上话轮的交接也由教师控制，教师可以随意主动选择下一个说话者，完成话轮交接，而学生的话轮交接多数是在"I-R-F"对答结构的"惯性"之下无意识地完成的，即学生回答完问题之后，话轮就默认回到教师手中。

课堂对答作为一种专业的机构对话，对话参与者的身份和专业性上的差异造成了话语权和说话机会的不均等。在受到传统文化习惯影响的课堂文化上，这种不均等表现得更为明显。新课改前，受传统影响，课堂上一直存在一种鼓励"听话"的课堂文化，这里的听话有两重意思，一是学生要"听老师说的话"，遵循教师的指示行动；二是要安静地听老师在说什么，记住老师所说的知识。这种"听话"的课堂文化对课堂对答的组织形式和权力关系都产生了重要影响。20世纪60年代，好学生的标准是"5分+绵羊"。研究者访谈过一位老教师F，他1965年上小学，当时老师眼里的好学生标准是作业和考试中得到"5"分，还要听老师话。"我们作业评价和考试评价都是5分制，5分制来自苏联，后来和苏联关系不好了，才改了百分制。绵羊就是要听话，不用有自己的想法，也不能犟嘴，要不可能会挨打"（F教师）。当时的课堂上，教师拥有绝对的话语权，学生不能跟老师"犟嘴"，犟嘴是强辩、顶嘴的意思，即说出跟教师意见不同的内容。这个词多用于较高话语权者对较低话语权者，例如：上司对下属，长辈对晚辈，年长者对年幼者。具体使用条件则指较高话语权者被较低话语权者辩驳得无言以对时，则会说小辈"犟嘴"，用这个词为自己强辩，通常为训斥的语气。[①] 教师用这个词，也说明了教师不允许学生的不顺从。当时的课堂文化要求学生绝对顺从，即"听话的就是好学生"。"我们那个时期，教学很乱，但是老师讲的话我记得很清楚，上课注意听讲，不要做小动作，先举手后讲话，不要抄作业等，上课时，听话的就是好学生"（F老师）。当时课堂上，除了听讲、举手、写作业这些教师规定的动作，其他的都是"小动作"，是不遵守课堂纪律的行为。

20世纪80年代的课堂上，学生也不能"在下面交头接耳"。研究者访谈了M教师，M教师上小学的时间是1980—1986年，那个时代的课堂上，学生说话也比较少。"我们班里40—50人，大型的班，上课的时候主要以教师在讲台上'讲'为主，我对'提问'印象不是很深，没有那种'互动提问'的印象，

---

① 阮智富，郭忠新. 现代汉语大词典 下册 [M] 上海：上海辞书出版社.2009:1821.

我一下子回忆起来的印象就是，老师在讲台上拿着'教鞭'在讲，就是这样的画面。"那个时候的课堂管理也有很多关于说话的内容，例如"不许说话了，认真听讲啊，不要在下面交头接耳，听老师老说"。未经举手投标和教师提名就说话的情况，一律被称为"在下面交头接耳"，属于违反课堂纪律的行为。"老师有时候叫你回答问题时因为你跟同学在说话，提问你是为了让你注意点"。（M教师）交头接耳形象地描绘了本来"应该"端坐听讲的学生，头耳互相靠近交流的样子，在 80 年代的某些课堂上，这是个违反课堂纪律的行为，是个贬义词。课上不准"交头接耳"，再加上教师较少提问学生，这种课堂上学生几乎没有说的机会。1985 年前后，学术界开始反思片面追求升学率的危害，并逐渐提出了"素质教育"的口号。随后的新课改理念也提倡学生的主体地位，因此课堂对答结构的类型逐渐多样，师生对话的公式化程度也逐渐降低。

第六章　课堂对答的场景特征

"场景"是社会学和人类学范畴的互动论思潮的核心概念，会话分析也主张在场景中研究对话。对话场景先于对话存在，并对发生于其中的对话产生限制，同时被对话参与者之间的对话重新定义。场景的构成元素包括时空范围、参与者和交流的目标。交流目标指的是个体聚在一起的原因，交流目标有外在目标和内在目标之分，具有外部目标的对话追求关系之外的东西，例如达成贸易协定或者完成教学目标。具有内在目标的对话追求"交流的快乐"，目的是保持和加深社会联系。很明显课堂机构对话是具有外在目标的对话，教学视频中师生对答的外在目标都是完成教学，因此不在此进行详细描述，而把讨论的中心放在课堂对答的时空范围和参与者的限制上。本章第一节描述 D 小学课堂对答的时空范围，包括课堂对答的空间形式与时间特征。第二节探讨参与者特征对课堂对答的限制，包括众多参与者导致的信息流向的多重形态以及师生关系。

第一节　时空范围——课堂对答场景中的空间形式与时间特征

时空范围指的是时间长河与某一空间交错形成的一个小的"范围"，这个范围对发生在这里的对话产生限制。从空间来看，这种限制表现在人类活动的场所"惯性"中，例如通常教室是上课的地方，餐厅是吃饭的地方，但是这种限制是相对宽松的，人们偶尔可以在教室吃饭，特殊情况下也可以在餐厅上课。其次场所内对话者之间的空间排列方式也是影响互动的重要因素。从时间来看，宏观的时间限制表现在，时间是单向流动且不可逆的，1727 年的牛顿不可能使用乔布斯 2007 年发布的苹果手机。微观的时间限制表现在，互动时间的长短影响互动的形态，例如时间长度影响互动的节奏，一篇课文如果只用 10 分钟来讲，教师可能就会因为赶进度而经常打断学生，如果有一节课的时间，教师就能给学生更多等待、探索、论证的机会，D 小学不同教学视频中师生对话的节奏和分配时间的方式是不同的。教室所包含的空间与上课铃响起和下课铃响起这段时间交错形成的时空范围构成了课堂对答场景的基础。

一、课堂对答场景中的空间形式

对课堂对答产生重要影响的是参与者（教师和学生）所处的空间排列形式。因为言语交际过程中，目光和人的身体都传递着重要的信息，视觉交流会受到师生物理位置的影响，或者说教室桌椅排列方式的影响。教室里的空间—注视方式—信息流向几乎是三位一体的。随着课堂教学理念的变革，课堂对答的空间形式也在不断发生变化，当前 D 小学的课堂对答空间呈现出多样化的特征。

（一）课堂对答的"剧场式"空间

D 小学一部分教学视频中的课堂对答空间是"剧场式"的，即教室的主要空间被分割为两个区域，相当于"舞台"的讲台区域和相当于"观众席"的学生座位区。这种"剧场式"空间的特点见图 6–1 所示：

图 6–1 课堂对答场景中的"剧场式"空间图

讲台的外形有点像剧场的舞台，但比舞台略低，其功能有相似之处，都是为了凸显台上的人，向台下的人展示与传递信息。讲台通常在教室前部，高出地面一截，方便台下的观众看清台上展示的内容，更容易使观众把注意力集中到台上。讲台高出地面一截，视觉上是教室的中心区域，这种深入到"惯习"层面的无意识的设计，隐含着一种人们自己都难以察觉的缄默知识，即教师应该居于教室的中心区域，教师是教室的中心。由于讲台通常是教师的专属区域，在诗句中常常用来指代教师，例如"三尺讲台存日月，一支粉笔写春秋"中，"讲台"和"粉笔"都指代教师。

讲台下的一排排座位像是剧场的"观众席"，这个设计适合"沉默"与"静止"。"沉默"指的是座椅分排设计，后排的人只能看到前排人的后脑勺，不方便交流；"静止"指的是成排放置的座椅间空隙很小，不方便走动。最适合这种空间形式的动作是"安静地坐着听讲"，在很长一段历史时期，这就是教室里教师对学生提出的课堂纪律。坐在观众席上的学生的身体也被"嵌入"到了"桌椅"之间，整节课上学生的身体通常只有图 6–2 所示的三种姿势。

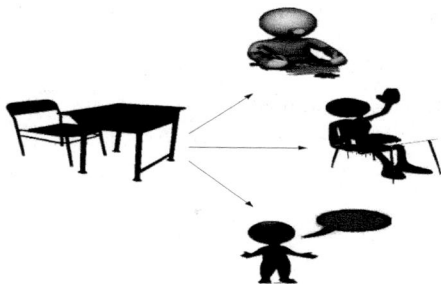

图 6-2 课堂上学生以座位为中心的三种姿势图

如图 6-2 所示，整节课上，学生的身体姿势主要包括：坐着听讲、举手自选成为下一个说话者和站起来回答问题这三种情况，学生的整个身体都被限制在以座位为中心的半平方米内。

在有讲台的教室里，讲台上下像是有一道"无形的"空间阻隔，"这阻隔总是无形地散发着一种约束力：讲台下的人必须服从台上的人，至少在行为上、在表面上要服从"。[①] 在这种无形的约束力之下，教师具有了极大的权威性，成为课堂教学的中心。教师大部分时间站在讲台上引发问题，学生坐在讲台下面与教师对答，因此师生对答中的信息主要在讲台上的教师和台下的学生之间流动，并且主要是从讲台上流向讲台下，这种信息流动的方式使教师在教室中拥有的许多不言自明的权力，例如课堂对答中引发语的主导权和对整个师生对话的控制权。

剧场式空间里，讲台的"呈现性"和观众席的"接受性"形成了鲜明的对照。

（二）课堂对答的"复合式"空间

"复合式"空间指的是课堂教学空间中仍然有讲台上下的区分，但讲台下的桌椅又被拼成了小组式。随着"自主、合作、探究"理念的广泛传播，学生的四张单人学生桌被拼在一起，变成小组式桌椅，如图 6-3 所示：

图 6-3 讲台下学生的"小组式"桌椅图

在这样的排列方式中，学生有两种坐姿，第一种是面向讲台和讲台上的人交

---

① 石鸥. 试论师生关系中的阻隔与沟通 [J]. 教育评论,1994(03):27.

流（如图6-3左半部所示）。第二种是学生们调整坐姿，和小组同学面对面坐着（如图6-3右半部所示）。这种座椅排列方式兼顾了两种方式的信息流动，第一种是面向讲台与教师交流，确保信息能在讲台上下流动。第二种是面向同学进行组内交流，学生之间能够进行更多眼神、肢体的互动。由于座椅只有一面有靠背，学生身体朝其他三面转动都比较方便，学生在空间上获得了更大的自由度。

学生的座椅排列方式会对教室里的信息流动产生重要影响，因为座椅的排列决定了人所处的物理位置，人脸的朝向，人的目光注视的方式等，这些都是交流的重要组成部分，座椅排列的变化其实是在以缄默知识的形式呈现着教学观念的变革。

（三）课堂对答的"小组式"空间

"小组式"空间指的是，教室里的讲台消失了，教室中不再有讲台上下的区分，教室空间以小组式为主。

1."小组式"空间

随着"自主、合作、探究"，理念的进一步传播，教室里出现了定制的一体化的"小组式"桌椅，详见图6-4所示：

图6-4 课堂对答场景中的"小组式"空间

如图6-4所示，在有些教室里，高出地面一截的"讲台"消失了，教师不再站在引人注目的讲台上，而是和学生站在了高度一致的地板上。教室里还出现了这种"一体化"的小组式桌椅，这个桌椅呈"十字形"，可以供四个学生使用，在师生对答部分，学生一律面向黑板坐，当小组讨论时，学生们就可以面对面坐着。这种桌椅的出现可以看作是"合作学习"观念的一种物化，是课堂变革的一种具体表现。

2."小组式"空间中学生身体的进一步解放

绝大多数课堂上，学生的身体被局限在自己的座位上，上课时间不能离开座位。但是在某些课堂教学环节中，学生的"空间自由"却得到了拓展。学生可以离开座位，参与其他小组的讨论。详见图6-5至6-7所示：

图6-5 组图1   图6-6 组图2   图6-7 组图3

图6-5至图6-7呈现了学生们把桌子拼在一起，方便小组讨论，讨论一段时间后，B小组的同学离开座位走到了A小组，参与A小组的讨论，右图中，有更多的学生转过身体或者走下座位，参与其他同学的讨论中去，学生在教室里呈现一种接近自由流动的状态。这时，老师说："好了，同学们，有的同学已经去参与其他小组的讨论了，说明你们自己小组的讨论已经结束了是不是？大家想去听听其他小组的说法是不是？这个习惯也非常好。"老师没有因为学生私自下座位而生气，而是认为参与其他小组的讨论是一个好习惯。

在课堂场景中，课堂纪律都要求学生上课时不能随便走下座位。图6-7呈现出，学生在讨论时被其他小组的讨论吸引，没有经过"申请—批准"程序（一种特殊的应答）就自由地加入其他小组的讨论，教师不但没有生气，而是表扬了这种行为。可见D小学的"课堂纪律"已经允许了这种学生在讨论中"自由下座位"的行为。也说明了课堂文化对学生的"身体区割"和"身体控制"进一步减弱。

整体来看，D小学课堂对答场景中的空间形式既包括传统的剧场式，也包括复合式和小组式，可以将这种状态理解为一个变革中的进程。在这种进程中，研究者能看到合作学习理念的广泛传播和学生在课堂上的身体的自主性和空间的自由度逐渐增强。

二、课堂对答场景中的时间特征

时间不是单一感官直接捕捉的对象，但却是整体知觉的对象。作为事物存在的重要维度，时间以其不可逆性塑造了整个人类生产、生活方式的"惯习"。时间的长短会对互动进程产生诸多限制，时间过短可能妨碍互动的进行，也可能加快互动的速度（使信息流向转变的频率加快），甚至中断互动（中断信息流动）。

假如教师在一节课里安排了很多内容，就不得不加快互动的进度，更容易出现打断行为。在这种情况下，学生是不能一边思考一边应答的，也就不容易在师生对答中获得探索、论证、讨论的机会，那么"探索性风格"的对话就比较难以实现。因此课堂对答场景中的时间特征与课堂对答的形式特征甚至教学效果密切相关，时间特征也应该成为教学研究的重要内容。整体上来看，D 小学的课堂对答时间既包括"紧锣密鼓的线性时间"也包括以"学习指南"为依据的段状时间。

（一）高频率引发之下的"单一线状"时间

福柯指出，严格的时间模式是由修道会提供的，模式的三个主要方法——"规定节奏、安排活动、调节重复周期"形成了一种"时间纪律"，现代课堂仍然被这种"时间纪律"控制。精确、专注、有条不紊是有纪律的时间的基本优点，在这种纪律中，课堂被连续的活动"序列化"，教师拥有控制时间的权力，能对课堂上的每一个时间节点进行有规律的干预。

1.高频引发之下的精确时间控制

持续地引发问题是教师控制课堂时间的最重要的方式。小学语文课文的教学时间与文章段落顺序基本重合，教师按先后顺序逐段讲解课文。例如先总括全文，然后讲第一段、第二段，逐段往下……至最后一段。在讲解过程中，教师围绕各段主旨提出问题，以对答的方式逐段推进，再把每一段的关键词概括到黑板上，下课时板书就展现了课文的主要结构。每一个教学环节都是由师生对答组成的序列构成。这种课文教学以篇章段落顺序为时间主轴，以教师预设的问题为路径，以师生集体问答推进教学流程，以板书概括课文结构，是一个相对封闭的流程。在这个过程中，教师以"提问"作为控制时间的途径，有时为了追求一种"行云流水""流畅连贯"的效果，教师不得不进行"紧锣密鼓"的提问。教师引发的话轮个数和提问的频率如表6-1所示：

表 6-1 随机抽取的十节课上教师"引发"的频次表

序号	内容	话轮总数（个）	引发话轮数（个）	教师引发频率（个/分钟）	视频时长（s）	一个对答结构的平均时长（s）
1	《记一个熟悉的人》	216	107	2.6	41min35	23.3
2	《月光曲》	228	112	2.2	49min53	26.7
3	《斗鱼》	130	67	1.67	40min12	36
4	《狼牙山五壮士》	210	118	2.6	40 min10	20.5
5	《草原》	220	111	2.7	40 min5	21.7
6	《七子之歌》	230	118	2.6	45min20	23.0
7	《稻草人穿衣服》	198	101	2.86	35min15	20.9

序号	内容	话轮总数（个）	引发话轮数（个）	教师引发频率（个/分钟）	视频时长（s）	一个对答结构的平均时长（s）
8	《秋天的怀念》	240	112	2.54	44min6	23.6
9	《难忘的八个字》	250	124	2.8	43min20	20.96
10	《舍生取义》	205	92	2.02	45min30	29.6

表 6-1 中师生话轮总数指的是一节课上教师和所有学生的话轮数之和；教师引发话轮数指的是教师用来引发学生应答行为的话轮总数；教师引发频率（个/分钟）指的是一节课的总时间除以教师引发话轮的总数；一个对答结构的平均时长指的是一节课的总时间除以一节课上的对答数。从统计结果来看，教师"引发"问题的频率是很快的，平均一分钟要提问 1—2 次，而学生（包括单个学生和学生群体）要应答两个或者以上的问题。而教师和学生共同完成的一个对答结构的时长（包括教师和学生三个话轮），大部分都在 20 秒左右。这种高频率的问题引发像一根无形的线，这根线牢牢地握在教师手中，学生们一直笼罩在紧锣密鼓的时间控制之下。适当频率的引发能帮助学生集中注意力，使得学生们处于一种智力紧张的状态，但是每节课都保持这种频率容易引起学生疲劳。如何在保证教学效率的同时调整引发的节奏，并且在此基础上控制一个对答序列的时间长度，在保持对一个讨论主题的深度探索和效率之间寻求平衡是教师应该深入思考的问题。

2. 轮流说话形成的线状时间

人类对话的基本特征是轮流讲话，也就是说一段时间内只能有一个人讲话，其他人必须成为听众，也就是说在一个时间点上，只能有一个人说话。只有这样听话者才能听清说话者在说什么，从而实现有意义的交流。课堂上也是师生轮流说话，这种轮流说话形成了一种线性时间，如图 6-8 所示：

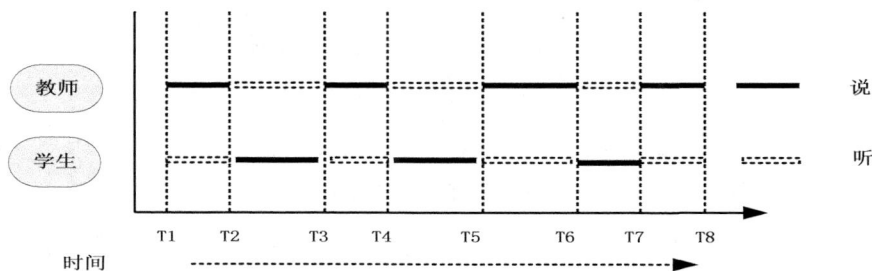

6-8 师生轮流说话构成的"单一线性"时间图

如图 6-8 所示，课堂对答中，教师说的时候，学生在听；学生说的时候教师在听。但是课堂是多人参与的机构会话，在中国的班级里，通常有几十人、甚至上百人，因此每个人在课堂上说话的时间大不相同。

由于"I-R-F"对答结构是课堂的默认结构，课堂上三分之二的话轮是教师的，也就是说有三分之二的时间是教师在讲话。其他所有学生分享剩下的三分之一（约15分钟）的时间，每次也只能是一个人说话，假设班里有40名同学，每个人可能说话的时间是15（分钟）除以40（人），每个人可能分到的时间是0.375分钟，约22.5秒，有些聪明强势的同学能多次抢到应答话轮，就有更多的说话机会，有些弱势敏感的同学可能一次应答机会也抢不到，成为整个课堂对答的"失语者"。十分遗憾的是，在"单一线性"的课堂时间轴里，这种情况并不少见。

如果把课堂看作一个流线型的时间进程，那么教师不断"引发"的问题可以看作这个进程的"主结构"，就好像鱼骨是鱼的主结构一样。在教师高频率的引发之下就形成了课堂对答的单一线性时间。

（二）以学习指南为依据的"复合段状"时间

在D小学的课堂教学中，既有高频率引发之下的单一线性时间，也有以学习指南为依据的复合段状时间。

1. 学习指南对课堂时间的切分

在某些课堂教学视频中，教学时间被"学习指南"切分成了段状。学习指南的内容围绕课文的核心问题设计，包括学习任务（阅读并完成学习卡片）、时间规划（建议几分钟）、学习形式（个体自主学习、小组交流、全班交流）。详见图6-9所示：

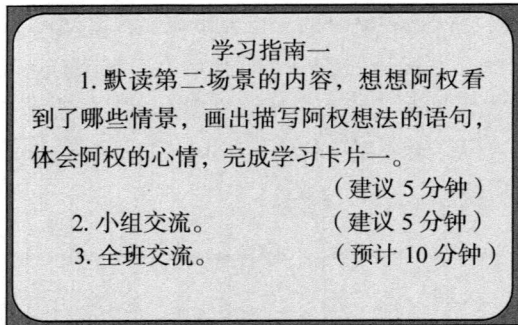

图6-9 学习指南示例图

被学习指南切割后的教学时间，在篇章顺序结构基础上融合了学习任务、教学组织形式和时间安排。与单一线性时间相比，基于"学习指南"的课堂时间有如下特点：第一，学生知道整节课的时间规划，心中有一个大概的"时间地图"，这种"知晓"是"自主"的前提，学生对自己的规划、调控等行为都是在这种

"知晓"的前提下进行的。在之前的课堂时间里，学生对课堂时间是"无知"与"被动"的，课堂的"时间线"牢牢地握在教师手里，学生的身体和思维被这根线牢牢地控制着，学生盲目地被教师一个接一个的"引发"牵着向前，但不知前方有什么问题，也无法停下来思考，只能"跟随"。第二，课堂时间被分成了若干段，在每一段时间范围内，学生是自主的。这段时间内，学生可以安静地阅读、思考、体会、完成练习，而不需要时刻准备着回答问题。第三，这种时间分配方式在不同的时间段内兼顾了个体自主学习、小组讨论和全班交流多种形式。

2. 基于学习指南的复合段状时间

在依据学习指南进行切分的"复合段状"时间里，在学习指南1的第一环节，每个学生都进行自主阅读，在第二环节，每个学生都能参与讨论。在同一时间，班里同时开启了多组话轮，几乎班里的每个学生都能在这个环节拥有自己的话轮。这提升了课堂时间的利用效率，也增加了学生在课堂上的说话机会，尤其是对于那些内向害羞的学生来说，在同学的面前的表达更为放松和自在。学习指南的第三环节是小组汇报和教师引导的全班交流，这种方式更容易实现教师架构的学生之间的阐述和论证。由此可见，在"复合段状时间"里学生获得了更多的"时间自主权"，详见图6-10所示：

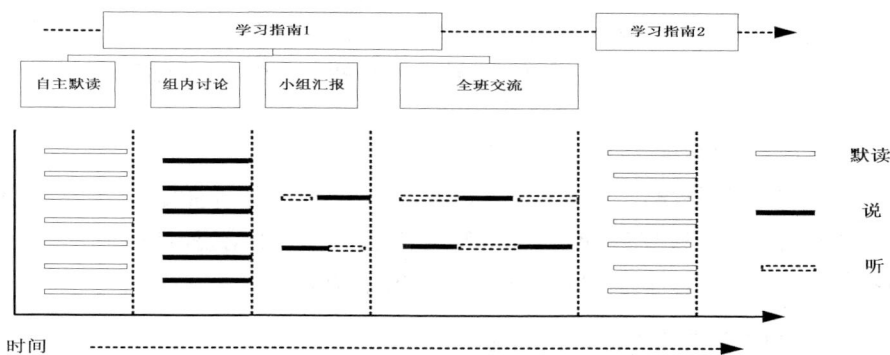

图 6-10 依据学习指南切割的"复合段状"时间图

"学习指南"把一节课的时间分成了若干段，在兼顾学生自主学习、小组讨论、全班交流等学习方式的情况下，在一个空间里的一段时间内实现了多组平行对话，尽可能地保证每个学生都能获得一些话轮。并在小组汇报的环节，通过讲述理由、辩论等方式进一步澄清观点，在更大程度上提升了学生的课堂参与度和自主性。福柯认为"18世纪社会的进步和个人的创生是与一种分割、序列化、综合管理和有效使用时间的新方式相关联的"。[①] 也就是说权力直接作

---

① 米歇尔·福柯. 规训与惩罚 [M]. 北京：生活·读书·新知三联书店,2012:156.

175

用于时间，通过对时间的控制，实现社会生产、生活和个体社会化效率的提升。课堂上，教师也通过控制时间，保证教学效率并促进学生的社会化，且这种控制时间的权力为教师所独享。在以学习指南为依据的段状时间里，学生获得了少量支配时间的权力，可见在课堂改革理念的浸润之下，学生权力以"时间交还"这样一种隐秘的方式得到了部分实现。①

第二节　参与者限制——课堂对答场景中的信息流向与师生关系

对答场景中参与者的数量也会影响对答的进展，在只有两个参与者的情况下，每个人的参与义务达到了极限。但是如果超过两个参与者，某些参与者对交流的关注就无需那么强烈了。课堂是多人对话情境，教师一直是对答的焦点方，部分学生轮流成为焦点方，其他人则是观众和潜在的说话者。不同的课堂上，信息在参与者中流动的特征是不同的。

对答场景中参与者之间的关系同样影响对答的进展，参与者之间的关系可以被分成几大类：私人关系，例如朋友；组织关系，例如同事；功能关系，例如顾客与销售人员。教师和学生的关系呈现多样化的特征，但是整体上更倾向于功能关系。参与者之间的关系可以从距离关系和等级关系两个维度进行分析。

一、课堂对答场景中的信息流向

在参与者说话权利不对称的机构对话中，信息流向受到强大参与者的控制，即课堂对答是被教师控制的。课堂对答的参与者之间的信息流向可以大致分为以教师为中心的信息流向和以教师为中介的信息流向。

（一）以教师为中心的信息流动

大部分时候，D小学课堂对答的信息流动主要有两种方式：第一，在教师—学生群体之间流动；第二，在教师—学生个体之间流动。由于人称代词在多人对话中具有重要作用，因此对话中的"人称指涉"成为分析信息流动的一个重要维度。

1. 教师—全体学生之间的信息流动

课堂是多人参与的对话，教师是最主要、最固定的一方，学生是另一方。齐答是发生在教师和学生全体之间的对话，其信息流向如图6–11所示：

---

① ［美］张娟娟，陈旭远. 基于视频图像阐释方法的小学语文课文教学变革研究——以吉林省D小学1988—2018年的教学视频为例 [J]. 教育科学研究，2019（3）:34.

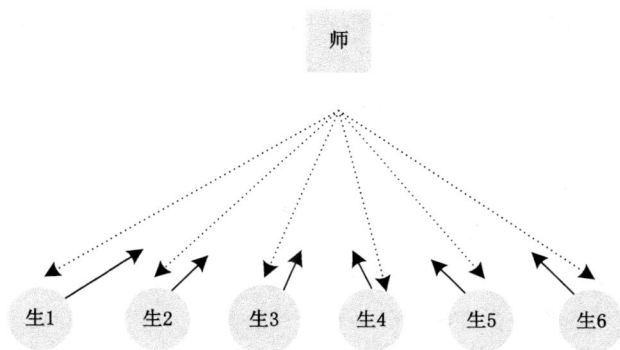

图 6-11 教师—全体学生之间的信息流动图

如图 6-11 所示，课堂对答中，常常有教师引发问题，全体学生根据语境自选为下一个说话者的情况。此时，信息主要在教师和全体学生之间流动，信息流以教师为中心。

2. 教师—个别学生之间的信息流动

教师和全体学生对答并不是最主要的方式，更多的时候是教师和某一个学生对答，同一时间，没说话的其他同学则成为观众或潜在的话轮争夺者。这种类型的信息流动仍然以教师为中心，见图 6-12 所示：

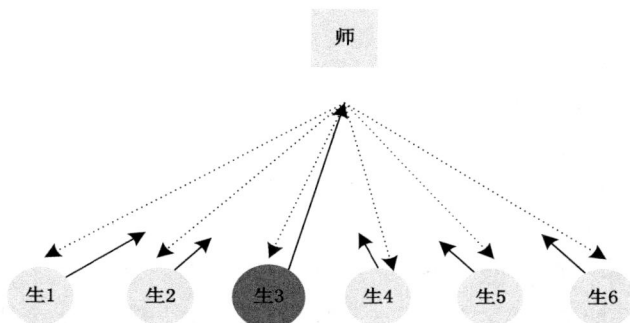

图 6-12 教师—学生个体（群体）之间的信息流动图

在这种信息流动的过程中，教师居于中心地位，用自己的语言和身体姿势控制着全班的局势。当教师引发问题、学生举手表示希望自选为下一个说话者之后，教师会用手势、眼神、语言（例如"你来"）等选择下一个说话者。教师是课堂对答的绝对中心和每一个细节的控制者。像一个打击乐器（例如架子鼓）演奏者，决定整节课以何种节奏进行，决定什么时候，那个鼓（学生）可以发出声音，以及发出什么样的声音。此时，教师又像一个乐队的指挥，在"抬手"或"挥手"之间"叫起"或者"按下"一个个学生，掌控整个课堂的话语流。

这同时也反映了教师和学生之间泾渭分明的界限，教师居于更高（既包括物理层面也包括抽象层面）的地位，是信息流动的中心。

在教师—学生个体之间的信息流动中，还有一些比较特殊的情况，即与教师对答的单个学生以第三人称指涉了其他同学。例如当教师与某个学生对答时，会以第三人称（"他""她"或者"姓名"）指涉其他同学，但是这个学生与被指涉的同学之间没有任何直接的交流。详见下例所示：

对话6-1，《作文讲评：记一个熟悉的人》教学视频语料片段

01 教师：同学们一会可以讲什么呢？畅所欲言，可以评外貌、可以评选材，可以评内容，张 × 的怎么样？沈 × 的怎么样？　　　　　　　　（引发 I_1）

02 学生3：张 × 她外貌写得十分清楚。　　　　　　　　　　　　（应答 R_1）

03 教师：张 × 写她姥姥的外貌十分清楚，不是张 × 写她自己的啊。（笑）
　　　　　　　　　　　　　　　　　　　　　　　　　　　　　（反馈 F_1）

04 学生（集体）：哈哈：：

05 教师：↑谁还能讲？　　　　　　　　　　　　　　　　　　　（引发 I_2）

06 学生5：张 × 这个作文，这个内容写得挺真实，挺具体的。（应答 R_2）

07 教师：写得真实、具体，好。　　　　　　　　　　　　　　　（反馈 F_2）

08 学生6：沈 × 这篇文章写得真实、具体，还用了语言描写和动作描写。
　　　　　　　　　　　　　　　　　　　　　　　　　　　　　（应答 R_2）

09 教师：嗯，好，坐下，你来。　　　　　　　　　　　　　　　（反馈 F_2）

10 学生7：沈 × 写他姥姥的外貌写得也不差，他那个内容写得也挺好的，就是，挺能感动人的。　　　　　　　　　　　　　　　　　　　（应答 R_2）

11 教师：嗯，挺能感动人的，（看向一个举手的学生）你来 -
　　　　　　　　　　　　　　　　　　　　　　　　（反馈 F_3/ 引发 I_4）

对话6-1中，话轮02，学生3用第三人称"她"指涉了自己的同学"张×"。在大部分的课堂里，老师是唯一的引发者，学生是直接的受话者，学生很少提到其他学生说的话，话轮在"老师—集体"或者在"老师—某个学生"之间流转。但是这个会话里学生之间出现了彼此指涉，例如话轮02中的"张 ×"、话轮03中的"张 ×"、话轮05、10中的"沈 ×"等。此时学生是说话者，教师是受话者，张 ×、沈 × 既是被谈话内容指涉的人，也是受话者。会话信息是在说话的学生、教师、张 × 和沈 × 三者之间流转的。这种对话形式打破了教师—学生之间双向的信息流动，其信息流向如图 6–13 所示：

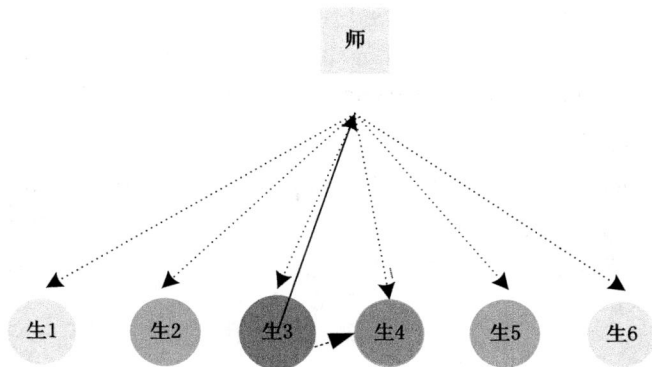

图 6-13 学生回答问题时以第三人称指涉同学信息流动图

图 6-13 中，被教师分配话轮的学生 3 所说的话既直接指向教师，也间接指向张 × 或者沈 × 同学（虚箭头所指，学生 4 代表被指涉的张 × 或者沈 × 同学）。这种以第三人称相互指涉同学的学生应答拓展了会话信息的流向。使课堂会话形态朝着"讨论"的方向又迈进了一步。

整体来看，D 小学的课堂对答中，以教师为中心的信息流动主要有三种状态：信息在教师和学生群体之间流动；信息在教师和学生群体中被选中的学生之间流动；信息在教师和学生群体中被选中的学生之间流动，但是应答的学生以第三人称指涉了其他学生。

（二）以教师为中介的信息流动

在某些课堂教学环节，教师还是直接受话者，但是提问者和回答者都是学生，教师只是作为对答的中介。还有一些情况下，换轮主要在学生之间流转，教师仅仅作为提名的中介，教师的功能主要是传递话筒和"习惯性"地赋予学生开口说话的权利。

1. 学生—学生中的间接信息流动

在以教师作为对答中介的语料中，被指定的应答者不是简单地指涉或者评价了其他学生，而是直接回答了上一个应答者的问题。详见下例所示：

对话 6-2，《七子之歌》教学视频中语料片段

01 教师：那你有不明白的问题吗？刚才在小组里面没有解决的问题，请你把它提出来。 （引发 I_1）

02 学生 3：乳名不就是小名的意思吗？那小名叫澳门，他的大名叫什么呢？ （应答 R_1/引发 I_2）

03 教师：那谁知道这个问题，澳门的大名叫什么呢？ （引发 I_3）

04 学生 4：澳门的小名也叫澳门，澳门的大名也叫澳门。 （应答 R_3）

05 教师：是这样的，好了，还有别的问题吗？　　　　　　（反馈 F_3/ 引发 I_4）

在以上对话中，教师的引发 I1 面向全体学生，学生 3 的应答 R1 直接面向教师，且 R1 本身也引发了一个问题 I2，教师此时起到了一个"架构"的作用，她又把 I2 抛给了全班同学，并选择学生 4 回答这个问题。在这段对话的信息流向中，学生 3 的应答和学生 4 的应答都是直接面向教师的，信息没有直接在两个学生之间流动，尽管学生 4 回答了学生 3 的问题。这种对答的特征是，两名学生分别直接面向教师，学生之间无直接的信息流动，如图 6–14 所示：

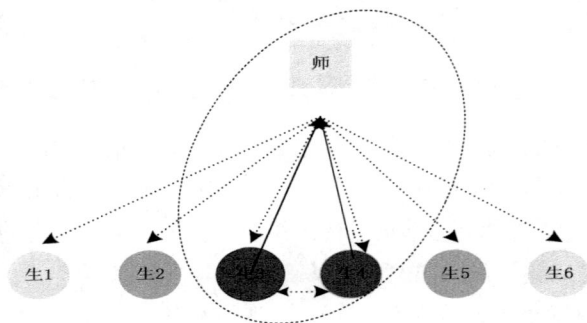

图 6–14 学生—学生中的间接信息流动图

图 6–14 中，学生 3、学生 4 都直接面向教师应答，学生 3 和学生 4 之间没有直接的信息流动，但是学生 3 和学生 4 的应答在内容上具有某些关联。这种学生—学生中的间接信息流动在 D 小学现阶段的课堂对答中经常出现。

2. 学生—学生之间的直接信息流动

D 小学的某些课堂上，还出现了学生之间直接以第二人称"你"相互指涉，即学生直接交流的情况，教师不再作为直接受话者，而是作为信息流动的中介出现。如下例所示：

对话 6-3，《十六字令》教学视频中语料片段

01 教师：好，孩子们，谁愿意来分享一下自己的作品？　　　　　（引发 I_1）

02 学生 3：我先给大家读一遍，"虫，望花丛中一点红，细寻找，草丛乐融融"。（学生边说，工作人员边把学生写的小令，放在实物展示仪上，让所有的同学都能看见）额，我是这么想的，这个虫指的就是昆虫，额，有一些昆虫它经常存在草丛里面，然后呢，额，这个红呢，就是说这个红颜色比较鲜艳，然后也比较显眼，但是我们也不容易，不那么容易找到，所以就是仔细寻找。然后，我们要是仔细找的话，我们就会发现这些昆虫躲在草丛里面，额，就是玩的乐融融的。有人给我这个做补充吗？（说完看着同学们）　（应答 R_1/ 引发 I_2）

03 教师：（有些同学立刻举手）= 你来说，女孩。 （引发 I_3）

04 学生4：= 我先给你提个建议，就是你的第二句，万花丛中一点红，我觉得这个红字用得不太恰当，因为这个红呢都是形容花的，然后虫子一般，红色的不多。（说完耸耸肩笑了） （应答 R_3）

05 学生3：= 额，不是，我这个红指的就是一个鲜艳的颜色，因为我不知道用什么字可以代替它：： （反馈 F_3）

06 教师：（有学生立刻举手）= 来，你说，女孩。 （引发 I_4）

07 学生5：我觉得吧，这个红不一定只代表颜色，我觉得这个虫可以是在花丛中为这个花丛增加了一点更绚烂的颜色。 （应答 R_4）

08 教师：嗯，她补充得真好：：（一男孩举手）你来说，男孩。

（反馈 F_4/引发 I_5）

09 学生2：我觉得她这个红不指的，不特指颜色，她指的是一种，就是，一些虫在花丛中嬉戏的，一种，额场景，它外面那些花的颜色不一定非得是红色的。 （应答 R_5）

10 教师：说得真好……谢谢你，来，谁还想分享，或者你推荐一位同学到前面来？ （反馈 F_5/引发 I_6）

这段对话共有12个话轮，其中教师5个，学生2、学生3、学生4、学生5共有7个话轮。教师的5个话轮中有两个是指定下一个说话者，在这段对话中主要起到架构和引导对话进行下去的作用，主要的信息互动发生在学生3、学生4、学生5、学生2这四个学生之间。信息流向见图6-15所示：

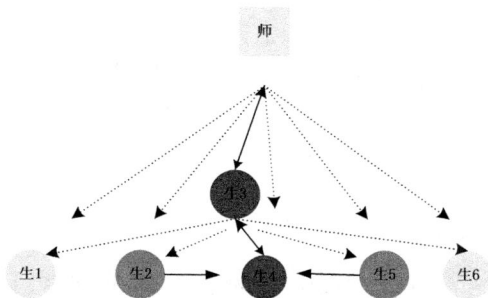

图6-15 学生—学生中直接的信息流动图

这段对话中，教师先进行了一个面向全班学生的引发 I1 "谁能来分享一下自己的作品"，学生 3 分享了自己创作的小令（话轮 02），并向全班同学做了一个引发 I2，"有人给我这个做补充吗"，教师指定了学生 4 来回答，学生 4 说 "我先给你提个建议，就是你的第二句，万花丛中一点红，我觉得这个红字用得不太恰当因为这个红呢都是形容花的，然后虫子一般，红色的不多"，学生 3 反馈说 "额，不是，我这个红指的就是一个鲜艳的颜色，因为我不知道用什么字可以代替它"。此时学生 3 和学生 4 是直接面对彼此的，使用第一人称 "我" 和第二人称 "你" 进行对话，没有教师作为桥梁，从视频中能够看出，他们的眼神是直接注视彼此的。随后，学生 5 和学生 2 也回应了学生 4，为学生 3 进行辩护，学生 5 认为红不是只指一种颜色，而是代指 "绚烂的颜色"，学生 2 认为 "红" 也可以指虫在花丛中嬉戏的场景。这段对答中的信息主要在学生 3、学生 4、学生 5、学生 2 之间流动，学生 3 和学生 4 以第二人称相互指涉，直接对答，学生 5 和学生 2 的所说的内容也指向学生 4 的质疑，而教师只是作为这段对话的中介。

这段对话中，还需要注意的是，学生 3 在应答的同时还能主动引发问题（话轮 2），这说明学生主动交流的意识增强了，这种下意识的引发说明在他们的心理，引发不是教师的特权。虽然这只是课堂对答中的一个微小的语料片段，但对于变革课堂对答结构来说却前进了一大步，这种类型的信息流动，说明 D 小学的课堂上发生了学生之间的真正的讨论。

这段对话中，也能够看出空间转变引起的视觉交互有助于课堂信息流向的转变。在 "剧场式" 的教室中，学生的目光都向前聚焦于教师，后排学生只能看到前排学生的后脑勺。学生回答问题时，只和教师有眼神交流。随着课堂改革的进行，老师们逐渐意识到，如果学生看不到彼此，学生之间真正的交流就不会发生，课堂空间变成了小组式，学生们面对面坐着，能 "看到彼此" 并进行真正的讨论。

整体来看，课堂对答中的信息流向主要包括两种情况，一种是以教师为中心的信息流动，信息只在教师和作为整体或作为个体的学生之间流动。第二种是以教师为中介的信息流动。这也包括两种情况，第一种是学生 A 与学生 B 以教师为中介进行交流。第二种是学生之间不需要以教师作为中介，直接面对面地进行交流，即以第二人称相互指涉。

二、课堂对答场景中的师生关系

会话分析理论中，交际过程中出现的角色之间的关系可以通过两个轴线来确定，水平轴为距离轴线，主要描述参与者之间的距离关系。一端是陌生人之间的交往，另一端是亲朋好友之间的交往。垂直轴为权力轴线，主要指参与者之间的支配关系，一端是大致平等的关系，另一端是严格的等级关系。①下文也主要从距离关系、等级关系两个维度来分析对答场景中的师生关系，并描述 D 小学课堂对答中的师生关系在权利—等级坐标轴上的形态。

（一）教师和学生之间的距离关系

D 小学的课堂上，教师在引发时经常使用"我们""咱们"这样的人称代词，在引发时走到学生中间，和学生有比较亲密的肢体互动，这都体现了师生之间比较亲近的距离关系。

1. 师生对答语言中呈现的距离关系

教师通过使用"咱们""我们"等词来拉近和学生的距离。吉认为，"我陈述（I-statement）"是说话者通过语言建构不同的社会情境身份的方法之一。②"我"是自称，指自己，亦指自己一方，"我们"表示"自己一方"的复数。意为把说话对象也纳入自己一方。教师在课堂上频繁使用"我们""咱们"这种表述，说明教师下意识地认为学生和自己是一方的、一体的。详见下例所示：

对话 6-4，《狐狸阿权》教学视频语料片段

01 教师：咱们这几天一直在读一个故事，故事的名字叫？（引发 I_1）

02 学生：狐狸阿权。（应答 R_1）

03 教师：咱们来一起读一下题目，来，预备：：起。（引发 I_2）

04 学生：狐狸阿权。（应答 R_2）

05 教师：咱们已经围绕这个故事学习了几天，那你想一想阿权给你留下的印象再来读一下这个题目，再来一遍，预备：：起。（引发 I_3）

06 学生：狐狸阿权。（应答 R_3）

07 教师：我们这一单元的学习有一个很大的特点，每堂课之前我们的这个课程有一个明确的学习的任务，是不是？（引发 I_4）

08 学生：对。（应答 R_4）

09 教师：那么咱们先看一下这堂课咱们主要研究的问题是什么？你来读。

（引发 I_5）

10 学生：场景二，看到送葬的队伍，阿权的心情有了怎样的变化？

（应答 R_5）

11 教师：这场景二的内容就是咱们这节课要研究的主要问题，在研究这个主要问题之前我们要再读一遍场景二的内容，咱们现在把书打开课文，你们现

---

① ［法］韦罗尼克·特拉韦索. 会话分析 [M]. 杨玉平译. 天津：天津人民出版社,2017:13.

② ［美］詹姆斯·保罗·吉. 话语分析导论：理论与方法 [M]. 重庆：重庆大学出版社,2011:146.

在快速地浏览一下场景二主要写的什么内容？（引发 I_6）

这段会话共有 11 个话轮。其中教师有 6 个，学生有 5 个。教师的每一个话轮里都有"咱们""我们"这样的词。教师使用这种"我陈述"是在建构一种"和学生是自己人"的情景身份，这种身份建构意在拉近和学生之间的距离。

除了"我陈述"，从教师对学生的"称呼"上，也能窥见师生之间的距离关系。在课堂心理气氛非常轻松的课堂上，有些老师会使用非常亲密的"称呼"来体现教师和学生之间的"亲密"无间，例如"孩子们""宝贝儿"等词。详见下例所示：

对话 6-5，《十六字令》教学视频语料片段

01 教师：好，孩子们，谁愿意来分享一下自己的作品？（引发 I_1）

02 学生：这个字写得其实是，想写"沧海一粟(lì)"，"沧海一粟(lì)"这个成语。（回答 R_1）

03 教师：沧海一粟(sù)，宝贝儿↑（反馈 F_1）

教师称呼学生为"孩子们""宝贝儿"时，也是面带微笑的，从这些非正式称呼来看，师生之间的距离是比较亲近的。

2. 师生肢体语言中呈现的距离关系

"人的身体是极具表现力的,是所有表达的源头并参与所有的表达活动中"[1] 研究者可以从教学视频图像维度中师生的面部表情、身体动作中窥见师生的距离关系。D 小学的课堂上，教师和学生之间的距离关系是比较亲近的，主要表现在，学生有更多机会走上讲台，教师有更长时间在讲台下，讲台上下的空间流动性增加了，还表现在教师和学生之间有了更多的肢体、眼神互动。

图 6-16 组图 1 　　　　图 6-17 组图 2 　　　　图 6-18 组图 3

图 6-16 呈现的是教师说到这个汇报的学生的观点时，教师用手轻拍学生，这个无意识的肢体动作，说明师生关系是比较自然亲切的。

图 6-17 呈现的是教师反馈时低下头、弯下腰、努力和学生进行眼神交流。教师不是采用俯视的注视方式，而是弯下腰、低下头希望能平视学生，这也说

---

[1] 刘欣, 王慧莉. 梅洛·庞蒂表达现象学中的基本向度——以思维、言语、身体三位一体解读为中心 [J]. 北方论丛, 2015(03)：65.

明教师在努力寻求建立一种比较平等的师生关系。

图 6-18 呈现了教师走下讲台记录学生的讨论过程，并参与学生的讨论中去。这体现了教师角色的变化，教师除了引发问题、进行反馈、还是学生思考过程的观察者和记录者。通过视频整体能看出，学生们（多个学生）被允许有较长的时间站在讲台上，从侧面说明了讲台不再是教师的专属区域，而是教师和学生的共享区域，说明了师生之间的距离关系变得相对亲近。

（二）教师和学生之间的等级关系

教师和学生之间的等级关系主要体现在学生应答时的身体语言和学生应答时必须遵守的身体程序上。

1. 学生待机状态中的师生等级关系

课堂上，学生听老师说话时，处于一种"引发"前的待机状态。即双手背后，目光直视老师，表现出认真、整齐地等待教师说话的样子。

图 6-19 组图 1   图 6-20 组图 2

图 6-19 和图 6-20 呈现了课堂上和军训时的"背手"现象。图 6-19 是 2018 年，学生听老师说话时都整齐地把双手背在身后。图 6-20 学生军训听指挥员说话时也整齐地把手背在身后，这个姿势在军队中称为"跨立"，是各国军人通用的。通过访谈一位老教师得知，1961 年时，一上课学生们就很自觉地坐好并把手背起来，这种习惯通常是由班主任培养最后内化为学生上课时的一种"自我提醒"。从教师的角度看这是课堂管理的方式，是一种课堂纪律。古典时代人们就发现"人体是权利的对象和目标"，18 世纪的驯顺技术的新颖之处在于对人体的"零碎而全面"的控制以及控制的机制—纪律，纪律的目的是使人因更顺从而变得更有用，这被福柯称为新的"政治解剖学"，[①] 学校的"规训"功能在这种姿势里表露无遗。这说明，虽然新课改之后，师生之间的等级关系渐趋平等，但是教师和学生之间还是存在着"规训者"和"被规训者"这样的等级关系。

———————

① ［美］米歇尔·福柯．规训与惩罚 [M]．北京：生活·读书·新知三联书店,2012:156.

2. 学生应答身体程序中的师生等级关系

D 小学课堂对答中的师生关系是比较亲切平等的，研究者仍然能够从教师和学生的身体姿势中窥见这种关系。

图 6-21 组图 1　图 6-22 组图 2　　图 6-23 组图 3　　图 6-24 组图 4

图 6-21 呈现的是，教师引发时亲切地把手搭在学生的肩膀上，学生回答教师的第一个问题时，是坐着的，图 6-22 和图 6-23 呈现的是，教师继续引发了第二个问题，学生感觉到坐着不太妥当，就自己站了起来，但是教师的手一直搭在学生的肩膀上。

在课堂这个特殊的情境中，师生都按照自己的角色身份进行互动，学生群体的身体姿势和师生之间的"距离"投射着师生关系的变革。从图 6-21 至图 6-24 中，我们能看出两点，第一点是教师引发时和学生有非常亲切自然的肢体互动；第二点是课堂上学生应答时严格的"身体程序"已经有所松动。老师的第一个引发没有要求学生站起来回答，至少在教师的眼里，这已经不是"必须"。从这个片段中，我们反而看到了这个"惯习"对学生自身的支配。教师引发时很自然地走向学生，身体前倾，距离很近；还很自然地把手搭在学生的肩膀上，这说明这位教师经常这样做。这种亲近的物理距离和亲切自然的肢体互动"投射"着师生之间关系的进一步靠近，即师生之间在课堂上由"泾渭分明"或者说"井然有别"变得更加亲近。

新课程改革的理念倡导教师要尊重学生，"尊重"的意思是尊敬、重视，古语是指将对方视为比自己地位高而必须重视的心态及言行，现在已逐渐引申为平等相待的心态及其言行。从图 6-21 至图 6-24 可见，教师已经内化了这个观念，认为学生是值得尊重的个体，师生之间的关系应该是平等的，因此才会在引发时主动走向学生，不介意学生坐着回答问题、和学生有亲切的肢体互动。

（三）师生关系在"距离—等级"坐标系中的位置

如前文所述，交际过程中出现的参与者之间的关系可以通过"距离—等级"坐标系来描述。这个坐标系被水平轴和垂直轴分割成四个象限，第一个象限指亲朋好友之间的平等交往，例如好友之间的对答；第二个象限指陌生人之间的平等交往，例如公交车上陌生人之间发生的比较平等的对话；第三象限是陌生人之间的具有等级关系的交往，例如职场上比较陌生的上下级之间的对话；第四象限是亲朋好友之间的有等级关系的交往，例如中国封建社会等级关系明显的大家庭成员之间的交往。D 小学课堂上的师生关系在"距离—等级"坐标系上的位置如图 6-25 所示：

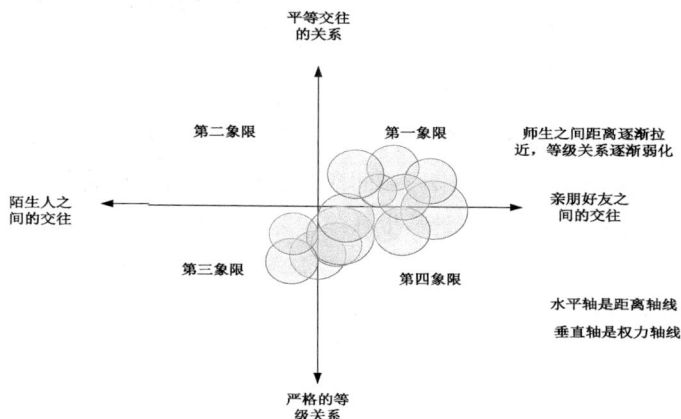

图 6-25 D 小学课堂对答中的师生关系图

通过以上对 D 小学的教学视频中大量师生对话、肢体互动以及访谈信息的分析，发现 D 小学的师生关系主要位于"距离—等级"坐标轴的第一象限，即教师和学生之间是一种像朋友一样亲密且平等的关系。在当前的教育理念中，这是比较理想的师生关系。

第三节　本章小结

语言只有在具体的场景中才能被明确意义，会话分析的一个重要原则是在场景中研究语言。对答场景的构成要素主要包括时空范围和参与者特征带来的限制。课堂对答的实践样态受到时空范围中的空间形式和时间特征的影响，同时也受到参与者之间的关系和数量的影响。

一、课堂对答场景中的时空特征

言语交际过程中，目光和人的身体都传递着重要的信息，视觉交流会受到师生物理位置的影响，或者说教室桌椅排列方式的影响。权力直接作用于时间，教师对课堂对答的控制是通过时间控制实现的。

（一）课堂对答场景中的空间形式

课堂的空间形式影响师生的"注视方式"，从而影响了课堂对答的形态。D小学课堂对答中的空间形式主要包括三种形态：第一种是"剧场式"；第二种是"复合式"；第三种是"小组式"。

"剧场式"空间主要被分割为讲台上下两个区域，讲台类似于剧院的"展示区"，高出地面的一截是为了凸显台上的教师，使讲台下的观众更容易把注意力集中到讲台上面。学生整齐排列的座位很像是剧场的"观众席"，处于"接受"或者"观看"的位置。讲台下的学生座椅都面朝讲台放置，后排学生只能看到前排学生的后脑勺。学生的身体被限制在椅子上，一节课上通常只有三种姿势：坐着听讲，举手，站起来回答问题。显然，这种座位排列方式，有利于教师—学生之间的交流，而不是学生—学生之间的交流。这种座位的排列方式与"I-R-F"对答结构的特征是相匹配的，即教师说话的目的是把老师的意义系统（the teacher' meaning system）传递给学生，只有教师说话的目的不再是向学生传递自己的意义系统时，师生对答的结构才会不再是"I-R-F"。"复合式"空间中讲台依然存在，教室里的空间还是主要区分为讲台上下两个区域，但是讲台下的学生座椅被拼成了"方形"的小组式，既方便师生交流也方便生生交流。"小组式"空间中，讲台消失，教师不再站在引人注目的讲台上，而是和学生站在了高度一致的地板上。教室里出现了"一体化"的小组式桌椅，这种桌椅的出现可以看作是"合作学习"观念的物化。这三种空间形式在D小学同时存在，教师们都倾向于根据教学设计的具体需求选择教室的空间布局。

（二）课堂对答场景中的时间特征

D小学的课堂教学时间具有"单一线性"和"复合段状"两种形态。一些课堂上，教学时间的安排是"单一线性"的，即在每一个时间节点上，教室里只有一个人说话，每个人说的话沿着时间这条线组成对答和序列，线性地向前推进。教师把课文各段的要点转化成为问题，通过序列化的提问对课堂的每一个时间点进行精确的、强有力的控制，学生被这根时间线牵着，被动地嵌入到一个个前后相接的"I-R-F"对答结构中去。一些课堂上教师会使用"学习指南"规划整节课的时间，学习指南规定了课堂上一段时间里学生的学习任务（问题或者任务卡片）、学习方式（个体、小组还是全班）、时间长度。与"单一线性"的时间安排相比，基于"学习指南"的课堂时间安排有如下特点：第一，学生知道整节课的时间规划，心中有一个大概的"时间地图"。第二，课堂时间被分成了若干段，在某些时间范围内，学生是自主的。第三，班里同时开启了多组话轮，几乎班里的每个学生都能在这个环节说话。在这种时间规划里，时间的控制权不再牢牢地掌握在教师手里，而是变成一种客观存在的"时间说明"，这个说明规定了课堂上时间的使用方式，教师和学生都需要遵守。并且在某一时间段内，学生获得了少量支配时间的权力，可见在新课改理念的浸润之下，学生权力以"时间交还"这样一种隐秘的方式得到了部分实现。

二、课堂对答场景中的信息流向与师生关系

参与者对课堂对答的限制主要表现在参与者的关系和参与者的数量两个方面。参与者数量主要影响师生对答中的信息流向；师生关系则主要影响课堂对答中，师生话轮中的词汇选择，例如教师对学生的称呼、师生的物理距离、师生之间的肢体互动等。

（一）课堂对答场景中的信息流动

课堂是多人参与的对话，信息流动比较复杂，不同的课上，信息在教室中流动的方式也不同。如果按照教师在对答中的作用进行区分，对答中的信息流向可以分为以下两种类别：第一种，以教师为中心的信息流动，既包括教师与学生集体对答，也包括教师与某个学生对答，在某些情境中，教师与单个学生对答时，也会以第三人称指涉同学。无论是哪种情况，教师都是其中最主要、最核心的一方。第二种，以教师为中介的信息流动，既包括以教师为中介的学生之间的问答，也包括学生之间的直接对答。以教师为中介的对答中，学生之间没有直接交流，他们都面向教师对话，但是所说的内容是有问答关系的。学生之间的直接对答则是，学生之间直接对话，并以第二人称相互指涉，仅以教师为中介进行提名。从课堂对答中信息流向的多样性以及变革的趋势来看，学生逐渐能以第二人称直接提问同学，其自主性进一步增强，学生之间的交互性进一步增加，教师对整个对答的控制力进一步减弱。

（二）课堂对答场景中的师生关系

对话过程中角色之间的关系可以通过两个轴线来确定，水平轴确定距离关系，垂直轴确定等级关系，这两个轴线可以划分出对话参与者关系的四个象限，D 小学课堂对答中的师生关系主要处于第一象限，师生之间的关系是像朋友一样亲近且平等的关系。教师在说话时经常使用"我们""咱们""宝贝儿""孩子们"这样的人称代词，在引发时走到学生中间，和学生有比较亲密的肢体互动，这都体现了师生之间比较亲近的距离关系。教师在引发时，使用"请"的手势，学生回答问题"身体程序"的进一步松动，学生有更多机会走上讲台，使用教师专属的"讲台权利"，讲台上下的"无形阻隔"的弱化，都说明师生之间的等级关系逐渐弱化，并且朝着相对平等的方向发展。

第七章　课堂对答的影响因素

研究者通过对 D 小学的师生进行两轮深度访谈，并对访谈信息进行开放编码和轴心编码，归纳出了 D 小学课堂话语实践的多重影响因素，这些影响因素从外向内依次包括社会话语思潮、我国的教育政策、D 小学的学校文化以及师生作为课堂对话主体对相关理念的内化和呈现四个方面。

第一节　社会思潮对课堂对答的裹挟

学校作为一种社会机构不可避免地受到社会思潮的潜移默化的影响，学校里的课堂话语也会受到社会话语趋势的影响。费尔克拉夫指出了近代社会话语变迁的三大趋势：民主化、商品化与技术化，其中的民主化趋势对课堂机构对话产生了重要影响。

一、社会话语"民主化"趋势对课堂对答的浸润

在社会话语的民主化趋势下，"课堂民主"和"教学民主"研究大量增加。课堂对话中也出现了"权力不对称的标志的弱化"和使用非正式语言的情况。

（一）社会话语的"民主化"趋势下课堂对答的"民主化"特征

费尔克拉夫认为，话语民主化（democratization）指的是"消除话语权利和语言权利、义务和人类群体声望方面的不平等和不对称"。在具有权利不平等的机构话语中则表现为"消除明显的权力标志和偏向非正式性（informality）语言的趋势"。[①] 纵向比较 D 小学现阶段和 30 年前的教学视频中的师生对答，确实观察到了师生对答中一些明显的"权力标志"的消除和师生对答中的一些偏向非正式语言的趋势。

1. 课堂对话中权力不对称的标志的弱化

课堂对答中等级制和权力不对称的标志的弱化主要表现在，第一，提问

---

① ［美］诺曼·费尔克拉夫. 话语与社会变迁 [M]. 殷晓蓉译. 北京：华夏出版社,2003:187.

时，直截了当的命令的消失，代之以更加间接的和"面子"上敏感的（face-sensitive）形式。例如新课程改革之后，教师在"提问"行为中逐渐增加的"请"字的使用频率；在"告知""评价"等行为中，更多地使用"协商性"的语气。第二，不强大的说话者使用了某些强大的说话者才能使用的说话形式。例如使用第二人称"你"面向全班同学提问，这本来是强大的说话者教师的说话方式，现在也有部分学生使用这种方式向全班提问。

2. 教师在与学生的对话中使用非正式语言

社会话语中消除明显的权力标志的趋势与偏向非正式的趋势紧密相连，因为在正式的机构对话情境中，权力和地位的不对称最尖锐。费尔克拉夫认为，正式的机构对话也出现了非正式化的趋势，非正式的谈话已经殖民化了正式的专业机构话语，包括课堂话语，甚至连书面语也开始向口头话语的表达方式转变，当代文化价值给了"非正式性"高度的评价。D小学的课堂师生对话中经常能听到，教师使用非正式语言称呼学生，例如"宝贝儿"或者"亲爱的"。

3. 权力不对称的标志变得更加隐性而不是消失

话语的"民主化"是近代社会话语变革的整体趋势，话语民主化这样的抽象趋势是矛盾斗争的总和，但是在具体的变革情境中，有些"话语民主化模式"是装饰性的，有些"话语民主化模式"是实质性的。

在装饰性的民主化模式中，权力持有者只不过以更加隐蔽的控制机制代替了明显的控制机制。例如有些公开课的课堂上会出现"强反差与表演性"，有些教师想呈现宽松平等、学生为中心的课堂，因此请学生到讲台扮演小老师，但是小老师站上讲台之后，"展演的仍旧是作为学生时的神态与体语"，并没有表现出"教师在讲台前相似的神态、体语"。[①] 但是也有些话语民主化模式是实质性的，例如语言中的性别关系的民主化问题，虽然在很多领域，语言中仍然存在很多关于"女性歧视"和"女性刻板印象"的描述，但这些现象被认为是"问题"，以及这一问题引起的持续关注，都说明"语言中的性别关系的民主化"有了实质性的进展。在课堂对答中，教师更加注重使用礼貌用语和协商性语气，这些都是实质性的话语民主化模式。

（二）"课堂教学民主"研究大量增加

"民主"一词源起于古希腊，意指一定阶级范围内的公民具有遵循平等参与和少数服从多数的原则来共同管理国家事务的权利。[②] 后来社会对民主的诉求

① 孙丽丽.基于文件阐释法的视频分析与课堂模仿研究——兼论视频分析的方法论意义[J].华东师范大学学报（教育科学版）,2017,35(05):82.

② 李寒梅,张朝珍.对思想政治课教学民主的内涵与特征的几点认识[J].课程.教材.教法,2007(02):64.

从政治领域扩展到了社会学和教育学等领域。《学会生存——教育世界的今天和明天》一书中指出，"民主还必须满足人们的教育要求，我们必须重新制定教育的目的和内容，使之既有新的社会特点，也有新的民主特点"。[①] 在这种社会整体追求民主的氛围之下，"课堂民主"和"教学民主"的相关研究逐渐兴起。这个领域的具体发文量统计见图 7-1 所示：

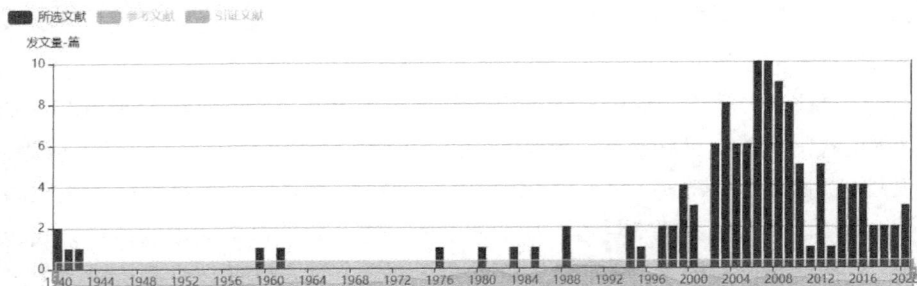

图 7-1 篇名包含"课堂民主"或"教学民主"的期刊论文发表年份统计图

在中国知网的高级检索中，限定篇名包含"课堂民主"或"教学民主"进行精确查找，共找到 122 篇题目中明确包含"课堂民主"和"教学民主"的期刊论文，其分布年份如图 7-1 所示，最早的期刊论文发表于 1940 年左右，1996 年之后，发文量有了大幅度的增加，2008 年左右达到顶峰，随后逐渐下降，2016 年左右又有所回升。"课堂民主"或"教学民主"主题下发文量较多的年份与新课程改革开始酝酿和实施的时间大体是一致的。可见民主是课堂教学改革的重要诉求。

课堂民主改革的焦点是师生平等、学生自主、尊重个体差异。例如姜丽华认为课堂教学民主包括三个重要的维度：平等性维度、自主性维度、交往性维度。[②] 李寒梅，张朝珍指出教学民主的特征是尊重差异、主体参与、异步发展。[③] 谭丽华，任仕君通过调查指出"教学民主的核心是尊重学生的人格、个性、差异等"。[④] 赵静指出教学民主的内涵是平等、自由、尊重的理念。[⑤] 在这些理念的影响下，课堂话语也朝着师生平等、学生自主的方向发展。

---

① 联合国教科文组织国际教育发展委员会著.华东师范大学比较教育研究所译.学会生存——教育世界的今天和明天 [M].北京：教育科学出版社,1996.8.

② 姜丽华.课堂教学民主的内核、结构及其实践张力 [J].现代教育科学,2019(03):96.

③ 李寒梅，张朝珍.对思想政治课教学民主的内涵与特征的几点认识 [J].课程.教材.教法,2007(02):65-66.

④ 谭丽华，任仕君.教师教学民主观调查——以 H 市初中教师为例 [J].教育与教学研究,2016,30(09):41.

⑤ 赵静.略谈教学民主理论及其实践路径 [J].中国成人教育,2014(09):135.

二、后现代主义思潮对平等的师生对答的提倡

随着后工业时代的来临，后现代思潮已经影响到包括教育在内的诸多社会领域，后现代教育思潮对课堂教学观念产生了冲击。

后现代教育理念对我国的"基础教育新课程教学具有重要影响"，[①] 具体包括对教学理念、教学中教师的作用、教学方法、教学评价等方面。后现代教学理念对现代教学理念上的二元对立进行解构，反对刻板化地运用精确模式，"在教学过程诸要素的关系的动态生成上寻求新的角度"。[②] 基于此，教学过程也就被认为是一个创生的过程，依赖师生互动完成学生的主动学习和建构。后现代主义主张对话成为基本的教学方法。在对话过程中，双方既要学会表达，又要学会倾听；除了人与人之间的对话，教师还应该鼓励学生与"文本"对话；在对话过程中，教师要尊重学生的人格差异，教师对信息进行解释，就像"一溪流水，既流过生活，又是生活的源泉"。[③] 后现代教学评价注重过程取向和主体取向，也就是不仅评价学生学习的结果，更关注学生"观念""技能"转变和获得的过程。不仅评价"学生"的"答案"，更注重与学生"整个人"进行的交流和反馈。

后现代主义教育理论也反对教师权威和教学控制，认为教师在教学中的地位是"平等中的首席"，教师是"教育生态圈中的管理员"。[④] 传统的师生身份可能得到消解，课堂上可能会出现"作为教师的学生"和"作为学生的教师"，D 小学教学视频《百家姓》中，学生在讲台上当小老师时遇到不认识的字，教师在讲台下举手回答了学生的问题。这恰好体现了"作为学生的教师"和"作为教师的学生"。教师和学生共同对求知过程负责，在沟通中达到和解。在课堂教学的某些环节，教师甚至像一个主持人而非"教师"。D 小学课堂教学视频《十六字令》中，在学生"分享自己创作的小令"环节，学生之间是以第二人称"你"直接进行交流的，教师主要负责提名和传递话筒，就像一个主持人。在这个过程中，教师不再高度控制整个对话，也不再是知识的来源和知识权威。在后现代教育理念的冲击之下，教师的教学观、师生观也逐渐发生变化，这些变化最终都反映在师生对答的过程中。

---

① 李方.后现代教学理念探微[J].教育研究,2004(11):35.

② 熊和平,赵鹤龄.后现代批判视角我国近20年的教学过程本质研究[J].比较教育研究,2003(02):48.

③ 李方.后现代教学理念探微[J].教育研究,2004(11):38.

④ 韩立福.后现代语境下的教学话语转型研究[J].教育理论与实践,2007(21):41.

第二节　教育政策对课堂对答的引领

中国的教育政策对教育实践起到重要的引领和规划作用，中国近期推行的基础教育课程改革政策和长期执行的教育现代化政策都在无形中塑造着课堂对话的形态。

一、新课程改革政策对课堂对答方向的指引

在钟启泉、崔允漷等解读 2001 年《基础教育课程改革纲要（试行）》的著作中，提出了"新课程与学习方式的变革"以及"新课程需要什么样的教学观"。[①] 新课程改革倡导"自主、合作、探究"，强调互动的师生关系等理念等都对课堂对答产生了影响。

（一）新课程改革对"自主、合作、探究"式学习的提倡

"自主、合作、探究"其实是三种学习理念。自主学习强调学生作为学习主体的主动性；合作学习指向学习的组织形式；而探究学习则指向学习的路径，这三个概念互相有交叉，不能完全分离。

1. 课堂对答情境中自主学习实现的困境与改进

自主学习包括三个子过程：自我监控、自我指导、自我强化。自我监控指的是学生对自己学习过程进行的观察、审视和评价；自我指导指学生采取的有利于达成学习结果的行为，包括制定计划、选择学习方法和学习环境等；自我强化则指的是通过自己对学习结果进行奖惩，维持积极的学习过程。[②] 从自主学习的过程来看，自主学习一定是在"自我"的控制之下进行的，自我是"处于本我和超我之间的意识结构部分，是人格的理智层面"。[③] 要达成什么学习目标、如何达成学习目标、如何制定计划、选择学习环境、对自己进行鼓励或者惩罚，都是在自己的"理智"监控之下进行"自主"的过程。

但是在传统的课堂对话场景中，学生能够"自主"的空间和条件极其有限。在教师持续不断的高频引发笼罩之下，学生的注意力一直被教师牵着走，当然这是传统教学的理想状态。但在这种情况下，学生其实是无法分配出注意力来观察、审视和评价自己的学习过程的。在课堂对答中，学生也没有权力和机会进行自我指导，因为学生不能自己选择有利于达成学习结果的行为，不能指定

---

① 钟启泉，崔允漷等．为了中华民族的复兴为了每位学生的发展《基础教育课程改革纲要（试行）》解读 [M]．上海：华东师范大学出版社，2001:258.

② 庞维国．论学生的自主学习 [J]．华东师范大学学报（教育科学版），2001(02):79.

③ 车文博．当代西方心理学新词典：[M]．长春：吉林人民出版社，2001:99.

计划、选择方法和学习环境。在课堂对答中，学生也很难实现自我强化，因为课堂上奖惩的权力都属于教师，并且主要以语言评价的方式实现。所以从师生对答的角度来看，传统课堂对答情境很难实现严格意义上的自主学习，比较普遍的情形是与自主学习相对应的"被动学习、机械学习和他主学习"。①

随着课程改革的推进，这些情况有所改善，在 D 小学的某些课堂上，教学时间被学习指南分成小段，在某一小段时间内，学生是自主的。D 小学的教师在上课之前也会问学生，你们想通过什么样的方式来学习课文，给予学生一些指导自己学习过程的机会。同时很多教师也向学生让渡了评价的权利。

2. 课堂对答情境中空间条件的改善促进了合作学习

合作学习指向学习的"组织形式"，是相对于"个体学习"而言的。合作学习指的是学生在小组或者团队中为了完成共同的任务，进行的有分工的互助性学习。"剧场式"课堂对答场景中，讲台下的学生座椅都面向讲台放置，后排学生只能看到前排学生的后脑勺，没法进行合作学习。现在 D 小学为了实现"合作学习"把学生的座椅排拼成了"小组式"，或者直接定制一体化小组式桌椅，既方便学生面向讲台坐，也方便学生小组讨论。教室里学生座椅排列的方式与学生的目光注视方式和对答中的信息流向密切相关，这些对答场景中的座椅排列方式的变化确实促进了"合作学习"在形式上的发生。

3. 探究性学习在理念层面的提倡和实践操作中的困境

探究学习强调学习要经过以下步骤进行：确定研究主题—创设类似学术或者科学研究的情境—学生独立自主地实验、调查、搜集处理信息、交流讨论等活动—获得知识、技能、情感态度等方面的发展。这是关于"探究学习"的一种比较抽象而概括的描述，根据知网中的文献，落实到具体教学层面的"探究性"学习更像是一种"综合性"的学习活动，通常由教师和学生共同设计和实施。例如跨学科课程探究性学习中的"KWHLAQ"模式，"KWHLAQ"是几个单词的缩写，Know、What、How、Learn、Actions、Questions。在明确了研究主题和设置好探究性的问题情境之后，教师使用"KWHLAQ"重新组织了问题，第一，Know 指的是学生已经知道了什么（激活学生已知的相关话题）？第二，What 指的是学生还想知道什么？（围绕话题提出预期新知）第三，How 聚焦如何获取新知？通过调查、检索、阅读等方式获取新的知识。第四，Learn 围绕已经获取的新知，展开分享，回答 W 阶段提出的问题？第五，Actions 运用所获得的信息解决实际中的问题。第六，Questions 提出未解决的问题或者新问

---

① 钟启泉，崔允漷等 . 为了中华民族的复兴为了每位学生的发展《基础教育课程改革纲要试行》解读 [M]. 上海 : 华东师范大学出版社 ,2001:259.

题，作为后续研究或学习的基础。[①] 另外的探究学习模式还包括"美国高中生物探究性学习"，这个模式包括启发环节（Open）、浸入环节（Immerse）、探索环节（Explore）、识别环节（Identify）、积累环节（Gather）、创造环节（Create）、分享环节（Share）和评价环节（Evaluate）。[②] 由此可见"探究学习"是一种综合的学习取向，探究性学习要达到的三个目标是："获得理智能力的发展和深层次的情感体验，建构知识、掌握解决问题的方法"。[③] 由于"直接教学"的强大惯性、课堂对答场景的局限性和探究学习的复杂性，探究学习在理念层次一直备受重视，但是在实践操作层面遇到很多困难，尽管如此，它还是成功地引起了教师们对学生学习方式和过程的思考，使教师们更加关注学生的思考和对话过程。

新课改提倡"自主、合作、探究"式学习，自主学习是针对被动学习和机械学习而言的；合作学习是针对"个体学习"或者课堂上学生之间缺乏交流的现状而言的；探究学习是针对学生的"接受学习"而言的。这些理念是促成课堂对答结构及其场景变革的重要原因，在这些理念的洗礼之下，课堂对答的形态有了一些改变，例如学生在对答中的自主性不断增强，在课堂的"复合段状"时间里产生了更多学生之间的对话，学生在对答中也出现了更多探索式的语言风格。

（二）新课程改革理念对"互动的师生关系"的倡导

"教学是教师的教与学生的学相统一的活动，这种统一的实质是交往"。只是交往主体的性质、交往的内容、交往的目的比较特殊。[④] 没有交往、没有互动就没有教学，而这种交往是以"语言"或者说"对话"为核心的。如果仔细区分师生对话的句式，就能发现这种对话是以"对答"为核心的。把"教学看作一种特殊的交往"是教学论中一种得到普遍认可的观点。新课程改革理念强调的是师生交往双方是平等的以及二者交往中的"交互性"。

师生对答双方是平等的主体，但是受"指令性课程范式"的影响，新课程改革之前的课堂上，师生对话中存在明显的等级特征。被访谈的老师们也认为课堂上师生对话的平等性和交互性都提升了。"我上学的时候不平等，现在感觉更平等。现在学生敢跟老师说话了，我上学的时候都躲着，很怕老师，现在小

① 邓莉. 如何在教学上落实 21 世纪技能：探究性学习及其反思和启示 [J]. 教育发展研究 ,2017,37(08):80.

② 李慧，张民选，王全喜. 美国探究性学习管窥与启示——以高中生物学科为例 [J]. 外国中小学教育，2015(08):61.

③ 钟启泉，崔允漷等主编. 为了中华民族的复兴为了每位学生的发展《基础教育课程改革纲要试行》解读 [M]. 上海：华东师范大学出版社 ,2001:262.

④ 郭华著. 教学社会性之研究 [M]. 北京：教育科学出版社 ,2002:130-132.

孩课上课下都勇于表达自己的意见，这就是因为老师给了他一种轻松、和谐的（心理）环境，他才能够真实地去表达自己，如果像以前一样是一种严肃的课堂，包括老师会严肃地去批评或者说要求学生的时候，学生可能也不会那么轻易地去表现自己。"（D小学M老师）。经过新课程改革的洗礼，在课堂对答中建构平等的师生关系至少在"观念层面"已经成为共识。在新课程改革理念对"互动的师生关系"的倡导之下，师生对答的交互性也进一步增强。课堂对答的类型也从"默认"的"I-R-F"结构转向了更多样的"回音"结构和"架构—发展—评价"结构并存的状态。

二、教育现代化政策对课堂对答实践的支撑

现代化是以技术革命、工业化为动力，推动人类社会由传统文明走向现代文明的全面变革的进程。"教育现代化"是在"现代化"的基础上派生而来的概念，指的是教育领域的物质和精神方面的现代化进程。我国的教育现代化以1983年，邓小平同志为景山学校的题词为起点。教育现代化是我国教育改革的旗帜性语言和重要导向，自此以后，《中国教育改革和发展纲要》（1993）、《国务院关于基础教育改革与发展的决定》（2001）、"党的十七大报告"（2007）、《国家中长期教育改革和发展规划纲要（2010—2020年）》（2007）、《国家教育事业发展"十三五"规划》（2017）、《中国教育现代化2035》（2019）等政策文件都明确提出了我国不同阶段的教育现代化目标。教育现代化的核心内涵指向"以现代信息社会为基础，以先进教育观念为指导，运用先进信息技术的教育变革的过程"。也就是说，运用先进信息技术，实现教育实践形态和教育观念的变革是其最终的落脚点。在我国，教育政策对基础教育变革起到了最为重要的引领作用。在教育现代化政策的指引下，我国各层次、各种类学校的物质现代化和观念现代化水平不断提高。课堂教学媒体的信息化、智能化程度不断提升，与之相关的教育观念、教育制度，以及更微观层次的教学设计、师生关系等都随之发生了变化。课堂场景中，教师和学生与媒体的互动方式也在持续发生变革。教师逐渐退去了独享教学媒体、呈现知识的"权威"地位，学生获得了更多使用教学媒体呈现信息和表达想法的机会。

（一）教师从"知识权威"变为知识呈现中"平等的首席"

农耕文明时期，科技发展速度慢，知识更新速度也慢，教师由于"闻道在先"而处于知识的高位甚至垄断地位。教师对知识体系具有最大限度的"控制权"。在教学这个传播知识的过程中，教师主要通过口耳相传、纸媒及其他媒体向学生传递知识。从工业文明到信息文明，知识的更新速度越来越快，知识体系

也愈加庞杂精细，任何人在有限的一生里都无法穷尽某一领域的知识，教师作为知识权威的地位逐渐式微。随着人们获得知识的渠道逐渐多元，面对不懂的问题，人们倾向于求助强大的"搜索引擎"而不是某个"人"，互联网搜索引擎逐渐取代了教师作为知识来源的地位。现代课堂上，教师会使用多媒体呈现一些提前准备好的"知识"，熟练掌握检索技能的学生也可以用多媒体呈现自己搜集到的相关知识，教师从知识的"权威来源"变为了知识呈现中"平等的首席"。

（二）学生在教学媒体使用中从无法接触到拥有一席之地

随着课堂教学媒体的发展，师生使用教学媒体的权力也发生了变化。建国初期直到新课程改革之前，所有的教学媒体都设置在讲台上，讲台是教师的专属区域，讲台上下像是有一道无形的"阻隔"，学生难以逾越师生之间的身份界限去使用讲台上的教学媒体，使用教学媒体构成了教师专属权利的一部分。随着师生关系渐趋平等，学生有更多机会走上讲台，也逐渐拥有了使用教学媒体的机会。以课堂上历史最悠久的教学媒体"黑板"为例，黑板早期是教师专用，用来呈现准备好的课堂教学内容并记录教学过程，比如教师会精心设计一个在课堂教学过程中逐渐生成的"结构化板书"。随着多媒体和投影仪的普及，黑板不再是教师专属的教学媒体，也不再是主要的教学内容和教学过程的"展示媒体"，而是变成了呈现学生小组合作成果的媒体。20世纪80年代D小学的公开课上，只有教师拥有话筒，新课改初期，师生轮流使用一个话筒，到了2016年的公开课上，每个学生的桌子上都配备了无线话筒。学生教学媒体使用机会的变化是学生权力、角色变化的投射，学生逐渐获得了使用教学媒体的权力，也从单纯的信息接收者变成了信息的贡献者。除此之外，课堂教学媒体中的PPT和实物展示仪等都通过影响师生之间的"共有注意"的建立而影响了师生之间的对答形式和信息流向。

第三节　学校文化对课堂对答的塑造

社会思潮和教育政策都是宏观的外部环境，它们对课堂的影响需要以学校机构作为调节的中介，其中学校对社会思潮和教育政策的吸收和接纳至关重要。

一、教学研究制度对课堂对答的促进

D小学创办于20世纪50年代末，是一所具有实验性和示范性的全日制小学，在70多年的发展过程中，一直坚持进行教育教学实践研究。1985—1990年进行了整体改革试验研究；1990—1994年进行了小学生素质综合改革试验研究；

1999—2005 年进行了小学生主体性教育试验研究；2001—2005 年，进行了开放式教育理念以及开放式学校建构研究；2006—2010 年进行了个性化教学的理论与实践研究。经过多年努力，建立了教师之间的公开授课制度和基于项目的教学研讨制度。

（一）教师间公开授课的教研制度

佐藤学教授在 20 年的时间内访问过 1000 多所学校，7000 多所教室，基于这些经验指出，要让学校改变，要建设一所教研性的学校至少需要三年。"第一年要在校内建立起教师间公开授课的校内教研体制；第二年以授课和教研活动为中心，提高研讨会质量；第三年，以师生有目共睹的转变为依据，把新的授课方式和课程设置正式固定下来。"[①]

在这个过程中，每个老师都作为教育专家，站在平等的立场上，共同建构一种互相促进学习的"合作性同事关系"才能促进学校的改变。D 小学正是建立了这种公开授课的教研制度。

D 小学的公开授课制度分为两种：第一种是"青蓝工程—希望工程—名师工程"公开课制度，这三个工程前后衔接，贯穿教师的专业发展历程。S 老师指出："学校有三个工程，一个叫青蓝工程，我没记错的话，所有新老师十年之内啊，都在这个工程里面，每个新老师都有老的老师带你，青蓝工程里的老师，每学期一节公开课，进行比赛，会有老师捧得"青蓝杯"，捧杯之后还要继续培养。到十年之后呢，进入希望工程，希望工程好像是五年吧，希望工程跟青蓝工程差不多也上公开课。如果说上半年是希望工程的老师上公开课，下半年就是青蓝工程。第三个是名师工程，你出了希望工程之后，一小部分老师进入到名师工程。名师工程的教师可以依据学校的理念做课程开发，做教学汇报等。"第二种是专家交流、比赛、培训性质的公开课。W 老师指出："还有一些公开课可能是有一些台湾、国外的专家来交流的时候上的；或者举行一些教学比赛的公开课，可能会有外面的人去听课和专家现场指导；还有一些是接待的国培计划、省培计划来观摩的教师上的公开课。"基本上每个老师都需要在同事面前上公开课，这种公开课制度让教师们共同建构出了一种相互促进的"合作性同事"关系，为教学改革奠定了基础。

（二）基于项目的教学研讨制度

D 小学是一所锐意改革的学校，由于附属于知名师范大学，教师学历较高，视野开阔，善于践行前沿的教学理论。经常举办以授课和教研活动为中心的研讨会，引领该地区的教学变革。老师们自己也沉浸并享受这种科研氛围，甚至

---

① ［日］佐藤学.静悄悄的革命 [M].李季湄译.北京：教育科学出版社,2014.49.

觉得很自豪。被访谈的 S 教师指出："我觉得吧，很多东西都是传承的，D 小这么多年真的是在做科研，就把这些老师都拽起来了，它这个文化在这儿呢，进来的每一个人都会被这个氛围所影响。"

D 小学还有常态化的基于科研项目的研讨会制度。S 教师指出："学校重视科研课题，学校每年都会组织教师申请省里和市里的有关课题，校内也设置青年科研基金。名师工程的教师都会开发课例和课程资源，然后都会汇报，这是习惯性的活动。例如现任校长，他主张这个归纳和演绎嘛，然后大家就会从自己的学科去做归纳和演绎的教学的设计，然后在课堂上实施，其他老师会听课，期末的时候分校的教师也会来参与讨论，讨论研究了什么，是怎么研究的，研究过程是怎么样的，经过了几轮的研究，然后最后我们得出的结论是什么样的，然后是怎么体现这个归纳，或者说怎么体现这个演绎的。一个学科出几个课例，做完之后就会形成研究报告，再在校内汇报。过一段时间，这些课题研究就会成一本书，把大家写的都放到这本书里面去。学校以前会有一个就是研究成果的一个展示，然后评出优秀的给予科研基金奖励。"由于 D 小学一直持续进行基于项目的研讨，出版了多本教育研究著作。这些著作包括专题研究，例如"小学三年级学生小组讨论过程分析——以语文学科为例"或者"小学四年级学生'小数乘法意义'"学习水平的研究。包括校本课程研究，例如《从'饮食'看世界》主题单元设计与实施探索——以四年级综合实践活动校本课程为例"。这些研讨制度使得教师们能够不断反思和提炼教学经验，改善课堂教学过程，也促进了课堂对话形态的变革。

二、校长教育理念对课堂对答的指导

学校组织的核心是校长，如果校长对学校改革和教学研究持积极态度，那么课程改革就比较容易实施。通过访谈得知，D 小学的历任校长都积极践行国家的教育改革政策，有几位校长拥有教育学博士学位，长期从事教育学理论和实践的研究工作，以自身的专业性引领了学校的发展。W 教师指出："从领导、校长，就从上到下就拽着你做这个事（教学研究）。他们水平也挺高，其他学校的有时候校长自己做科研，也做不太明白。比如我们整大单元教学，已经整得很成熟了，其他学校才开始做。因为他们没有人解读，没有引领者，科研的氛围没有 D 小这么浓。"在校长的引领之下，教师们都认为把日常教学和科研结合起来，应该是工作的常态。

D 小学的 X 校长提出了"开放式·个性化"的办学理念，将其概括为"六个打开"即"打开时间的墙壁，促进时间的弹性化；打开空间的墙壁，实现空间的开放性；打开学科间的墙壁，促进课程的校本化；打开教学间的墙壁，促进教学的个性化、个别化；打开组织间的墙壁，促进组织的合作性；打开学校和社区之间的墙壁，有效地开发和利用校内外教育资源，促进学校、家庭和社会的一体化，形成教育合力"。这一理念通过对学校场域中时间、空间、课程、教学、组织等因素的改革与调整，力图克服传统封闭式学校教育的弊端，促进教师与学生个性的和谐发展。这种强调开放、交流、尊重个性的办学理念，也在潜移默化中引领着课堂话语的变革。

第四节　师生个体对课堂对答的呈现

按照詹姆斯·保罗·吉的"大写 D 的话语分析"理论，话语是没有边界的，当一个人在说话的时候，是他过往的所有的经验组成的个体在说话。这些经验要生长成人的一部分，并且作为一种表达被输出，是需要以个体的接纳和内化为前提的。在课堂机构对话中，无论有意或者无意，教师和学生所表达的，都是他们认为"正确"的话语。无论是社会思潮、教育政策还是学校机构对教师和学生的种种影响都需要被师生接纳并通过师生呈现出来。

一、教师内化的课堂角色对课堂对答的规约

"教师角色是处在教育系统中的教师所表现出来的由其特殊地位决定的符合社会期望的行为模式。"[1] 简单来说就是"符合社会期望的教师的行为模式"，这个行为模式是随着社会变革而变革的。进入现代社会，班级授课制出现，班级授课制具有以"班"为人员组成单位、以"课"为教学活动单位、以"节"为时间单位的特征。班级授课制形塑了课堂上教师角色的基本特征以及师生之间的说话方式。

（一）传统的教师角色对课堂对答结构的影响

在传统的班级授课制教学中，教师是课堂教学的"独白者"，是系统组织的经验（教材）的忠实的传递者，因此课堂教学中，教师采用"独白式"的话语，课堂教学成为"教师讲、学生听"的活动。[2] 课堂的空间场景也是"剧场式"布局，教师站在讲台（舞台）上传递、呈现，学生坐在台下接受和观看。

随着班级授课制教学的发展，教师在课堂教学中的话语，逐渐从独白式变成了"I-R-F"对答结构，课堂教学以师生一问一答的方式进行，但是这种结构

---

① 胡春光.教师角色：从吉鲁的批判教育学中反思 [J].华中师范大学学报（人文社会科学版），2008,48（06）:121.

② 罗莎莎，靳玉乐.教师角色的历史演变及其启示 [J].现代大学教育,2020(03):22.

相当于一个"自动化"的"机制"，师生的对话以及背后的思维过程都是完全被嵌入到这个机制中的。这个"机制"的主要结构（教学流程）在上课之前已经预设完成，机制的动力即教师源源不断的引发话轮 I，机制运转的方向则通过教师的反馈话轮 F 来控制。学生在这个过程中，主要充当"说出教师预设的答案"这个角色，并辅之以举手投标，站起来回答问题、坐下等身体动作。因此虽然传统"I-R-F"对答结构的形式是师生对答，但是其实质是卡兹登所说的"背诵"性质的。

这一阶段的教师角色行为模式中，教师作为知识的权威，使得师生之间好像有一种"无形的阻隔"，呈现出明显的距离感和等级感。S 老师指出："我上学的时候（30 年前）都躲着，很怕老师，一节课上，不会说老师提问范围以外的任何话，一句也不说，那时候是一种比较严肃的课堂，老师会严肃地去批评或者说要求学生，学生也不会那么轻易地去表现自己。"

（二）现代的教师角色对课堂对答结构的影响

2000 年启动的新课程改革，赋予了教师作为课程改革者的"合法"地位，飞速发展的网络世界和检索技术挑战了教师作为知识来源和权威的地位。师尊生卑的关系转变为渐趋平等的关系，教师的角色也从"知识权威"变成了多尔所描述的"平等中的首席"。即教师是师生学习共同体中的一个平等成员；但是因为教师在专业知识、技能方面优于学生，所以是"首席"。由于知识更新速度非常快，教师也必须成为终身学习者。

基于这些教师角色的变革，有些教室取消了"讲台"，学生座椅的排列方式也从"剧场式"变为"小组式"。师生之间的对答结构类型更加丰富，对话的公式化程度降低，协商性逐渐增加，例如教师在引发话轮更多地使用礼貌用语和协商语气，教师在反馈话轮更多地使用称赞原则等。学生也以一种更加放松的姿态面对教师，具体表现为敢于表达自己的想法，而不只是被动地回答教师提出的问题。S 老师指出："现在小孩课上课下都勇于表达自己的意见，这就是因为老师给了他一种轻松、和谐的（心理）环境，他才能够真实地去表达自己。"在课堂对答情境中，如果学生跟教师有不同的看法有时候也会直接说出来。例如 S 老师指出："有的时候，他会反对你，我想好了我要发表我的意见了，他会下意识地直接说，我觉得老师这句话说得不对，这可能跟孩子年龄小有关系。"正是因为教师不再认为自己是权威，认为自己应该和学生平等地对话，学生感受到教师的这种信念，才敢在课堂上表达自己的真实想法。

二、学生内化的课堂角色对课堂对答的重构

学校作为一个次级社会化场所，对个体的社会化教育包含了两个方面，"一

是个体人格的次级社会化；二是个人在次级社会化过程中'嵌入'社会结构，从而在制度化的社会体系中获得自己的确定位置。"①学生进入学校，就需要学习在学校这个制度化的体系中获取自己的位置，在教室中亦然。

（一）传统的学生角色对课堂对答结构的影响

教室作为一个教育空间，有自己的"惯习"，进入这个场域的学生会"不自觉"地遵守起这些"惯习"。不同时期的课堂行为惯习是不同的。

通过访谈 20 世纪 60 年代读小学的人得知，那个年代的课堂上，好学生的标准是"5 分 + 绵羊"。F 老师指出："'5 分 + 绵羊'就是好学生。5 分指的是 5 分制的评价方式，来自苏联，后来和苏联关系不好了，改了百分制。'绵羊'就是要听话，不用有自己的想法，也不能犟嘴，要不可能会挨打，总之'听话'和'学习好'就是好学生。"

20 世纪 80 年代，学生需要遵守的具体角色规范包括"上课时要听话，注意听讲，不要做小动作，先举手后讲话，老师说的都是对的，并且个性不能张扬"。（M 老师）那一时期课堂上的教师话轮完成的行为以"告知"（讲授）和"指示"为主，"提问"行为不是很多。在较少出现的引发话轮 I 中，"教师通常不会考虑使用礼貌策略，如果学生说得比较慢或者不让老师满意，教师会催促学生"。在学生的回答话轮 R 中，"学生不举手的话是肯定不能说话的，否则就会被视为扰乱课堂纪律。说的时候肯定想尽力答对，说话之后，老师没让坐下，就不能坐下"。（M 老师）反馈话轮 F 中，如果学生说得不对，可能会被教师打断，直接叫下一个学生。学生不会对教师提问，"除了一些学习好的学生，大家都怕老师叫到自己，更别说打断教师了获得说话的机会了"。（M 老师）

从课堂对答的空间场景来看，"教室空间分为讲台上下，但是教师很少走下讲台，教师会在讲台上用粉笔砸学生，砸的很准"。在时间特征上，一节课都是教师在说，"学生之间完全没有交流的机会，教师会说，不准交头接耳"。总之师生之间的等级关系很明显，距离比较远。师生之间的关系就像"'耗子和猫'一样，学生在面对教师时都有些害怕"。（M 老师）

在这种传统的师生角色中，学生被规训成为"绵羊""老鼠"，在"听话""不用有自己的想法""不能交头接耳"等规则的约束之下，几乎成为课堂上的"失语者"。

（二）现代的学生角色对课堂对答结构的影响

随着课程改革逐渐深化，学生对自己在课堂上的角色的认识也有了变化，

---

① 项贤明.教育的场所———种对教育现象时空特性的尝试性分析 [J].北京大学教育评论，2003(04):87.

这些认识也直接地影响了学生的话语。

首先是学生眼里的课堂师生关系有了比较重要的改变。D校的小学生指出："上课的时候，老师对我们很热情，然后我们也是同样的，老师和学生更像好朋友一样。"出于对这种师生关系的认识，学生在对教师对话的时候是比较放松的，这位小学生说："我们平时上课不太紧张，公开课有点紧张，平时上课就只需要关注自己想说的话就好了，就是也不太需要担心说不好老师会生气，会惩罚呀什么的。即使说的不对，老师也不会生气，也不会说你，就是老师会让你再想一想，所以也不会特别紧张。"在这种师生距离比较近，比较平等的关系影响下的课堂就更容易出现，"教师引发—学生应答—学生反馈"和"学生引发—学生应答—学生反馈"这两种类型的师生对答。可以说这种比较平等和民主的氛围，孕育了更多学生的自主性。

教师比较宽容的态度也起到了助推的作用。当研究者问小学生："如果你一边想一边说，说得比较慢的话，教师会催促你吗？"他说"那是没有过"。当研究者问"教师注重礼貌策略的使用吗，例如使用'请'或者"协商性的语气"，学生回答"那是挺常见的"。当被问到，"如果你没有答出教师的问题，你心里会有什么感觉？"学生回答："如果不是总是答不上来问题，不好意思应该是不会有的，有些难过，我们同学是不会有。答不上来就答不上来呗，没有不好意思或者尴尬这种感觉，大家觉得这可能也挺正常的。"当被问到："如果学生的答案明显不是教师期待的那样，教师会打断学生吗？"学生回答："那不会，他会等你说完，然后跟你说你那里有问题。"如果课堂上出现了学生急于表达自己的观点，而打断教师的现象，教师通常会说："这位同学你先等一下，等我说完我的这些前提什么的，再请你来回答。"

这些都说明，在平等的师生关系和教师的宽容的态度的鼓励之下，学生在课堂对答中有了更多的自主性，并且能以一种更加平和和自信的心态与教师对话。

但是有趣的是，当问到小学生是否喜欢"学生引发—学生应答—学生反馈"这样的形式时，小学生却说，不太喜欢，原因是"有些同学发表的完全是自己的想法，完全不考虑这件事正确的表达方式或者是正确的答案。但是老师也是没法提前预知的，很多时候课堂上一片尴尬，有时候老师感觉没有办法掌控整个过程，那种完全按照老师计划完成的课，比较顺利的那种，是比较好的"。说明在学生的内心深处，还是认为完全按照教师的预设实现的课堂才是最为理想的课堂。

第五节　本章小结

一、社会思潮的影响

在常人方法学的理论中，社会结构投射于人们的日常生活，因此"日常对话"上升为社会学的正当研究对象，"话语变迁"甚至被视为社会变革的倒影。主流社会思潮中的"民主的""解放的"趋势也潜移默化地影响着学校话语，尤其是像 D 小学这样的积极改革的学校，因此 D 小学课堂对话中出现了较多的"权力不对称的标志的弱化"和使用非正式语言的情况。同时，在这些社会思潮的影响之下，"课堂民主"和"教学民主"研究大量增加，但是"话语民主化"这样的抽象趋势是矛盾斗争的总和，在具体的变革情境中，依然存在很多装饰性的"话语民主化模式"，例如一些供观摩和展示的公开课上的"强反差与表演性"。

20 世纪六七十年代在西方国家开始广泛出现的后现代主义思潮对现代文明发展的根基、传统等各个方面，进行了全方位的批判性与反思，它对中心性，秩序性，明晰性，权威性，决定性的消解，也对教育领域产生了深刻影响，形成了后现代教学理论，其对教育的强权叙述的怀疑，对基于确定性的知识传统的挑战，以及对多元性的追求，都部分解构了传统的"知识观"和"师生观"。在后现代主义的视野中，教学是开放的、对话的和平等的，强调师生在对话和交流中，达成双方的理解，这些理念都影响着 D 小学课堂话语的形态特征。

二、教育政策的影响

我国的各类教育政策对教育实践起着重要的规划和引领作用，2001 年启动的新课程改革对"自主、合作、探究"式学习和"互动的师生关系"的倡导，都对课堂上师生对答的话轮特征、组织特征、场景特征产生了重要的影响，在新课程改革理念落实得比较好的 D 小学，学生更加主动地发起对话，生生之间的言语互动更加频繁，学生也出现了更多探索式的语言风格，师生对话的结构更加多样、复杂，不断突破简单的 I-R-E 模式。我国持续的教育现代化和信息化政策使得学校的信息化和智能化水平不断提高，学生们有机会平等地接触到海量的知识和教育资源，教师难以保持"知识权威"的地位，这也促进了师生之间的平等交流。同时，在自媒体大潮的冲击下，每个人都有机会发出自己的声音，"话语权"被动下移，课堂内外，学生们都有更多机会发出自己的声音。

三、学校文化的影响

D 小学作为省级师范学校，更好地吸收了新课程改革的理念，其深厚的研究传统和规范的教研制度都使教师们对新的教育理念保持更加开放的态度，对平等的师生对话多了一份支持和包容，"合作教研"也使得教师们更加深刻地认识到了"对话"的重要性。该校的 X 校长提倡"开放式·个性化"的办学理念，这种强调开放、交流、尊重个性的办学理念，使得学生们"敢说"。后续的 Y 校长提倡"率性教育"理念，也强调尊重学生探究、好问、好动的天性；尊重学生的"个性"和"个性化的表达"；培养学生的"社会性"，例如"合作精神"，这些理念都提供了一种宽松的校园话语氛围，进而塑造着平等、生动的课堂话语形态。

四、师生个体特征的影响

在课堂这样正式的机构对话中，教师和学生所表达的，都是他们认为在这个场合下"正确"的话语，而"正确与否"的判断取决于他们对自身角色的认识。在校园文化比较传统的学校的课堂上，学生更倾向于把自己定义成"教师问题的应答者"和"课堂的配角"，课堂话语以教师的独白话语和典型的"I-R-F"对答结构为主，很少有"旁逸斜出"的声音，学生们都十分配合地把自己嵌入"应答者"话轮，一节课下来，几乎没有主动发起话轮；他们坐得端正，手背后，不"交头接耳"，答错了问题会流露出羞愧的神色，像是一个犯错的配角。但在 D 小学的课堂上，很多学生在访谈中认为教师是自己的朋友，他们能按照自己真实的想法回答问题，答错了也不羞愧，有时还会主动举手向教师提问，这些行为，都能看出学生把自己当作主动的对话者，这背后投射出的，是作为平等对话者的角色特征和基于此营造出的宽松、平等的交流氛围。

第八章 课堂对答特征研究结论与讨论

本研究以会话分析作为理论视角，选择了示范学校 D 小学为个案，详细阐述了优质小学 D 小学的课堂对答特征，并分析其影响因素，期望丰富课堂对答的相关理论研究，并为其他发展和变革中的小学课堂对话实践提供启示。本章分为两节，第一节主要阐述本研究的研究结论，第二节主要阐述对本研究的反思和未来研究的展望。

第一节 课堂对答特征研究的结论

本研究从小到大分析归纳了 D 小学课堂对答三个方面的特征。第一个方面是课堂对答的话轮特征，包括课堂对答中师生的话轮完成的具体行为和行为实现的方式。第二个方面是课堂对答的组织特征，包括课堂对答的组织形式，即话轮组成的对答结构类型以及话轮交接过程中呈现的互动控制。第三个方面是课堂对答的场景特征，包括场景中的空间形式、时间特征、信息流向以及参与者关系特征。最后分析了 D 小学课堂对答特征的影响因素，下文将从这四个方面阐述相关研究结论。

一、课堂对答的话轮特征

会话分析理论认为，行为（act）是话轮的基本构成单位，话轮是对答的基本构成单位。教师和学生在课堂上的对话过程其实是"行为构成"的过程，师生说出的每个话轮都完成了不同的行为。师生对话不仅构成行为，还反映个体的社会归属，建构个体间的关系，因此会话分析理论还关注对话过程中的言语形式、礼貌策略和肢体互动等。因此，研究者从师生话轮完成的行为和行为实现的方式两个方面来探究 D 小学课堂对答的话轮特征。

（一）师生话轮在行为完成的主体性上此消彼长

不同文化背景中的课堂对答的"默认"结构都是"I-R-F"对答结构，D 小学也不例外。这个结构由引发（I）、回答（R）、反馈（F）三个话轮组成，其中引发和反馈两个话轮主要是属于教师的。

教师的引发话轮完成的主要行为包括提问（诱发）、指示、告知；完成的伴随行为包括提名、示意、提示、催促。教学环节交界处的引发话轮中常出现"总结"和"元陈述"（导入）行为。这些行为中，提问行为的频率是最高的，指示行为其次，直接的告知行为比较少，大部分教师会把一些需要告知的信息转化成问句和学生进行问答。由于课堂上的学生数量较多，教师在提问之后常常伴随着提名学生的行为。D 小学现阶段的课堂上较少出现催促行为，教师都会耐心地等待学生把自己的观点说完。引发话轮是"I-R-F"对答结构的第一个话轮，是师生对答中最重要的话轮，也是整个对答的动力系统，教师就是通过源源不断地引发话轮导入新的"话题"，推动整个对答不断向前发展。

反馈话轮是"I-R-F"对答结构的第三部分，紧随学生的回答话轮之后。反馈是教师的言语特权，教师通过反馈话轮控制整个课堂对答的方向，就像"车夫通过缰绳驾驭马车"，如果学生的回答偏离预设的轨道，教师就会通过"反馈"话轮来调整对话的方向。反馈所在的话轮通常完成三种主要行为：接受行为、评价行为和更正行为。教师主要通过"注视、点头、语气词"等来表示接受；教师的评价主要包括积极评价和消极评价，积极评价的行为包括板书学生的答案、重复学生答案、夸奖、说出学生想说的词等。消极评价的行为包括直接打断、否定、质疑等。更正则主要是教师发起的更正学生错误的行为。

"I-R-F"对答结构中的回答话轮（R 话轮）是属于学生的，R 话轮完成的主要行为包括：回答、反应和接受。已经习得了"I-R-F"对答结构的学生们知道面对教师的"引发"，自己应该提供答案并接受评价；面对指示，应该用肢体动作及言语服从指示；面对告知，应该用注视、点头等方式来表示自己的"接受"。R 话轮还有一个伴随行为——"投标"。投标指的是学生通过举手（投标）的方式表达想要成为下一个说话者的愿望，经过教师的筛选之后获得说话机会，这是课堂对话与日常对话最大的区别。学校是一个次级社会化场所，学生习得"I-R-F"对答结构，意味着需要把自己"嵌入"到这个模式之中，在适当的时候配合教师做出适当的反应。可以说，部分情况下，学生回答话轮中的行为是"被动"的"应答性"行为。但是在 D 小学的多个视频中，学生也呈现出一些自发行为，例如自发地提出问题、评价同学、甚至还主动指出了教师的问题。这些现象说明，学生的回答话轮不完全是"被动的"和"应答性的"，学生说话的动机也不再仅仅是提供教师测验性问题的答案，而是进行主动地自我表达。这些都是 D 小学多年持续进行课堂改革的结果。并且教师和学生在对答的主动性上呈现出"此消彼长"的关系，教师逐渐让渡说话的权力并减弱控制力，而学生则在宽松的课堂氛围中增强了表达的自主性，这种趋势既表现在学生表达内容的探索性上，也表现在学生表达方式的主动性上。

（二）师生话轮中呈现出礼貌策略和多样的语言风格

对话是一种复杂的微观社会互动，会话分析除了考察对话参与者完成的行为，也关注这些行为实现的方式，例如完成这些行为时伴随的礼貌策略、言语形式特征和肢体互动特征等。

D 小学的课堂对答，从语言特征来看，教师的引发话轮里普遍使用礼貌策略，例如使用"请"字，同时在"指示"和"告知"行为中更多地使用"协商性"语气，而不是使用祈使句直接指示或者使用陈述句直接告知。从非语言特征来看，教师提名学生时，使用五指并拢的"请"的手势，并注重和学生进行肢体互动。例如用手扶着学生的肩膀，低下头寻求和学生的眼神交流等。在反馈话轮的语言特征方面，教师注重使用"称赞准则"和协商性语气；在非语言特征方面，也注重跟学生的肢体交流。通过这些肢体交流能看出，教师的注意力从"答案"转移到了学生这个"人"身上，即把学生当作了一个对话的主体，而不仅仅是一个需要被传递经验的客体。并且教师反馈时尽量克制自己不去打断学生，因为打断行为会使学生同时损失了积极面子和消极面子。打断行为会让学生觉得丢脸，这是侵犯了学生的积极面子，也侵犯了学生正在行使的表达的自由（消极面子）。根据语用学的"礼貌理论"，教师使用的这些礼貌策略能更好地维护学生的消极面子（领地）。努力使"提问"这一对学生的"自由"稍具威胁性的行为变得比较缓和。这一微小的课堂对答"惯习"说明了在教师的潜意识中，侵犯学生的面子是有风险的行为，这与近年来的教育思潮和新课程改革政策都强调要尊重学生，提高学生的主体性有关，也说明了 D 小学的课堂上具有平等的师生关系。

D 小学的学生话轮中，学生的语言特征里既有"靶向式"特征，又有"探索式"特征。"靶向式"特征指的是学生回答问题时会努力说出让教师满意的答案，这个过程类似于"射靶"。"探索式"特征指的是，一些学生在回答问题时，伴随着探索和思考的过程，呈现出迟疑、重说语句或者"假开始"等语言风格。一些学生会说出一些让老师感觉比较意外，但是很符合对话情境的观点，是学生在比较放松的状态下积极思考的结果，他们是在"表达自己的想法，而不仅是在回答问题"。如果学生还没有想到合适的答案就会直接告诉老师自己还没想好，不会不好意思或者觉得羞耻。在比较热烈的课堂气氛中，其他作为听众的同学不再仅仅是沉默的观众，他们随时准备着抢夺话轮，表达自己的看法，有时还会爆发出笑声。从学生应答时的非语言特征来看，学生应答时的身体也比较放松；并且"投标"这个仪式化的程序有了些许松动，个别时候，学生回答问题时没有举手。这说明师生对答的交互性逐渐增加，学生更像是以另一个对话主体的身份和教师对答，而不仅仅是被嵌入到"I-R-F"结构中的"待检测者"。

二、课堂对答的组织特征

话轮是对答的基本构成单位，两个人说出的两个以上的话轮组成的有前后制约和对应关系的"对白单位"就是对答。因此研究者主要从组织形式和权力关系两个方面来研究课堂对答的组织特征。组织形式指的是话轮按照一定规则组成的对答结构的类型；权利关系指的是师生话轮交接过程中呈现的话语权。

（一）师生对答中话轮组成的结构类型呈现多样化趋势

在具体的话语实践中，不同的对答结构承担不同的话语功能，课堂话语研究的一大任务就是探索适合不同教育目的课堂对答结构的类型，实现言谈的形式和教学功能两者的契合。D 小学由于多年来坚持课堂研究，课堂上出现了多种类型的对答结构。

第一种是"I-R-F"对答结构，这是各学段的教室言谈中的"默认"结构。根据主导者的不同，这种对答结构可以具体分为三类：第一类是教师主导的I-R-F，包括教师引发—学生回答—教师反馈三部分；第二种是中间型的"I-R-F"，包括教师引发—学生回答—学生反馈三部分；第三种是学生主导的"I-R-F"，包括学生引发—学生回答—学生评价三部分。在学生主导的"I-R-F"对答结构中，学生获得了更多的说话权利，也获得了一些分配话轮的机会。随着课堂改革的深入，这种对答类型逐渐增多。第二种是省略反馈 F 的"IR"对答结构，在师生的齐答部分、一个主题相关组内或者在教师得到"非如意应答"时都会出现 IR 对答结构，"IR"对答结构在课堂对答中所占的比例比较少。第三种是"回音"对答结构。回音结构的特殊之处在于这个结构的第三话轮 Rv，教师使用逻辑连接词 + 人称代词概述学生的观点，可以简写为"I-R-Rv-E"。回音对答结构具有以下优点：突出了应答学生对某些观点的原创性；学生需要回应老师，"是还是否"，这种回应需要经过思考并伴随论证；回音明确了学生之间的"一致"或者"不同"的立场，使原本不直接对话的两个同学有了对话的空间；回音面向全班同学，拓展和澄清了学生的表述，为那些作为听众但是使具有同样困惑或者问题的学生澄清了观点。第四种是"架构—发展—评价"（F-D-E）对答结构，"F-D-E"是基于对话功能而不是语法的编码，包括师生通过对话协作建构知识的三个阶段（话步）：架构问题（Framing）—发展解释（Development）—评估解释（Evaluation）。"F-D-E"结构具有以下特征：从话步归属来看，这三个知识建构阶段中的话步类型并非教师或者学生专属，而是可以由课堂上的任何人说出。从话步功能来看，不是简单的引发、回答、评价，而是出现了更细致的质疑—澄清—批准、反对—细化阐述—承认等话步，虽然还是三元结构，但其内核有了改变。从参与者角色来看，教师不再固定承担引发和评价的角色，引发和回答可以直接在学生之间发生。从话步流转的内在动力来看，话步的流转不再仅仅依赖"I-R-F"的结构惯性，而是受不同参与者之间观点的分殊、融合形成的张力的驱使。"F-D-E"结构中，学生之间能通过更加自主地对话，发展出对问题更加深入的认识。

　　整体来看，虽然"I-R-F"还是最普遍的对答结构，但是课堂对答已经逐渐突破了"I-R-F"结构的制约，朝着多样化的方向发展，师生对答的交互性和开放性也逐渐增强。

（二）师生话轮交接中的"公式化"程度有所降低

　　课堂机构对话是一种不对称的说话系统，在这个系统中，教师和学生获得、保持、交接话轮的方式是不同的。

　　在话轮的获得方面，教师可以随时随地开口说话。而学生则必须等候教师的筛选和提名，并伴随着严格的身体程序，这种程序已经沉淀为课堂的"惯习"，时刻规训着学生的说话行为。在心理气氛比较宽松的课堂上，也出现了少量学生打断教师获得话轮的情况。主要包括合作型非故意打断，例如，学生急于表达自己的想法打断了教师，或者当教师还在说话时，就发出了索取话轮的信号，教师随之把说话机会让给了学生。在话轮的保持方面，教师可以随意保持话轮，只要教师愿意，就可以一直说下去；而学生如果要保持话轮，就必须避免表现出放弃话轮的特征并采用一些保持话轮的具体策略。例如提高声调，使用一些逻辑连接词，第一，第二，第三等。在话轮的交接方面，课堂上话轮的交接几乎完全由教师控制，教师可以随意主动选择下一个说话者，完成话轮交接，而学生的话轮交接多数是在"I-R-F"对答结构的"惯性"之下无意识地完成的，即学生回答完问题之后，话轮就默认回到教师手中。

　　由于课堂是多人参与的机构对话，并且以"实现教学目标"作为最终交流目的。因此教师必须要通过严格控制"话轮交接"保证师生对话的秩序性，这本无可厚非。但是极其严格的话轮交接控制也会限制学生之间主动对话的可能性，因此如何在明确了课堂对答话轮交接机制的基础上，基于教学内容设计对答结构类型和调整师生话轮交接方式应成为课堂对话研究的重要议题。

三、课堂对答的场景特征

　　会话分析的一个重要原则是在场景中研究语言，因为语言只有在具体的场景中才有明确的意义。对答场景的构成要素主要包括互动的参与者和时空范围，具体到课堂对答场景，主要包括课堂对答的时空范围和参与者特征对对答的限制。

（一）师生对答的时空形式有利于开展合作学习

言语交际过程中，目光和人的身体都传递着重要的信息，因此，教室空间格局和桌椅排列方式会对对话产生重要影响。

D小学课堂对答场景中的空间形式主要有三种："剧场式""复合式""小组式"。"剧场式"空间主要指教室被分割为讲台上下两个区域，讲台类似于剧院的"舞台"，学生整齐排列的座位很像是剧场的"观众席"。讲台下后排学生只能看到前排学生的后脑勺。学生被限制在自己的椅子上，一节课上只有三种姿势：坐着听讲，举手，站起来回答问题。这种座位排列方式，有利于教师—学生之间的交流，而不是学生—学生之间的交流。这种座位的排列方式与"I-R-F"对答结构的特征相匹配，即教师说话的目的是把老师的意义系统（the teacher' meaning system）传递给学生。"复合式"空间中讲台依然存在，教室还是主要区分为讲台上下两个区域，但是学生桌椅被拼成了小组式，这种空间形式既方便师生交流也方便生生交流。"小组式"空间中，讲台消失，教师不再站在高出一截的讲台上，而是和学生站在了高度一致的地板上，教室里出现了"一体化"的小组式桌椅，这可以看作是"合作学习"观念的物化。这三种空间形式在D小学同时存在，教师们倾向于根据教学的具体需求选择空间形式。

权力直接作用于时间，教师对课堂对答的控制是通过时间控制实现的，时间安排会影响课堂对答的形态。D小学的课堂教学时间具有"单一线性"和"复合段状"两种形态。一些课堂上，教学时间的安排是"单一线性"的，即在每一个时间节点上，教室里只有一个人说话，每个人说的话沿着时间这条线组成对答和序列，线性地向前推进。教师把课文各段的要点转化成为问题，通过序列化的提问对课堂的每一个时间点进行精确的、强有力的控制，学生被这根时间线牵着，被动地嵌入到一个个前后相接的"I-R-F"的对答结构中去。另一些课堂上教师会使用"学习指南"规划整节课的时间，学习指南规定了课堂上一段时间里学生的学习任务（任务卡片）、学习方式（个体、小组还是全班）、时间长度。与"单一线性"的时间安排相比，基于"学习指南"的课堂时间安排有如下特点：第一，学生知道整节课的时间规划，心中有一个大概的"时间地图"。第二，课堂时间被分成了若干段，在每一段时间范围内，学生是自主的。第三，班里同时开启了多组话轮，几乎班里的每个学生都能在这个环节说话。第四，兼顾了个体自主学习、小组讨论和全班交流等教学组织形式，能综合多种教学组织形式的优点。在这种时间规划中，时间的控制权不再牢牢地控制在教师手里，而是变成了一种客观存在的"时间说明"。在某一时间段内，学生获得了少量支配时间的权力，可见在新课改理念的浸润之下，学生权力以"时间交还"这样一种隐秘的方式得到了部分实现。

（二）师生对答在平等亲和的基调中呈现较强的交互性

参与者对课堂对答的限制主要表现在参与者的关系和数量两个方面。参与者之间的关系在课堂上表现为师生关系，参与者数量表现为多人对话中的信息流向。

对话过程中的角色之间的关系可以通过两个轴线来确定，水平轴确定距离关系，垂直轴确定等级关系，这两个轴线可以划分出对话参与者关系的四个象限，D 小学课堂对答中的师生关系主要处于第一象限，即教师和学生之间的关系更接近于"朋友之间的平等交往"。在距离关系方面，教师总是使用"我们""咱们"这样的"我陈述"表示师生是一个整体，还使用"宝贝儿""孩子们"这样亲密的人称代词拉近和学生的距离。教师在引发话轮和反馈话轮都和学生有比较亲密的肢体互动。这都体现了师生之间比较亲近的距离关系。在等级关系方面，首先表现为讲台专属使用权的弱化，学生有更多机会走上讲台，教师有更长时间坐在台下，讲台上下"无形的阻隔"正在弱化。其次，教师引发时，使用"请"的手势，在与学生的对话中使用礼貌策略，努力地维护学生的积极面子和消极面子。这都说明了 D 小学师生之间的平等亲和的关系。

课堂是多人参与的对话，并且参与者之间的权利和义务是不对称的，因此信息流动的方向比较复杂。按照教师在对答中的作用进行区分，对答中的信息流向可以分为以下两种：第一种，以教师为中心的信息流动，包括教师与学生集体之间的对答，也包括教师与某个被提名的学生之间的对答，在某些情况下，教师与单个学生进行对答时，会以第三人称指涉同学。在这些类型的对答中，教师都是其中最主要、最核心的一方。第二种是以教师为中介的信息流动，包括以教师为中介的学生之间的问答和学生之间的直接对答。以教师为中介的对答中，学生之间没有直接交流，他们都面向教师对话，但是所说的内容具有问答关系，例如 A 同学提出了一个问题，教师请 B 同学回答了这个问题。学生之间直接的对答则指学生之间以第二人称相互指涉，进行直接对话，教师只负责提名。从课堂对答中信息流向的多样性来看，学生的自主性进一步增强，逐渐能以第二人称直接提问同学，在不对称的机构对话中，这通常是强大的参与者的特权。学生与学生之间的交互性逐渐增强，而教师有意识地降低了自己的控制程度。

四、课堂对答的影响因素

通过对 D 小学的师生进行深度访谈，并对访谈信息进行开放编码和轴心编码，归纳出了 D 小学课堂话语实践的多重影响因素，从外向内主要包括社会思潮、教育政策、学校文化、师生个体四个方面。

（一）社会思潮对课堂对答的"民主化"和"建构性"的影响

D 小学的课堂对答特征首先受到社会话语"民主化"趋势的浸润。课堂对话是典型的机构对话，师生对话在多个方面是不平等和不对称的，最为明显的就是"I-R-F"对答结构中教师对互动的控制导致的师生在说话机会、话轮数量以及话题的引入和确立等方面的不平等。通过纵向的年代间的比较发现，D 小学的师生对答已经朝着民主化的方向发展了，当前师生对答中的等级制和权力不对称的标志逐渐弱化，例如提问时，直截了当的命令的消失，代之以更加间接的和"面子"上敏感的（face-sensitive）形式，包括使用礼貌用语和协商性语气。不强大的说话者使用了某些强大的说话者才能使用的说话形式等。

后现代主义教育思潮对课堂教学也产生了重要影响，后现代教学理念首先认为教学过程主要是学生主动学习和建构的过程，应该赋予学习者以积极的地位。因此，D 小学的课堂对答中，教师给了学生更多发挥主体地位的机会，例如鼓励学生主动提问，鼓励学生评价其他同学的答案等。其次强调师生交流在学生知识建构中的作用，主张教师和学生在教学过程中应该发展出一种平等对话的关系。受到这些观念的影响，课堂上逐渐出现了学生的探索式言语风格，和"回音""架构—发展—评价"等增强师生交互性的对答结构。

（二）教育政策对课堂对答理念和时空特征的影响

对课堂对答影响较大的教育政策是近期的新课程改革政策和我国长期执行的教育现代化政策。

新课程改革政策指引着课堂对答的变革方向，具体表现在对"自主、合作、探究"式学习的提倡上。课堂对答场景中的空间和时间特征都朝着促进学生合作学习的方向变革，比如从"剧场式"转变为"复合式"和"小组式"，在"复合式"和"小组式"空间中，学生与学生之间有了更多相互注视和说话的机会。

课堂对答的时间特征也从"单一线性"变成了"复合段状"，即课堂上，教师不再用紧锣密鼓地提问在每个时间点上牢牢地控制学生，而是把课堂时间划分成了一些小段。在这段时间内学生可以自己支配时间，并且"复合段状"改变了课堂上每个时间点只能有一个人说话的现状，在讨论时间内，多个组内的学生同时开口说话，这也改变了课堂对答的实践形态。新课程改革理念对"互动的师生关系"的倡导使得师生对答的交互性进一步增强，也客观上促成了"回音"和"架构—发展—评价"等对答结构的出现。

教育现代化政策提供了课堂对答变革的物质基础。在教育现代化政策的指引和保障下，D 小学的课堂已经形成了一个以计算机为核心的多模态教学媒体情境。多种媒体的使用便于教师和学生群体之间建立共有主义，多媒体还能以改善学生认知负荷的方式促进学生的课堂学习。并且随着课堂教学媒体的发展，学生有更多机会走上讲台，也逐渐拥有了使用教学媒体的机会和权力。教学媒体也不再是主要的教学内容和教学过程的"展示媒体"，而是促进学生学习过程的"学习媒体"。

（三）学校机构对课堂对答的多样性和丰富性的影响

佐藤学认为，"课程改革是艰苦繁难的，使其实现的条件存在于所有的学校和教室中"。[①] 也就是说教育改革最终需要在学校层面得到落实，学校文化对教育思想和政策的兼容和内化潜移默化着课堂对答的形态。D 小学是一所持续改革的实验性和示范性的小学，学校机构对社会思潮、教育政策兼收并蓄，并在持续改革的过程中形成了自己的科研文化和特色。D 小学自身的教学研究制度和校长的教育理念都对课堂对答的形态产生了影响。

首先，教学研究是推动学校不断变革的"引擎"，D 小学有教师之间公开授课的教研制度，这种制度分为两类，一类是常规的"青蓝工程—希望工程—名师工程"，这三项工程跨度 15 年以上，其中的每位教师每年都要在同事面前上公开课。第二类是随机的专家交流、同行比赛和培训性质的公开课。这种公开课制度让每个教师都作为教育专家共同建构出了一种相互促进的"合作性同事"关系，这为教学的不断改进奠定了基础。其次，D 小学的历任校长，对学校改革和教学研究持积极态度，校长本人长期从事教育学理论与实践研究，引领着学校的发展方向。第三，D 小学还有常态化的基于项目的研讨会制度，教师们基于某一教育理念，一起研讨，一起进行教学设计。这些制度使得教师们能够不断地理解学生的学习过程，创设以对话为中心的教学过程，实现了课堂对答形态的多样化。

（四）师生个体对课堂对答中的参与者角色和关系的影响

在课堂机构对话中，无论有意还是无意，教师和学生所表达的，都是他们认为"正确"的话语，是"符合社会期望的教师和学生的行为模式"。无论是社会思潮、教育政策还是学校文化对教师和学生的种种影响都需要被师生自身接纳并通过师生呈现出来。可以说，师生对自身课堂角色的认知也形塑着他们在课堂上的对答形态。

相对于传统的课堂角色，现在 D 小学的教师们都认识到，自己作为课程改革者的"合法"地位，因此积极探究改进课堂对答的内容和形式。认识到自己的角色从"知识权威"变成了成为多尔所描述的"平等中的首席"，即教师是师生学习共同体中的一个平等成员。这些认识都促成了教师对答中的行为的变化，例如，教师在引发话轮更多地使用礼貌用语和协商语气，在反馈话轮更多地使

---

① ［日］佐藤学.静悄悄的革命 [M].李季湄译.北京：教育科学出版社,2014:4.

用称赞准则等，努力跟学生建立比较平等的师生关系。

现在的学生对自己在课堂上的角色的认识也与传统不同，学生们虽然认为上课时需要遵守课堂规范，但是在师生对答中不再惧怕教师。他们回答问题时不会过度紧张；答不出问题也不会羞愧。他们遇到不会的问题会坦然地说自己没想好，还出现了大量的探索式语言风格，他们敢于表达自己真实的想法而不是只为了说出答案供教师测评。同时学生认为自己和教师的关系像朋友一样，而不是 20 世纪 60 年代的那种"猫和老鼠"的关系。师生个体的这些观念和认识对课堂对答中的师生关系、信息流向和整体的课堂心理气氛都产生了重要的影响，这都促使课堂对答朝着更平等、更自由的方向发展。

五、课堂对答研究的启示

对优质学校 D 小学的课堂对答的话轮特征、组织特征和场景特征的详细描述和解释，能够为其他小学的课堂教学对话改革提供一些可借鉴的经验，本研究的启示可以概括为以下几点：

（一）控制打断和催促行为，鼓励学生主动提问和评价

"I-R-F"对答结构是不同文化背景的课堂教学的"默认"结构，我们甚至可以将这个结构看作课堂对话的产生机制。这个结构中的引发话轮源源不断地引入新的话题，并通过提问行为抛给学生，教师需要通过学生的回答确认双方的"互解"程度，在不断地确认和学生达成相互理解的基础上推进课堂教学内容。在这个过程中，教师和学生都带着自己的先知先见在某一个知识点上达成一种视域融合，这个过程是依靠对话实现的，在课堂上则主要是依靠"I-R-F"对答结构。

但是在这个对话双方说话权力和义务"不对称"的结构中，教师居于强势地位，学生的"回答"被嵌入到教师的两个话轮之中。这个结构衍生的强大言语"惯性"对学生的主动性产生了限制。这种把学生的注意力限制在每一个被教师精确控制的细小问题中的做法限制了学生的视野，使学生不能跳出这个结构进行主动的思考。这种在长期被提问、被评价中形成的"被动性"甚至延伸到学校生活的很多方面。教师话轮中的打断和催促行为更是会加剧课堂心理气氛的紧张性，使学生无法放松地思考。新课改之后，D 小学课堂上教师的打断和催促行为都降低了，学生访谈中，他们也表示现在能放松地表达自己的观点。因此，建议教师们在师生对话中尽量减少打断和催促行为，并鼓励学生的主动引发和主动评价行为。

（二）注重礼貌策略的使用，鼓励学生探索性的语言风格

礼貌策略是列文森和布朗在戈夫曼面子理论的基础上提出的，课堂上的对

话不仅是一个促进学生认知的过程，也是一个人际交往过程。教师的引发语和反馈语所传递也不仅是知识信息，更是一种人际期待。学生对教师言语的加工也不仅是对外部信息进行编码和提取的认知过程，同样也是一个面子、自尊等情感因素相互作用的过程。因此，教师和学生都应该充分考虑对话中的人际语用效果，注重礼貌策略的使用，例如在提名时使用"请"字，在反馈时使用协商性语气，使用礼貌准则中的"称赞准则""一致性准则"和"同情准则"，在引发和反馈时主动和学生进行亲切的眼神和肢体互动，并鼓励和包容学生探索式的语言风格。

（三）探索多样化的对答结构，提升对答的交互性和开放性

虽然"I-R-F"结构是课堂对答的默认结构，但是随着课堂教学改革的进行，"I-R-F"对答结构的选择向度逐渐多样化，学生在对答结构中的主动性逐渐增强，产生了中间型和学生主导的"I-R-F"结构。除此之外，还产生了"回音"（I-R-Rv-E）和"架构—发展—评价"（F-D-E）结构。不同的对答结构适合不同的教学目的，"I-R-F"对答结构最适合帮助学生记忆和理解事实性知识，更为复杂的概念性知识、程序性知识、元认知知识，以及这些知识的更为复杂的运用、分析、评价和创造等认知过程则需要更具交互性和更为开放的对答结构。回音对答结构为学生之间创造了更多的对话机会，并把评价的机会还给了学生，还凸显了学生对观点的原创性。教师们在改进课堂对话时，可以考虑更多地使用回音对答结构。"架构—发展—评价"（F-D-E）结构则强调学生在教师的话语架构与调度下，自主地发展对某个话题的高阶认知。在这个过程中，教师可以减少自己的话语控制，让学生们自己完成一系列的发展和评估话轮，去回应其他学生的架构。

（四）改善师生对话的"不对称"性，做出更多的权力让渡

很多机构对话都是"不对称"的，即说话双方在交谈中的权力和义务是不对等的，例如医患对话、法庭对话以及师生对话等，双方在学识和专业身份上的差距造成了这种不对称性，这种不对称性的最典型的结果就是"I-R-F"对答结构，这个结构是完全被强大的参与者控制的。师生对话中，教师是强大的参与者，教师可以选择学生成为下一个说话者，但是学生不能选择教师；教师可以随时自选为下一个说话者但是学生必须等待教师的筛选和提名；教师可以随意保持话轮而学生不行；教师实际上拥有不说话便"操纵发言"的权力，例如，用"沉默"作为一种重申控制的方式，或是含蓄地批评某人的方式。这种课堂对话的"惯习"，时刻控制着师生话轮的交接，但是身处其中的人往往由于习惯了它的存在而难以察觉。本研究从会话分析的角度对其进行了详细描述与分析，

并指出了 D 小学新课改以后，虽然学生获取话轮时还是要经过筛选和提名，但是自选成为下一个说话者的方式更加自由多样，还出现了一些非正常的自选方式。希望进行课堂教学改革的教师能够通过这个语言学的视角审视和反思这种机构对话的非对称性，并在师生对话中，有意识地作出一些权力让渡，例如把更多引入话题、进行评价、总结、选择下一个说话者的机会让渡给学生。

（五）设计有利于学生交流的空间，提升学生时间使用的自主性

言语交际过程中，人的目光和身体都传递着重要的信息，教室的空间排列形式是师生的注视和交流的物理基础。在剧场式空间里，讲台的"呈现性"和观众席的"接受性"形成了鲜明的对照。随着教学改革的深入，教室空间设计里隐含的"缄默知识"不断受到新课程改革理念的冲击，在新课改"自主、合作、探究式学习"理念的浸润下，逐渐出现了"小组式"空间，这种空间形式的特征是，在师生对答部分，学生一律面向黑板坐，当小组讨论时，学生们就可以面对面坐。如果教师希望能促进课堂上学生之间的对话，可以考虑从对话场景的空间形式上进行改变。

课堂对话景中的时间特征与对话的形式甚至效果密切相关。D 小学课堂上的时间特征既有教师的高频引发形成的"紧锣密鼓的单一线性时间"，在这种时间模式里，学生被精确的"时间纪律"所控制，课堂被连续的活动"序列化"，教师能对课堂的每一个时间点进行有规律的干预和控制。也有以"学习指南"为依据的复合段状时间。在这种时间模式中，学生知道整节课的时间规划，并且在某一段时间内是自主的，这种时间模式兼顾了个体自主学习、小组讨论和全班交流多种形式。场景中的空间和时间特征的改进是协同的，即都朝着支持学生自主交流的方向迈进。如果教师希望从时间角度改进课堂师生对话，可以从寻找一种在维持学生注意和防止疲劳之间达到平衡的引发频率方面着手。

（六）意识到关系对对话的影响，建构平等亲和的师生关系

课堂师生对话既是认知行为也是交际行为，更是一种包含着情绪的复杂交互作用，任何好的教学行为都需要以良好的师生关系为媒介。在对话的场景要素中，参与者之间的关系会对交流的进程和效果产生重要影响。D 小学的课堂对答中呈现出了距离较近、且平等亲和的师生关系，在这种关系的影响之下，课堂对答呈现出了以教师为中介的信息流向，学生可以更放松、更自主地交流。由于交际双方的先知先见完全不同，因此要在对话中快速达成"互解"并不容易，此时双方的交流是以双方的关系作为"滤镜"的，平等亲和的师生关系无疑有助于促进师生之间的深度交流。因此教师在改进课堂对话时需要意识到平等亲和的师生关系对课堂对答形态的影响，并努力建构一种宽松的课堂心理

气氛。

第二节 课堂对答特征研究的讨论

同一个领域的研究者共同组成了一个遥远的学术共同体，本研究在综述前人文献的基础上，找到研究的生长点，并将自己的研究嵌入到课堂微观互动领域的学术版图中去。因此有必要在结尾处对整个研究进程进行反思，并在此基础上探讨后续的研究方向。

一、课堂对答特征研究的反思

很高兴成为课堂微观互动领域的一员，对本研究的反思包括尝试描述研究的创新之处和局限，以及如何承接前人的研究，并启示后续的研究。

（一）本研究的可能创新之处

本研究属于话语研究和课堂研究的交叉领域——"课堂话语研究"的一个子领域。由于话语范畴较大，包括在具体语境中真实产生的口语和书面语语篇，因此本研究聚焦课堂上教师和学生之间的口头对话，也被称为课堂对话研究。并将研究的重心进一步放到课堂对答上。选择以会话分析作为研究的理论基础，采用会话分析中"行为"、"话轮"、"对答"（相邻对）、"对答场景"等概念来分析D小学的课堂对答特征。本研究的可能创新之处主要表现在以下两个方面：

1. 将会话分析作为一种课堂微观互动研究的新取径

哲学上的"语言转向"影响到了教育学科，使得课堂教学被理解为一个"语言过程"。语言学方法也逐渐用于课堂分析，并形成了多种理论取径，例如"沟通民族志""互动社会语言学""大写D的话语分析""会话分析"等，会话分析起源于"常人方法学"对日常对话的研究，后来又拓展到正式的机构对话，逐渐发展成了一种可观察的、实证的社会科学研究方法。会话分析能够从最微观的层面，深入探究师生对答过程中，话轮完成的行为以及话轮行为实现的方式。还能从中观的层面，探究话轮组合成的不同对答结构类型以及对答过程中话轮交接中呈现的话语权。最后从比较宏观的层面，探究课堂对答的场景特征，包括时空范围和参与者特征对对答过程的限制。会话分析的转写系统的"细致入微"的呈现，能够帮助研究者看见课堂上师生"思维的建构与韵律"。因此会话分析可以作为探究课堂微观互动的有效路径。因此目前使用话语分析类方法做的课堂研究有两种取向，一种是师生互动中的"认知"取向，一种是师生互动中的"社会"取向。本研究更偏向"社会"取向，以D小学为个案，为在课堂对话研究中使用会话分析理论做出了有益的尝试。

2. 尝试探索优质学校的微观课堂对答特征，为深化基础教育改革提供启示

从 1986 年《中华人民共和国义务教育法》颁布实施，到 2011 年全面完成"两基"攻坚任务，中国已经解决了"有学上"的问题。[①] 但是中国对义务教育的期待和追求从来没有止步，解决了"有学上"的问题，中国将以公众对优质教育资源的高度渴求为出发点，以公平理念为支撑的均衡发展诉求为切入点，追求人民群众能够"上好学"也就是说，人民对优质基础教育的渴求与优质学校的不足将成为目前基础教育的主要矛盾。因此探究优质学校的课堂教学特征，为其他学校的课堂改革提供经验具有重要意义。通过会话分析的"细致入微"的呈现，看见师生言语互动过程中的"思维的建构与韵律"，为其他学校提供可以借鉴与模仿的生动的直接经验也具有重要意义。本研究以"虫观"的视角深入细致呈现优质学校 D 小学的课堂对答特征，包括课堂对答的话轮特征、话轮完成的行为以及行为完成的方式；课堂对答中话轮组成的对答结构类型以及话轮交接过程中的权力关系；对答场景中的空间形式、时间特征、师生关系、信息流向等。对促进优质学校课堂话语经验的传播，切实推动基础教育改革也具有重要意义。

（二）本研究存在的局限

研究本身就是一个过程，由于受到研究者自身条件和研究资料的可接触性等因素的限制，研究也存在多种局限，具体表现在以下两个方面：

1. 个案、理论视角与研究者自身的限制

个案是社会科学研究中一种重要的取样方法，"是研究者根据研究目的选取出来的作为直接研究对象的个别案例"。吴康宁认为个案不可能全息地、毫无遗漏地成为社会缩影，任何丰富的、复杂的个案都无法呈现社会全体的完整图景。[②] 本研究只选取了 D 小学作为个案，D 小学创办于 19 世纪 50 年代，70 多年来坚持教学实验、坚持进行改革，已经成为国家级的优质小学。这个优质个案只能呈现较高水平小学的课堂对答特征，而无法全息地呈现我国不同层次、不同类型的小学课堂对答特征的图景。

本研究的理论基础会话分析也同时是本研究的视角，视角框定了研究者的视野。这个视野中的个案，"教学"被当作为一个语言过程，研究者能更多地看到语言角度的话轮特征、话轮转换交接以及对答场景，但是作为视角，有所侧重就会有所偏颇，这一视角之外的个案的其他特征还需要进一步探索。

---

① 柴葳，焦以璇. 义务教育均衡发展的历史新征程——从基本均衡到优质均衡的推进之路 [N]. 中国教育报，2019-12-18.

② 吴康宁. 个案究竟是什么——兼谈个案研究不能承受之重 [J]. 教育研究,2020,41(11):4.

质性研究中，研究者本身就是观察和解释的工具，研究者对个案的解释会受到大量自身经验的影响，对所选取的 74 节课堂教学视频的转录、编码和分析的过程，都受到自身的经验、视角、目的的牵引。受自身的学识、能力以及时间所限，个案的所有奥秘和研究者已有的视角、方案和技术之间总是有着难以填满的距离。因此在研究过程中力求严谨的同时，只能心存敬畏，谨慎行文。

2. 研究者选取的视频都是公开课的视频

本研究搜集的课堂教学视频资料都是学校已经拍摄好的视频，有些摄像机的位置固定在教室的后方，有些摄像机的位置一直把教师作为焦点，不关注学生说话的内容。因此学生小组合作学习的交流过程一直都是拍摄的"盲区"。绝大部分课堂教学视频都只能听清教师和被指定说话的学生所说的内容，而听不到小组讨论的内容，后续相关研究在做研究设计时，可以同时设置多个机位，拍摄到小组合作细节，捕捉学生在交流过程中的言语和非言语信息，只有这样才能借助会话分析的"细致入微"的呈现，看见学生"思维的建构与韵律"。

研究者选取的课堂教学视频以公开课视频为主，公开课难免有一些表演的成分。但是 D 小学每一位教师都上过多次公开课，对公开课的镜头其实是一种近乎"脱敏"的状态，因此他们在课堂上呈现的大部分表现是真实的。在正式上课之前，有些教学视频中有多名学生在镜头前做鬼脸，说明由于频繁录制公开课，很多学生面对镜头时也是"脱敏"的。另外假设有些教师对镜头是"不脱敏"的，那么他们在镜头前呈现的正是他们认为应该呈现的。但是后续研究还是应该录制一些常规课，这样能够更好地呈现 D 小学课堂对答特征的全貌。

二、课堂对答特征研究的展望

对于广阔的课堂话语研究的图景来说，本研究只是微不足道的一块砖，希望这个领域的后来者可以沿着它拾级而上。以本研究为基础，未来的课堂微观互动的研究者们或许可以从以下两个方面继续拓展：

（一）从学习科学视角来探究课堂师生对话

20 世纪 80—90 年代，随着对认知科学弊端的认识，学习科学逐渐兴起，学习科学强调研究"真实情境"中的学习，1991 年《学习科学杂志》面世，2002 年"国际学习科学年会"成立，近 30 年来，学习科学逐渐成为一个边界清晰、体例完整的领域。这个领域具有四个特征：扎根于真实情境、基于经验、跨学科、以行动或者设计为导向，这些特征使得"课堂互动"天然地处于学习科学的核心地位。国外呈现出了很多从"学习科学"切入"课堂教学互动"的研究，但是国内此类研究还比较少，因此，后续研究可以从学习科学的视角切入，探究师生对话中呈现的学生的复杂认知过程。

（二）进一步探索适合不同认识过程的其他对答结构类型

教学是"解决个体经验和人类社会历史经验之间矛盾的强有力的工具"，是传递和保存人类文化的最重要的方式，是教师、学生、知识三要素的有机统一。[①] 也就是说，课堂教学的重要的功能是传递和保存有价值的历史经验，那么这个传递过程就是将教师自己理解的"历史经验"传递给学生的过程，因此这个过程是适合用"I-R-F 对答结构"的。但是要达成"传递历史经验"以外的教学目标，促进学生更深层次的认知过程，例如深度理解、运用、分析、评价、创造等，就应该探索其他类型的课堂对答结构。现在课堂对答结构的类型已经在"I-R-F"对答结构的基础上增加了"回音"对答结构和"架构—发展—评价"（F-D-E）对答结构，后续研究可以探索更多适合不同认知过程的对答结构类型。

---

① 郭华."教与学永远统一"再认识——教学认识论的视角 [J].四川师范大学学报（社会科学版），2017，44(01):75.

附　录

附录一

比勒菲尔德转写系统分析表

需要转写的内容	比勒菲尔德转写系统
话轮间联系紧密	＝两个话轮间紧密的联系
重叠	[ ] 方括号里的话语是重叠的话语
停顿	（。）表示在一个说话人的话轮中不到 1 秒的停顿
话轮间沉默	（沉默 3,,）表示沉默及沉默的时间
语调	/ 表示略微上升的语调 ↑ 表示强烈上升的语调 \ 表示略微下降的语调 ↓ 表示强烈下降的语调
拖音（延时）	: 表示拖音，拖特别长的音可以重复使用冒号表示
突然中断	- 连字符表示说话人突然中断的词
强调	声音的特征在语料片段开头用字体较小的大写字母标注"（强）+"表示说话声音很大。 汉语中不区分大小写，因此用**加粗字体**表示声音很大或者夸张
气息	（吸）表示吸气 （叹）表示叹气 （笑）表示笑声
听不清	（听不清）表示听不清的部分
动作姿势	（*咳嗽*）用斜体在括号内标注
转写者自己的一些标记	[…] 表示由转写员造成的中断 →表示分析中被说明的部分 说话人用名字的首字母来誊写 会话中提到的人用一些简短的假设的名字来誊写

附录二

运用会话分析理论中的转写规则细致入微地呈现互动，为我们看见师生的思维建构打开了一扇窗口。

——肖思汉

基于会话分析转写系统的课堂教学视频转写样例《狐狸阿权》

（一）课前歌唱活动及入场（00:00—03:04）

---

01 全体学生（齐唱）：我相信自由自在：：我相信希望↑：：：

| 课前的歌唱活动 | → |  |

03 教师：（歌唱结束，学生回到自己的座位，教师走到领唱的学生跟前）刚刚那个"哦"↑：：：是你唱的，对吗？

04 学生1：对的。

05 教师：那个是特殊，就是同学们推荐你来把结尾的这个感情抒发一下，是吗？你以前学过吗？（教师提问时把手搭在学生肩膀上，学生是坐着的）

| 教师提问时，学生是坐着的 | → |  |

06 学生1：没学过。

| 回答问题时学生不自觉地站了起来 | → |  |

07 教师：没↓学过呀，你可担此重任了啊，唱得真挺好啊。

08 学生2：（在老师和学生1交流时，学生2直接站起来说话了）这首歌我曾经，曾经呢我一直就是会唱的，这首歌虽然说唱的不好，但是现在比以前好多了。

09 教师：你想给大家唱几句呀，你能给大家唱几句吗？

10 学生 2：= 老师我跟她一起唱吧，那一段全是我跟她一起唱的。

11 教师：你跟她一起唱的（笑），（老师才明白过来，这个男孩是刚才另一个领唱的学生）哎呀对不起，我没看见你，我看见她了，嗯哈哈哈，这个，之前有这样的一个设计，结尾这段由你俩来给大家烘托一下这个感情是吧？

12 学生 1：是。

13 教师：是你把这首歌介绍给大家的，是吗？

14 学生 2：额，不是，我们老师，我们同学的有的推荐，但是我们老师呢也是支持的。

15 教师：啊，这歌儿，你好好仔细看一下歌词，这歌词里面哪两句话挺好的？你觉的。

16 学生 2："每一刻都感到精彩万分"，这让人们感到乐观，就是不让人悲观，嗯，乐观呢，你要乐观的话，生活的一切都是美好的，要是悲观呢，一切都是不好的。

17 教师：很励志的一首歌，是不是？

18 学生 1：嗯。

19 教师：嗯，你的心态很重要，你看世界是什么颜色的，取决于你的心态，是不是？

20 学生 2：= 嗯。

21 教师：很好，咱们班这个班级文化气氛我看真的挺好，介绍这样一首好歌给大家每天唱一唱，然后呢抒发一下我们心目当中的感想，非常好，请坐。

22 教师：准备好了没有？

23 学生（齐声）：准备好了↑

24 教师：那咱们开始上课吧，上课↓

25 班长：起立↑

26 教师：同学们好。（给学生鞠躬）

27 学生（齐声）：老师您：：好（给教师鞠躬）

28 教师：请坐↓

（二）教师导入本课内容（03:05—04:01）

---

01 教师：咱们这几天一直在读一个故事，故事的名字叫？

02 学生（齐声）：= 狐狸阿权↑

03 教师：咱们来一起读一下题目，来，预备：：：起↑

04 学生（齐声）：狐：狸阿权↑

05 教师：咱们已经围绕这个故事学习了几天，那你再想一想阿权给你留下的印象，你再来读一下这个题目，再来一遍，预备：：：起。

06 学生（齐声）：狐：狸阿权↑

07 教师：我们这一单元的学习有一个很大的特点，每堂课之前我们的这个课程有一个明确的学习的任务，是不是？

08 学生（齐声）：对。

09 教师：那么咱们先看一下这堂课咱们主要研究的问题是什么？（沉默4"教师打开 PPT）你来读一下。

10 学生1：场景二，看到送葬的队伍，阿权的心情有了怎样的变化？

11 教师：这场景二的内容就是咱们这节课要研究的主要问题，在研究这个问题之前我们要再读一遍场景二的内容，咱们现在把书打开到课文，你们快速地浏览一下，看一看场景二主要写的什么内容？

（学生阅读场景二，用时1分52秒）

12 教师：正好读完了，是不是？

13 学生（坐着的部分学生）：嗯。

14 教师：那看来大家浏览的速度都差不多，那谁想说一说？场景二主要写了些什么？你说说。

15 学生2：第二段主要写的内容就是阿权看到了送葬的队伍。

16 教师：嗯，这是他概括的，是不是啊？还有没有想说一说的？你来说说。

17 学生3：我觉得第二场景的主要内容就是讲阿权看到了兵十母亲的送葬队伍。

18 教师：嗯，你再说说。

19 学生4：阿权看到了兵十妈妈的"葬礼"。

20 教师：看到了送葬队伍，是不是？还没有到葬礼场面，是不是？好了，看来这三位同学对这一段场景内容的体会是差不多的，是不是？那好，看到送葬队伍之后阿权的心情有了一系列的变化，这就是咱们这堂课重点要研究的问题。

（三）学习指南一：完成任务卡片与组内交流（04:02—14:30）

01 教师：那咱们先来看一下学习指南啊，谁来给大家读一下，这女孩。

02 学生：学习指南一，一，默读第二场景的内容，想想看阿权看到了哪些场景，划出描写阿权想法的语句，体会阿权的心情，完成学习卡片一，建议五分钟。二，小组交流，建议5分钟。三全班交流，预计十分钟。

学习指南一 → 学习指南一
1. 默读第二场景的内容，想想阿权看到了哪些情景，画出描写阿权想法的语句，体会阿权的心情，完成学习卡片一。
（建议 5 分钟）
2. 小组交流。　　　　　　（建议 5 分钟）
3. 全班交流。　　　　　　（预计 10 分钟）

03 教师：好，有没有不清楚的？

04 学生（不同学生）：[没有，没有]

05 教师：第一条的要求比较多一点啊，老师提示你们，在第二场景描写中，跟第一个场景有很多地方不一样，它有很多很多是直接写出阿权的心里的想法，在读的过程中，你关注到这些内容没有，它非常方便你去体会阿权的心理，好了，明确的同学你们就开始读吧。

（学生阅读，5 分钟）

教师观察学生、做记录，或者跟学生交流 →

（小组讨论，8 分 28 秒；讨论中，有些学生被其他小组的讨论吸引，自发地参与其他小组的讨论中去了）

讨论中，学生自发地参与其他小组的讨论 →

06 教师：好了，同学们，有的同学已经去参与其他小组的讨论了，说明你们自己小组的讨论已经结束了是不是。大家想去听听其他小组的说法是不是？这个习惯也非常好。

（四）学习指南一：小组汇报（14:30—23:35）

01 教师：然后呢，我们下面开始交流一下，把刚才讨论的情况和大家汇报一下、分享一下，（同学们纷纷举手）你们组来吧。那你上来（走到学生身边，拉着学生的胳膊一起走上讲台）你这样，你想先说自己的，还是先说大家的？

教师和学生比较亲切地肢体互动

02 学生1：先说大家的。

03 教师：嗯，来吧

04 学生1：一个一个说，这是我们组柏××的。

05 教师：（面向全班）能看清吗？（把学生完成的任务卡片放在实物展示仪上）

06 学生（全体）：能↑

07 学生1：柏××他看到兵十的妻子染黑牙齿、在梳头，他觉得阿权的心情是很开心的，它认为要举行活动了，什么庆祝秋收什么的。

08 教师：（面向全班学生）他说到这个内容的时候，你对应你的卡片，同时在课文里找一找，有没有这样的描写？

09 学生（全体）：[有，有]

10 教师：接着说

11 学生1：阿权看到葬礼，阿权的心情他觉得很"奇怪"，这个我没懂是什么意思。

12 教师：他自己说一说，（面向柏××同学），你说说

13 学生2（柏）：他很奇怪兵十他们家谁：死了？

14 教师：嗯，这是你由这句话体会到的心情，是不是？（回音）

15 学生1：他说阿权看到兵十妈妈死了，阿权很后悔，（吸）我对他有不同的意见。

16 教师：嗯↑（反馈项目）

17 学生1：兵十妈妈死了，不是他看到的情景，他只是看到兵十妈妈的葬礼，我认为是，应该写，他看到的情景这一栏应该写成"无精打采"，他看到兵十无精打采的时候是兵十的妈妈死了，所以他很后悔。

18 教师：（点头）听清楚了吗？

19 学生（所有学生）：[清楚了

20 教师：嗯]

21 学生 1：我还对阿权的心情有个补充，是阿权很害怕，他可能害怕以后被兵十抓到。

22 教师：噢↑你怎么会有这样的想法呢？↑

22 学生 1：被他抓着，它不害了兵十的妈妈嘛，被他（兵十）抓着，那个兵十会：：＝

23 教师：＝会埋怨它的，是吗？

24 学生 1：对（点头）

25 教师：他认为兵十会认为是阿权害了他妈妈，使他去世的，是这样吗？

26 学生 1：[嗯

27 学生（讲台下其他学生）：嗯]

28 教师：还有一个地方，他说看到了兵十妈妈的葬礼，这个地方有没有同学给他再订正订正，看没看到葬礼呀？

29 学生 1：没有，看到的是送葬队伍。

30 教师：对，你自己发现了，是不是？

31 教师：嗯，再接着说，他说得不到位的地方，小组内同学可以自己站起来补充啊↑，你再说说。

32 学生 1：这个看到"送葬队伍的场景"，我还没想明白阿权的心情是怎么样的，然后呢，我还没体会到 -

33 教师：这儿（用笔指着任务卡）空着呢，是不是？那你这个体会到的无精打采是看到谁无精打采？

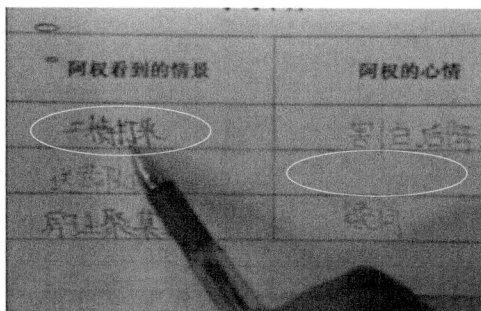

老师和学生正在讨论的学习任务卡

34 学生：额：兵十 -

35 教师：看到兵十"无精打采"，然后它（阿权）感到有点害怕，是不是？看到"送葬队伍"那个心情你还没体会到，是不是？那先空着啊，一会再听听别人是怎么说的？再看看你们小组内，他们肯定也说到了？

36 学生 1：嗯，然后呢这个焦××他说这个兵十妈妈死了，这个我也不同意，焦健说看到了"葬礼"，它有些就是"疑问"（写在阿权心情那一栏），疑问就是说兵十家谁死了。这个是岳××的，岳××这些：都说过了，嗯"兵十的家里来了很多人"，它很"奇怪"。（岳同学写在卡片上的词语）

37 教师：=嗯，这个是前几个同学没发现的，是不是？

38 学生1：嗯，对。

39 教师：这就是你们小组整体的讨论的这个情况，好了=

40 学生1：对。

41 教师：好了，你现在把你们组讨论的情况汇报出来了，但刚才你发现了没有？你们小组有一些共同的发现呢？看到的"情景"有一些相似的，不同的？你能不能再归拢归拢，归纳归纳？都看到了什么？

42 学生1：他们都看到了"染黑牙齿"、看到了"送葬的队伍"，还有看到了"兵十妈妈死了"（然后我认为这个没看到），还看到了"无精打采"=

43 教师：=这是你自己写的是不是？

44 学生1：=嗯，还看到了"房子里聚集了很多人"。

45 教师：嗯，然后看到（同学们在任务卡上写的）这些情景会有"后悔"的一种心情是吧。（回音）好了，这是你们小组的意见，请回，小组内同学有没有补充了？（。）他都说得比较全面了，是吗？那老师还想听一个小组，嗯，最后那个小组来吧（沉默3"等学生走到讲台）你代表了是吗？

46 学生2：嗯，我们小组一共有两种不同的意见-

47 教师：欸↑，注意听了没有？他来了以后先说他们小组有几种意见，这个发言很好，我们一听就清楚了。来，说说吧，把这个放这里。

帮学生把小组同学的卡片放到了实物展示仪上面 →

48 学生2：这是我们组马××的，他从书上，觉得阿权先看到的是的妻子，染黑牙-梳头-很好奇，是不是村里面又举行什么活动了？

49 教师：嗯↑（反馈项目）

50 学生2：然后呢，然后呢看到兵十家小屋里挤满了人，它就想兵十家谁死了？它很好奇，原来是兵十的妈妈死了，它阿权很后悔很自责，但是呢他说看到兵十的妈妈死了，这个并没有看见，我觉得前面应该添个"知道兵十妈妈死了"，就"知道兵十的妈妈死了"，我也是刚想出来的。（探索性谈话风格）

51 教师：嗯，刚想出来的，就补充上去了（。）这是一种主要的意见，是不是？

52 学生 2：嗯

53 教师：还有没有不同的？

54 学生 2：我们组有三个意见 -

55 教师：嗯↑（反馈项目）

56 学生 2：这是我们组江 × × 的 =

57 教师：= 呦↓勾成这样了，看来在讨论过程中有修改，是不是？你先说说。

学生修改过的
学习任务卡片 →

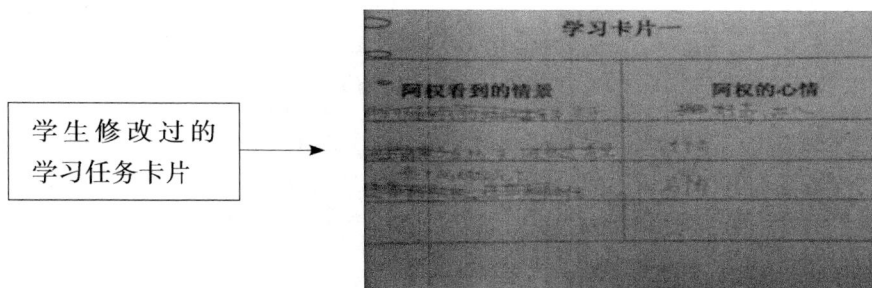

58 学生 2：他认为阿权呢先看到（兵十的妻子）染黑牙，很好奇很开心，因为要举行活动了，它有可能从中获得一些利益 -

59 教师：=（笑）哦，呵呵。

60 学生 2：然后呢，然后呢还有人在梳头，在梳头，阿权他觉得很好奇，这又是在干什么呢？然后呢又看到兵十妈妈死了，它很后悔，心想如果说，不偷，它不放走他的鳗鱼，有可能，就，结局，结果就不是这样的了。

61 教师：还有没有补充意见了？基本上就这两种，是吗？

62 学生 2：不是老师 -

63 教师：还有吗？

64 学生 2：还有一种，这是冯 × ×，这个大致上：

65 教师：= 一样的就不说了，行吗？不一样的就说。（学生筛选了一下纸片）

66 学生 2：= 这是我的。

67 教师：把你的跟前面几个同学不一样的说一下。

68 学生 2：嗯，我认为兵十家里在举行葬礼，然后他们在小屋里聚集着，它很疑惑不解，因为不知道他们在干什么，然后呢，知道然后举行葬礼，也不知道是谁死了，然后她看到送葬的队伍走过来了，嗯，更，进一步激发了起了他的好奇心，想，到底，兵十家到底是谁死了呢？然后呢，这个吧，后面有修

改，后面她听别人说或者是自己知道了是兵十的妈妈死了，他很后悔 =

69 教师：= 后悔的是什么呢？

70 学生 2：如果不偷，它不放走那些鳗鱼的话呢，结果会不会改变呢，会不会因为他的这么一个小举动？

71 教师：= 兵十妈妈就不会死了？是吗？

72 学生 2：= 对。

73 教师：好了，这是你们小组所有的意见是吗？

74 学生 2：嗯。

75 教师：那好了，老师听了两个小组的汇报，大家听清了吗？

76 学生（全体）：听清了↑

（五）学习指南一：全班交流（23:36—33:01）

---

01 教师：我们看一下啊！这么多小组，同学汇报的时候大家会有一些共同的一些发现，你们能不能再帮忙梳理一下，从前往后梳理一下？他都看到了哪些情景？阿权的心里有一个怎样的变化？结合刚才的咱们刚才两个小组的意见，也可以补充啊，你再说说。

02 学生 1：就是，都看到在染黑牙齿，好奇。

03 教师：你慢点说，老师写黑板上，说完整，说流利的话啊，（沉默 4"，教师写板书）看到了，尼助的妻子在那 -

04 学生 1：染黑牙齿 =

05 教师：= 谁来给大家介绍一下这是怎么回事呢（。）你能说吗？

06 学生 1：嗯 - 沉默 3"

07 教师：在什么情况下，日本的妇女要染黑牙齿？

08 学生 1：在葬礼的时候。

09 教师：额：：你说说。

10 学生 2：我感觉应该是（咳嗽）在非常庄：庄重的时候：

11 教师：= 聚会的时候，（学生点头）唉，这个资料，你们看没看到书下面有一个注释呀？咱们在以前阅读时候说过，在一些严肃、庄重集会的时候，日本妇女要染黑牙齿，梳洗呀整理呀，这样一些习俗，是不是？好了，这时候阿权心里感觉到：：？

12 学生 2：= 好奇。

13 教师：= 再接着说。

14 学生 2：看到了送葬队伍。

15 教师：= 看到兵十妈妈的送葬队伍，阿权呢非常的后悔，还有吗？

16 学生 2：还有阿权看到了葬礼，阿权的心情非常难过。

17 教师：= 嗯，刚才咱们几次纠正了，看没看到葬礼？

18 学生 2：没有。

19 教师：看到的是屋里聚集了很多的 -

20 学生（全体）：= 人。

21 教师：= 对吧↓刚刚有同学卡上面也写到了。

22 学生（全体）：对。

23 教师：当看到兵十家里聚集很多人的时候，阿权怎么想的？你说。

24 学生 3：阿权不知道聚集很多人干什么？

25 教师：嗯，刚刚那个同学他用了一个词，很好，记不记得？

26 学生 3：= 疑惑不解。

27 教师：这是干什么呢聚集这么多人，是不是？还有没有什么其他的描述方式？你说？

28 学生 4：百思不得其解 =

29 教师：= 百思不得其解，那你们看一看啊，当看到尼助的妻子在那染黑牙齿，尼助的妻子在那梳头的时候，阿权都有什么样的想法？好奇一方面，还有没有？你说。

30 学生 5：他可能很开心 -

31 教师：= 你说说为什么它会开心呢？

32 学生 6：它以为村子里又举行什么活动，他可能又想去捣乱 -

33 教师：啊↓它又想去凑个热闹，去捣乱去了，是不是？有没有这个想法？

34 学生（全体）：有。

35 教师：还有呢？你说。

36 学生 7：也有可能想趁机捣捣乱顺便……偷点鱼走了 -

37 教师：啊↑，也有可能是不是？你说。

38 学生 8：很兴奋 -

39 教师：= 很兴奋，这个刚才没听过，为什么有兴奋这样一种心情呢？

40 学生 9：因为她总喜欢恶作剧，就喜欢捣乱 -

41 教师：= 这是我们上一场景体会到的，总恶作剧，它就是爱引起别人的注意，就愿意捣乱，是不是？调皮的阿权，还有呢？你说。

42 学生 10：我感觉阿权应该有奇怪的心情。

43 教师：= 看到那个情景，从哪个方面看出来的？

44 学生 10：染黑牙齿 -

45 教师：＝嗯，他也会很奇怪是不是？干什么呢？＝这是要干什么呢？

46 学生 10：我从第七页的第二自然段看出来的。

47 教师：这个习惯非常好，刚才老师也提醒你们了，我们在阅读过程中要关注到这些文中描写阿权心里的一些句子，你把它画下来了吗？

48 学生 10：画下来了 -

49 教师：＝是哪句话给大家来读一下。

50 学生 10："嘿嘿，村子里是要举行什么活动了吧？阿权想。"

51 教师：听听，多明显的一句描写阿权心理活动的句子，是不是？还有没有？在这个过程中，描写阿权心理变化的句子。你说 -

52 学生 11：＝期待。

53 教师：在哪里，看到哪个句子感受到它期待的心情？

54 学生 11：染黑牙齿和梳头，它会期待村子里举办活动。

55 教师：＝所以你认为他喜欢热闹，是不是？

56 学生 11：是。

57 教师：你来 -

58 学生 12：感觉他可能挺失望的。

59 教师：＝在哪里看出来的？

60 学生 12：聚集了很多人，它知道葬礼之后，它又觉得应该没有好吃的了，它就走了。

61 教师：哦↓看到是举行葬礼了，它就有点失望了，你说这里边，同学们，你们再体会体会一下这个地方，这个地方在举行葬礼了，阿权是什么个心理？

62 学生 13：还有一个好奇的心理，就是想到底是谁的葬礼，是谁去世了呢？

63 教师：＝还有没有别的？

64 学生 14：肯定是进一步激发了他的好奇心，因为他很调皮，所以她想知道是谁死了。

65 教师 15：＝嗯，你说。

66 学生 16：＝他应该会很害怕。

67 教师：怎么的，刚才有同学提到这个词，在这儿的时候，他有一个害怕的心理，这事你怎么感觉到的呢？

68 学生 16：我觉得他就（。）好像是在想万一是兵十的妈妈的话，怎么办。

69 教师：＝他在这儿的时候它有害怕的心情，是怎么产生的呢？你刚才在卡片里也写到了这些，是吗？你们能不能体会到他体会到的这种心情？

70 学生（全体）：[能，能]

71 学生 17：我觉得他是这么体会的，它害怕（吸），因为它害的兵十家，就是，兵十的妈妈死了，咋整呢？（吸）我把兵十的鳗鱼给放走了，那万一是兵十的妈妈死是我害的，（吸）那兵十怪我咋整呢？

72 教师：=你说在这个场景下，它体没体会到这儿呢？

73 学生 18：我感觉：：

74 教师：=从这个内容上看呢？你们再看看这部分内容，（。）看到了吗？

75 学生：沉默 3"

76 教师：当看到屋子里聚集了这么多人以后，看到这么多人以后阿权心里是怎么想的？有没有一句话来表达它的心情，你来读一下。

77 学生 19：我觉得是这一句话，"啊↓，原来是葬礼啊！阿权想"。

78 教师：嗯，兵十家谁死了呢↑是不是？当他知道了这是在举行葬礼，马上就想到这是谁死了，所以刚才有个同学说，这个失望，我觉得还有点这个意思，你说他刚刚怀着一个兴奋的心情到这，知道这是在举行葬礼，还有没有一个词，能更好的表达它当时的心情，怀着这个兴冲冲的心情来看热闹，但是却发现是一个葬礼，你说 -

79 学生 20：=感到失落 -

80 教师：这个词是不是比失望更恰当一些？有没有失落的心情？

81 学生（全体）：有 -

82 教师：当走近一看是兵十的妈妈的送葬队伍的时候，这个心情急转为什么 =

学生：=失落

教师：=还有刚才你们都关注到了阿权的一些心理活动的变化，体会到了它这种很细腻的心理，老师觉得你们很会阅读，读得很细致。

（六）学习指南二：完成任务卡片与组内交流（33:01—41:20）

---

01 教师：那么它为什么他一看到送葬的队伍之后，一下就后悔了呢？就是咱们接下来要重点阅读理解的内容，来咱们接下来看一下第二个学习内容，你来读一下。

02 学生 1：学习指南二，一，默读最后一个自然段思考阿权为什么想那时要是不那么捣乱就好了，完成学习卡片二，建议五分钟；二小组交流，建议五分钟；三全班交流，预计八分钟。

03 教师：刚才很多同学谈到阿权后悔那一部分，很关注那下面咱们就来重点好好地读一读，体会一下最后一个自然段的心情，好不好？现在开始读吧。

（学生阅读，5 分钟；组内交流 5 分钟）

教师观察学生、和学生交流并做记录 →

04 教师：好啦↓，嗯，现在咱们一起来交流一下。

（七）学习指南二：全班交流（41:20—47:31）

01 教师：刚才我下去看的时候发现一个奇怪的现象，很多小组对于阿权当时的后悔想到的一些内容，想法非常的积极，所以我想听一下你们这个非常积极的想法，说一说它怎么想的？它怎么这么后悔呢？你说说 -

02 学生 2：我觉得 =

03 教师：= 嗯，是你们个人的观点，还是你们小组都这么想的？

04 学生 2：是我个人的观点。

05 教师：是你个人的观点，那他们跟你意见一不一样？

06 学生 2：我们每个人想法不一样。

07 教师：= 那我先听听你的 -

08 学生 2：= 我就想，如果阿权不那么捣乱就好了，事情的结局也不会这样，当时它想要吃的，它也是想让兵十关注它。

09 教师：= 它把那些鳗鱼放走，它是想自己吃吗？

10 学生 2：不是，让兵十关注它。

11 教师：= 引起兵十关注，是不是？它想没想到这个事会引起兵十妈妈去世？

12 学生 2：不会。

13 教师：= 所以它后悔了，是吗？这是他的想法，那你们小组呢？还有没有其他的想法？刚才已经一起讨论了，跟他不一样的，也可以说。

14 学生：沉默 2"

15 教师：都一样啊，都这么想吗？你看你站起来汇报你应该说大家都是这么想的，是不是？好了（看到有学生举手）你说说 -

16 学生 3：我觉得 -

17 教师：= 你是自己的想法，还是小组想法？

18 学生 3：= 小组的。

19 教师：啊↑，小组共同的想法，说吧 -

20 学生 3：他当时想，如果自己不捣乱的话，兵十妈妈就不会死，你这个地方阿权后悔自己捣乱。

21 教师：＝你说说，你补充她的，是不是？

22 学生 4：我认为阿权还有一个心理，因为它自己也没有妈妈，所以它想兵十的妈妈死了会怎么样？所以当时它后悔。

23 教师：＝一下子想到兵十也失去妈妈了，跟它一样成为孤儿了，所以他当时很后悔，嗯，你说 -

24 学生 5：＝我们小组认为，因为阿权如果不捣乱，兵十的妈妈也就不会去世。

25 教师：嗯（看到学生举手）你再说说 -

26 学生 6：它觉得是它害了兵十的妈妈，所以兵十可能会想要抓它，它也觉得自己很危险。

27 教师：＝其他根本就没想到他的捣蛋的行为导致了兵十妈妈的去世，导致这个事。

28 学生（全体）：对↑

29 教师：大家都这么想的，是不是？阿权也是这么想的，都认为是自己造成了兵十妈妈的去世，是不是都这么想啊？有没有不一样的？

30 学生 7：我的想法是，如果阿权不去偷东西，兵十妈妈就不会去世的，自责和后悔。

31 教师：＝你是想到了阿权当时的心理，是不是，它当时非常的自责和后悔，还有没有和前面同学感觉不一样的？你说说 -

32 学生 8：我觉得阿权是这样想的，如果我不捣乱，兵十的妈妈也不会去世，兵十会不会惩罚我呀？觉得阿权有一个害怕的感觉，他怕兵十到时候找它算账。

33 教师：啊↑，阿权的后悔来自于兵十可能会找他算账，你们刚才有关注到这里吗？那你们不妨再来看看这段话，谁来给大家读一下？

34 学生 9：一定是卧床不起的兵十妈妈说想吃鳗鱼，兵十才带着鱼笼出门的，可是我呢？却捣乱破坏，把鳗鱼给偷走了，兵十的妈妈就是因为没有吃上鳗鱼才死的，他临死前一定还想着吃鳗鱼，吃鳗鱼吧！唉，我要是不那么捣乱就好了。

35 教师：＝除了这个内容以外，其他的内容有没有说到兵十妈妈的去世是因为阿权的捣乱造成的？

36 学生（全体）：没有。

37 教师：那这些都是怎么得出来的？

38 学生（全体）：[阿权自己想象出来的]

39 教师：= 它自己想的，对不对？这里面有没有一个词表现出来这都是阿权自己想的？

40 学生（全体）："一定是"。

41 教师：从这个"一定是"可以看出来所有都是阿权自己想出来的，到那个葬礼场景他就回想自己做错了事，是不是啊？所以才有后面这段后悔的心情，有一个词，可以表达，帮助你体会，谁来读读看？带着感情朗读啊！

42 学生 10：唉↓要是我不这么捣乱就好了 -

43 教师：= 你再读一下。

44 学生 11：唉↓，要是我不这么捣乱就好了 -

45 教师：= 你来。

46 学生 12：唉↓，要是我不这么捣乱就好了 -

47 教师：= 后悔自己之前做的那些给兵十捣乱的事是吧，是不是？但实际上我们读来读去我们没有发现，兵十妈妈的死不是阿权造成的，是不是？它这么想，联系自己捣乱的事这么想，说明阿权其实是一个什么样的小狐狸呢？（多个学生举手）你说 -

48 学生 13：它心思缜密，它很聪明。

49 教师：= 嗯↓，是这样吗？你说呢？

50 学生 14：阿权是一个可以自我反省的小狐狸。

51 教师：= 嗯，你再说说。

52 学生 15：我觉得阿权是一个，是一个很自责的小狐狸。

53 教师：= 它那么自责，后悔自己的行为，你说 -

54 学生 16：阿权是一个有同情心的小狐狸。

55 教师：= 嗯，有同情心的小狐狸，最后一个男孩，你说 -

56 学生 17：阿权有一点那个天真的感觉。

57 教师：它能把兵十妈妈的死和自己捣乱的事联系在一起，多单纯呢，是吧？你说 -

58 学生 18：阿权是两面的，一面是搞恶作剧的狐狸，另一面是善良的狐狸 =

59 教师：= 从前面我们可以看出来是一个搞恶作剧的阿权，它那个淘气的样子，调皮的小阿权，到这里，看到兵十妈妈的葬礼之后，那种后悔自责的心情，我们都深深地理解到了，是不是？所以我们又发现它是一只挺善良的小狐狸，是不是？老师发现你们越来越会阅读了，越来越走进了阿权的真实的内心世界，其实随着场景的展开，我们还会读到后面发生的一些事情，那里面还有描写阿权心情的变化，我们下午的课再进一步去学习。

（八）师生退场（47:31 — 47:42）

01 教师：今天我们就先学到这儿↓，好不好?

02 学生（全体）：＝好!

03 教师：下课↓

04 班长：起立↑

05 教师：同学们再见↓（老师向学生鞠躬）

06 学生（全体）：老师辛苦了↑（学生向教师鞠躬）

07 学生（全体）:（面向全体听课的老师）老师们再见↑（学生向教师鞠躬）

附录三

课堂对答特征研究访谈提纲（教师访谈）

尊敬的老师：

您好！我是东北师范大学教育学部 2017 级博士研究生，访谈的主题涉及课堂师生对话的变迁情况。感谢您在百忙之中接受我的这次访谈，访谈不涉及敏感问题，所有与个人有关的信息都将匿名处理，谢谢您的帮助和配合。

一、受访教师基本信息

年龄： 性别： 所在学校：

二、访谈问题

1.你了解的第八次（2001 年启动）新课程改革的理念有哪些？

2.你完全接受了这些理念吗？为什么有些接受，有些不接受？

3.你们是如何接受、内化新课程改革的理念，是全部接受呢？还是有所取舍呢？

（1）课堂上，你认为学生的哪些表现是"自主"的？

（2）课堂上，你认为学生的哪些表现是"合作"的？

（3）课堂上，你认为什么样的教学设计能促使学生之间的"合作"？

（4）如何在教学中建构平等的师生关系？

（5）你怎么理解"三维目标"？

4.对于新课改中存有疑惑的理念，在教学中你是如何处理的？

5.你怎么看待直接（传统）教学和建构主义教学的关系？

6.你们学校这个机构是如何应对新课程改革的？

7.你觉得新课程改革到底改了什么？能列举一些具体的变化吗？

附录四

课堂对答特征研究访谈提纲（学生访谈）

尊敬的同学：

　　您好！我是东北师范大学教育学部 2017 级博士研究生，访谈的主题涉及课堂师生对话的变迁情况。感谢您在百忙之中接受我的这次访谈，访谈不涉及敏感问题，所有与个人有关的信息都将匿名处理，谢谢您的帮助和配合。

　　一、受访学生基本信息

年龄：　　　　　性别：　　　　　所在学校：

　　二、访谈问题

　　1. 你上小学的时间是什么时候？

　　2. 你上小学的时候的学生课堂行为规范是什么样的？

　　3. 你上小学时候的课堂上师生之间的对答以哪一种为主呢？第一种是"教师引发—学生回答—教师反馈"、第二种是"教师引发—学生应答—学生反馈"、第三种是"学生引发—学生应答—学生反馈"。

　　4. 教师引发问题时，会有催促学生的行为吗？频率高吗？

　　5. 教师引发问题时，注重礼貌策略的使用吗，例如使用"请"或者"协商性的语气"？

　　6. 教师引发问题时，学生有急于表达自己的观点而打断教师的情况吗？

　　7. 回答老师的问题时，都必须要举手是吗？你回答问题时紧张吗？

　　8 回答老师的问题时，如果你没有答出教师的问题，你心里会有什么感觉？

　　9. 回答老师的问题时，同学们举手时，有没有那种站起来或者下座位的情况，或者不举手直接说话的情况？

　　10. 学生回答结束以后，教师是如何给予反馈的？

　　11. 如果学生的答案明显不是教师期待的那样，教师会打断学生吗？

　　12. 教师反馈时会注重使用礼貌策略吗？

　　13. 教师会把一些反馈的机会让给学生吗？比如请学生来评价其他同学的答案或者作业？

　　15. 你能回忆一下你上小学时候教室里的场景吗？比如教室里的座椅呈现方式？（可以呈现不同年代的教室里的图片，给予被访者"有刺激的回忆性访谈"）

　　16. 一节课上，教师提问的频率高吗？教师讲述、教师提问、学生讨论的时间占比大概是怎样的？（可以呈现一些不同年代的课堂教学视频）

　　17. 一节课上，对话的双方主要是"教师—学生群体"吗？学生个体之间有

没有出现直接使用第二人称的交流呢？（除讨论以外的情况）

18. 课堂师生对话中呈现的师生关系是怎样的？（可以从师生之间的"距离关系"和"等级关系"两个角度来谈谈）

参考文献

一、中文参考文献

（一）著作类

[1] 张宪军，赵毅．简明中外文论辞典 [M]．四川：巴蜀书社有限公司，2015．

[2]［英］诺曼·费尔克拉夫．话语与社会变迁 [M]．殷晓蓉译．北京：华夏出版社，2003．

[3]［美］乔恩·威特．社会学入门，第 3 版 [M]．北京：人民邮电出版社，2016．

[4] 刘虹．会话结构分析 [M]．北京：北京大学出版社，2004．

[5]［美］伊曼纽尔·谢格洛夫．对话中的序列组织 [M]．马文等译．北京：北京大学出版社，2013．

[6]［法］韦罗尼克·特拉韦索．会话分析 [M]．杨玉平译．天津市：天津人民出版社，2017．

[7] 刘运同．课堂观察与分析 会话分析路向的探索 [M]．上海：上海教育出版社，2019．

[8] 刘运同．会话分析概要 [M]．上海：学林出版社，2007．

[9] 肖思汉．听说 探索课堂互动的研究谱系 [M]．上海：华东师范大学出版社，2017．

[10] 徐翁宇．俄语对话分析 [M]．北京：外语教学与研究出版社，2008．

[11] 中国社会科学院语言研究所编．新华字典 [M]．北京：商务印书馆，2000．

[12] 张灵芝．话语分析与中国高等教育变迁 [M]．北京：清华大学出版社，2015．

[13]［英］霍恩比．牛津高阶英汉双解词典 [M]．李北达编译．北京：商务印书馆，2002．

[14] 辞海编辑委员会编纂．辞海 1999 年版彩图珍藏本 [M]．上海：上海辞书出版社，1999．

[15] 汉语大字典编辑委员会编纂．汉语大字典 [M]．第 2 版．武汉：长江出版

集团 ,2010.

[16]［美］詹姆斯·保罗·吉 . 话语分析导论 : 理论与方法 [M]. 重庆 : 重庆大学出版 ,2011.

[17] 黑玉琴 . 跨学科视角的话语分析 [M] 北京 : 北京大学出版社 ,2013.

[18]［美］卡兹登 . 教室言谈 : 教与学的语言 [M]. 蔡敏玲 , 彭海燕译 . 台北 : 心理出版社 ,1998.

[19] 侯钧生 . 西方社会学理论教程 [M]. 天津 : 南开大学出版社 ,2001.

[20] 于国栋 . 会话分析 [M]. 上海 : 上海外语教育出版社 ,2008.

[21]［德］欧文·潘诺夫斯基 . 图像学研究 : 文艺复兴时期艺术的人文主题 [M]. 上海 : 上海三联书店 ,2017.

[22] 陈向明 . 质的研究方法与社会科学研究 [M]. 北京 : 教育科学出版社 ,2000.

[23]［美］图恩·梵·迪克 . 话语研究 多学科导论 [M]. 重庆 : 重庆大学出版社 ,2015.

[24]［法］米歇尔·福柯 . 规训与惩罚 [M]. 北京 : 生活·读书·新知三联书店 ,2012.

[25] 孙立春 . 新课程改革实用导读 [M]. 济南 : 山东教育出版社 ,2003.

[26]［英］奥斯汀 . 如何以言行事 [M]. 杨玉成 , 赵京超译 . 北京 : 商务印书馆 ,2013.

[27] 靳玉乐 . 新课程改革的理念与创新 [M]. 北京 : 人民教育出版社 ,2003.

[28] 车文博 . 心理咨询大百科全书 [M]. 杭州 : 浙江科学技术出版社 ,2001.

[29] 陈国强 . 简明文化人类学词典 :[M]. 杭州 : 浙江人民出版社 ,1990.

[30]［美］安德森等 . 学习、教学和评估的分类学 布卢姆目标分类学修订版 [M] 上海 : 华东师范大学出版社 ,2008.

[31] 联合国教科文组织国际教育发展委员会 . 华东师范大学比较教育研究所译 . 学会生存 教育世界的今天和明天 [M]. 北京 : 教育科学出版社 ,1996.

[33] 钟启泉 , 崔允漷等 . 为了中华民族的复兴为了每位学生的发展《基础教育课程改革纲要试行》解读 [M]. 上海 : 华东师范大学出版社 ,2001.

[34] 车文博 . 当代西方心理学新词典 :[M]. 长春 : 吉林人民出版社 ,2001.

[35] 郭华 . 教学社会性之研究 [M]. 北京 : 教育科学出版社 ,2002.

[36]［日］佐藤学 . 静悄悄的革命 [M]. 李季湄译 . 北京 : 教育科学出版社 ,2014.

[37]［新西兰］约翰·哈蒂 . 可见的学习 教师版 [M]. 金莺莲 , 洪超 , 裴新宁译 . 北京 : 教育科学出版社 .2015.

（二）期刊类

[1] 谢延龙，杨春芳. 通向语言之途的教育—论教育的语言转向 [J]. 全球教育展望, 2008(08).

[2] 冯加渔. 课程研究的语言转向 [J]. 全球教育展望,2012,41(08).

[3] 熊华军. 教学过程：在语言理解中生成意义 [J]. 湖南师范大学教育科学学报, 2009,8(04).

[4] 肖思汉，刘畅. 课堂话语如何影响学习——基于美国课堂话语实证研究的述评 [J]. 教育发展研究, 2016,36(24).

[5] 韩民青. 实体与关系是相互依存的实在 [J]. 江西社会科学, 1997(07).

[6] 安桂清. 话语分析视角的课堂研究：脉络与展望 [J]. 全球教育展望, 2013, 42(11).

[7] 黄山. I-R-F 课堂话语结构刍议：发现、争论与再思考 [J]. 全球教育展望, 2018,47(05).

[8] 曹锦清. 问题意识与调查研究 [J]. 社会学评论, 2014,2(05).

[9] 代树兰. 会话分析的缘起与进展 [J]. 外语学刊,2015(06).

[10] 陈睿，海燕，柳英绿. 会话分析理论视域下的少数民族预科汉语口语教学 [J]. 语言与翻译,2014(04).

[11] 杨丽姣，熊文，徐丽芳. 对答结构的标注与应用研究——以汉语（二语）教学会话体语料为例 [J]. 云南师范大学学报（对外汉语教学与研究版),2015,13(03).

[12] 钟启泉. "课堂话语分析"刍议 [J]. 全球教育展望,2013,42(11).

[13] 彭亮，徐文彬. 国外课堂话语研究的主题与分析框架探析 [J]. 外国中小学教育,2018(09).

[14] 张弓. 教师课堂话语的三种组织形式分析 [J]. 教育理论与实践,2017,37(23).

[15] 郭慧. 会话分析研究与教师课堂话语构建 [J]. 教育理论与实践,2017,37(01).

[16] 黄焕，刘清堂，朱晓亮，王胜明，高桂平. 不同教学风格的课堂话语特征分析及应用研究 [J]. 现代教育技术,2013,23(02).

[17] 李丽华，谭素群，吴新华. 新手教师与专家教师课堂话语比较分析 [J]. 中国教育学刊,2010(11).

[18] 余闻婧. 从课堂话语看教师的教学关注 [J]. 上海教育科研,2011(06).

[19] 桑迪欢，张大群. 高校教师课堂话语中"叙事"理念的介入 [J]. 江苏高教 , 2014(04).

[20] 周学恒，邓晓明.近20年国内外语教师课堂话语研究综述 [J].中国教育刊，2013(S2).

[21] 滕飞.大学英语课堂中的教师提问研究 [J].教育理论与实践,2017,37(30).

[22] 董明.微观语境下的英语课堂教师提问：基于 SETT 模型的会话分析 [J].外国语文,2019,35(04).

[23] 杜朝晖，亓华.中级汉语会话课堂教师反馈研究 [J].语言文字应用，2007(S1).

[24] 张奕.中外教师言语反馈的会话分析 [J].郑州大学学报 (哲学社会科学版),2010,43(02).

[25] 袁妮娅.《课堂话语探究—行动中的语言》评介 [J].外语教学理论与实践,2013(02).

[26] ZoltánDornyei,SarahThurrell, 裴传林.集中讲授会话技能：课程内容和基本原理 [J].国外外语教学,1995(02).

[27] 董明.以"师说"促教学：英语课堂教师话语的会话分析与交互实践 [J].吉首大学学报 (社会科学版),2018,39(S2).

[28] 刘佳音，彭爽.韩国留学生汉语口语课堂会话修正功能研究 [J].东疆学刊，2018,35(01).

[29] 刘佳音，刘富华.汉语二语学习者课堂会话修正策略研究 [J].汉语学习，2016(02).

[30] 刘佳音.汉语二语学习者课堂自启自修型会话修正研究 [J].东北师大学报 (哲学社会科学版),2016(03).

[31] 吴勇毅，王玏.汉语二语课堂会话修正策略探究 [J].华东师范大学学报 (哲学社会科学版),2016,48(01).

[32] 范文芳，赵光晖.外语课堂教学会话中修正结构的多元化模式 [J].外语研究，2015(02).

[33] 兰良平，韩刚.教师身份构建—课堂提问遭遇沉默的会话分析 [J].外语界，2013(02)9.

[34] 田笑，黄金声.建构观下课堂会话身份研究——从 Zimmerman 会话身份理论到对外汉语示范课堂 [J].华文教学与研究,2015(04).

[35] 李颖.课堂会话的合作原则与交锋原则 [J].中国外语,2015,12(02).

[36] 张艳香，魏昕.促进学生物理论证能力发展的策略研究 [J].课程.教材.教法,2016,36(03).

[37] 邵发仙，胡卫平，张晓，张艳红，首新.课堂论证话语的序贯分析：小学生的科学推理 [J].华东师范大学学报 (教育科学版),2019,37(06).

[38] 吴媛媛，杨向东. 集体创造性写作中学生讨论过程的会话分析 [J]. 全球教育展望,2019,48（02）.

[39] 王阿习，王旭. 整合会话分析与文本挖掘技术来评价协作学习——访谈卡耐基梅隆大学著名教授卡洛琳·佩恩斯坦·罗泽 [J]. 现代远程教育研究,2017(06).

[40] 吴秀圆，郑旭东. 会话分析：社会学视角下课堂协作学习的多层次探索 [J]. 电化教育研究,2017,38(10).

[41] 周平红，张屹，杨乔柔，白清玉，陈蓓蕾，刘峥. 智慧教室中小学生协同知识建构课堂话语分析——以小学科学课程为例 [J]. 电化教育研究,2018,39(01).

[42] 李淑静.ESL 学习者如何提出、接受和拒绝"建议"：会话分析的视角 [J]. 外语研究,2010(01).

[43] 郭婷. 中级汉语口语课堂会话活动行动研究 [J]. 华文教学与研究,2019(03).

[44] 李战子. 从会话分析看英语口语课课堂活动 [J]. 外语界,1996(02).

[45] 胡洪强，陈旭远. 学生课堂话语：内涵、类型及其生成 [J]. 东北师大学报 (哲学社会科学版),2018(03).

[46] 王珊，潘亦宁. 论学生课堂教学参与"边缘化"的发生机制——基于个案的课堂话语分析 [J]. 教育理论与实践,2017,37(14).

[47] 戚亚军，庄智象. 课堂话语研究的范式演进与实践转型——从"会话"走向"对话"[J]. 外语教学,2017,38(06).

[48] 孙茂华，董晓波. 从霸权到共享：知识经济时代课堂话语的对话性 [J]. 现代教育管理,2014(02).

[49] 张光陆. 对话教学的课堂话语环境：特征与构建 [J]. 全球教育展望,2012,41(02).

[50] 赵冬臣. 杜郎口中学的课堂话语特征及其启示——以一节数学新授课为例 [J]. 上海教育科研,2011(11).

[51] 王兄，方燕萍. 课堂话语分析技术：以新加坡数学研究课为例 [J]. 教育学报,2011,7(04).

[52] 彭亮，徐文彬. 国外课堂话语研究的主题与分析框架探析 [J]. 外国中小学教育,2018(09).

[53] 彭亮，徐文彬. 课堂话语研究范式的回顾与反思 (1979 ～ 2015)[J]. 教育研究与实验,2016(05).

[54] 黄山.I-R-F 课堂话语结构研究的新进展——基于 70 项研究的文献回顾 [J]. 基础教育,2018,15(02).

[55] 黄小苹 . 课堂话语微观分析 : 理论 , 方法与实践 [J]. 外语研究 ,2006(05):53.

[56] 冯江鸿 . 课堂话语研究方法述评 [J]. 外语研究 ,2012(05).

[57] 张德禄 , 覃玖英 . 语义波理论及其在教师课堂话语分析和建构中的作用 [J]. 外语教学 ,2016,37(02).

[58] 张德禄 , 李玉香 . 多模态课堂话语的模态配合研究 [J]. 外语与外语教学 ,2012(01).

[59] 蔡敏 . 从语气理论角度看大学英语教师课堂话语的人际和谐 [J]. 东南大学学报 (哲学社会科学版),2015,17(S2).

[60] 彭静 . 功能语言学视角下教师课堂话语意识研究 [J]. 西安外国语大学学报 ,2015,23(02).

[61] 张立新 . 基于 ELAN 的多模态话语研究——以大学英语教师课堂话语为例 [J]. 现代教育技术 ,2012,22(07).

[62] 何安平 . 短语理论视角下的英语教师课堂话语探究 [J]. 外语教学理论与实践 ,2011(03).

[63] 李云霞 . 基于 COLT 量表的初级汉语口语课堂话语互动的个案研究——以三位教师为例 [J]. 东北师大学报 (哲学社会科学版),2016(01).

[64] 刘国强 , 汪华 . 多模态英语课堂话语效应研究 [J]. 中国教育学刊 ,2018(S1).

[65] 陈焕红 . 增强英语教师课堂话语效能的"立足点"[J]. 中国教育学刊 ,2019(08).

[66] 郑新民 , 徐建波 , 姚洋 . 微观层面的中学英语教师发展 : 能产型课堂话语语步 [J]. 外语学刊 ,2019(02).

[67] 张莲 , 王艳 . 通过课堂话语分析促进外语教师学习 : 一项实证案例研究 [J]. 外语与外语教学 ,2014(03).

[68] 赵炜 . 对外汉语教师课堂话语中的形成性评测——经验教师和新手教师对比研究 [J]. 语言教学与研究 ,2016(05).

[69] 胡青球 . 中外教师英语课堂话语对比分析——个案研究 [J]. 国外外语教学 ,2007(01).

[70] 张会平 , 刘永兵 . 基于语料库的中学英语教师课堂话语标记语研究 [J]. 外语教学与研究 ,2010,42(05).

[71] 咸修斌 , 孙晓丽 . 自然模式亦或教学模式——基于大学英语优秀教师课堂话语语料的分析 [J]. 外语与外语教学 ,2007(05).

[72] 刘学惠 . 英语师范生课堂话语的建库、分析和应用 [J]. 外语电化教学 ,2006(05).

[73] 谭芳.高校基础阶段通用英语课堂话语语料库的生成 [J].外语学刊,2015(05).

[74] 刘永兵,张会平.中学英语教师课堂话语语法复杂度——一项基于课堂话语语料库的对比研究 [J].外语电化教学,2011(03).

[75] 郭睿.初级汉语综合课教师话语的个案研究——基于两位汉语教师课堂话语语料的分析 [J].华文教学与研究,2014(03).

[76] 程晓堂.论英语教师课堂话语的真实性 [J].课程·教材·教法,2010,30(05).

[77] 康艳,程晓堂.外语教师课堂话语功能新框架 [J].外语教学理论与实践,2011(03).

[78] 刘红艳.语料库语言学与课堂话语研究 [J].教育理论与实践,2013,33(27).

[79] 辛斌,苗兴伟.话语分析的两种方法论略 [J].四川外语学院学报,1998(04).

[80] 邓旭东.介绍伯明翰学派的课堂对话描写体系 [J].现代外语,1988(04).

[81] 路扬.伯明翰学派话语分析法及其发展 [J].外语研究,1996(04).

[82] 田方,黄瑾.幼儿园数学教学活动中的互动分析——基于视频的微观情境分析 [J].学前教育研究,2019(07).

[83] 宋扬.课堂告知语篇构建模式分析 [J].社会科学战线,2018(07).

[84] 李永大.英语课堂去语境化的会话策略 [J].课程.教材.教法,2009,29(04).

[85] 袁萍.汉语语法课堂教学师生会话结构和功能分析 [J].语言文字应用,2016(04).

[86] 范文芳,马靖香.中国英语课堂上的 I-R-F 会话结构与交际性课堂教学模式研究 [J].中国外语,2011,8(01).

[87] 武小鹏,张怡.基于 TAP 的数学概念教学论证过程量化研究设计 [J].数学教育学报,2019,28(06).

[88] 周平红,张屹,杨乔柔,白清玉,陈蓓蕾,刘峥.智慧教室中小学生协同知识建构课堂话语分析——以小学科学课程为例 [J].电化教育研究,2018,39(01).

[89] 林正军,周沙.中学英语课堂教师反馈语的类型与特征研究 [J].外语教学理论与实践,2011(03).

[90] 徐尔清,应惠兰.《新编大学英语》课堂会话研究 [J].外语与外语教学,2002(03).

[91] 王蓉.大学英语教师的反馈话轮交际策略:比赛课堂与常规课堂的比较 [J].解放军外国语学院学报,2014,37(04).

[92] 江毅,王炜,康苗苗.基于行为序列分析的师生互动效果研究 [J].现代远距离教育,2019(06).

[93] 吴志华，周喜欢 . 基于 I-R-F 话语分析理论的课堂对话教学有效性分析 [J]. 中国教育学刊 ,2015(03).

[94] 夏雪梅 . 在传统课堂中进行指向高阶思维和社会性发展的话语变革 [J]. 华东师范大学学报 (教育科学版),2019,37(05).

[95] 卜玉华，齐姗 . 学生思维发展与英语教学对话结构的改进 : 话语互动的视角 [J]. 教育科学研究 ,2019(11).

[96] 黄小莲，刘力 . 我们需要怎样的课程改革——兼评《"新课程理念""概念重建运动"与学习凯洛夫教育学》[J]. 课程 . 教材 . 教法 ,2009,29(07).

[97] 王洋，贺成立 . 改革开放以来我国课堂教学实践价值取向的历史变迁 [J]. 东北师大学报 (哲学社会科学版),2018(02).

[98] 马云鹏 . 基础教育课程改革 : 实施进程、特征分析与推进策略 [J]. 课程 . 教材 . 教法 ,2009,29(04).

[99] 吕洪波，郑金洲 . 中小学课堂教学变革的基本认识 [J]. 教育研究 ,2012,33(04).

[100] 邱艺，谢幼如，李世杰，黎佳 . 走向智慧时代的课堂变革 [J]. 电化教育研究 ,2018,39(07).

[101] 刘美凤，刘希，吕巾娇，李佳燊 . 从微观课堂教学设计到学校整体变革——2016 年深度访谈美国瑞格鲁斯教授 [J]. 现代远程教育研究 ,2016(06).

[102] 谭积斌，杨满福，罗俊 . 用科学方法与适切技术实现课堂变革——马祖尔信息化教学改革的内涵与启示 [J]. 现代教育技术 ,2020,30(04).

[103] 谢阳斌，桑新民，耿学华，胡怡媛 . 如何以网络课程引领现实课堂变革——基于对"太极学堂"四大关键环节的认识 [J]. 现代远程教育研究 ,2017(06).

[104] 安富海 . 促进深度学习的课堂教学策略研究 [J]. 课程 . 教材 . 教法 ,2014,34(11).

[105] 马云鹏 . 深度学习视域下的课堂变革 [J]. 全球教育展望 ,2018, 47(10).

[106] 郑毓信 . 关于课程改革的若干深层次思考——从我国新一轮数学课改说开去 [J]. 开放教育研究 , 2006(04).

[107] 吴刚 . 奔走在迷津中的课程改革 [J]. 北京大学教育评论 ,2013,11(04).

[108] 余文森 . 国家级课程改革实验区教学改革调研报告 [J]. 教育研究 , 2003(11).

[109] 马云鹏 . 课程改革实验区追踪评估的最新报告 [J]. 教育发展研究 , 2005(09).

[110] 马云鹏 . 基础教育课程改革 : 实施进程、特征分析与推进策略 [J]. 课程 . 教材 . 教法 ,2009,29(04).

[111] 李琼，倪玉菁．从学生数学学习的追踪研究看新课程改革的实施效果 [J]．教育研究，2012,33(05).

[112] 肖思汉，德利马．基于视频的学习过程分析：为什么？如何做？[J]．华东师范大学学报（教育科学版），2017,35(05).

[113] 陈红燕．视频图像阐释中的复杂性：一种方法论的探析 [J]．华东师范大学学报（教育科学版），2017,35(05).

[114] 肖思汉．课堂影像拍摄与转录的若干议题：基于互动分析方法的探讨 [J]．教育学报，2013,9(02).

[115] 陈旭远，张娟娟．教学空间演变：基于 1988—2018 年教室的图像学阐释 [J]．华南师范大学学报（社会科学版），2019(04).

[116] 叶澜．让课堂焕发出生命活力—论中小学教学改革的深化 [J]．教育研究，1997(09).

[117] 宋广文，窦春玲．课堂教学心理气氛及其教育作用 [J]．教育科学，1999(02).

[118] 潘涌．国外教育思潮的融入与中国现代教育思想的价值演绎 [J]．清华大学教育研究，2011,32(04).

[119] 石鸥．试论师生关系中的阻隔与沟通 [J]．教育评论，1994(03).

[120] 刘欣，王慧莉．梅洛·庞蒂表达现象学中的基本向度——以思维、言语、身体三位一体解读为中心 [J]．北方论丛，2015(03).

[121] 宋振芹．和谐医患关系中医生的言语礼貌策略分析 [J]．医学与哲学（人文社会医学版），2010,31(01).

[122] 卢敏．汉语礼貌原则探析 [J]．学术界，2007(03).

[123] 刘威，刘占杰，王立．中国未识别民族文化权利保护——以湖南省沅陵县"瓦乡人"为例 [J]．北京化工大学学报（社会科学版），2015(04).

[124] 冉永平．话语标记语的语用学研究综述 [J]．外语研究，2000(04).

[125] 郭华．"教与学永远统一"再认识——教学认识论的视角 [J]．四川师范大学学报（社会科学版），2017,44(01).

[126] 刘书锋，刘学惠，郝靖．建构主义课堂解读 [J]．全球教育展望，2003,32(03).

[127] 孙丽丽．基于文件阐释法的视频分析与课堂模仿研究——兼论视频分析的方法论意义 [J]．华东师范大学学报（教育科学版），2017,35(05).

[128] 李寒梅，张朝珍．对思想政治课教学民主的内涵与特征的几点认识 [J]．课程．教材．教法，2007(02).

[129] 姜丽华．课堂教学民主的内核、结构及其实践张力 [J]．现代教育科

学 ,2019(03).

　　[130] 邵晓枫 . 解读教学民主 [J]. 教育发展研究 ,2007(Z1).

　　[131] 李寒梅 , 张朝珍 . 对思想政治课教学民主的内涵与特征的几点认识 [J]. 课程 . 教材 . 教法 ,2007(02).

　　[132] 谭丽华 , 任仕君 . 教师教学民主观调查——以 H 市初中教师为例 [J]. 教育与教学研究 ,2016,30(09).

　　[133] 赵静 . 略谈教学民主理论及其实践路径 [J]. 中国成人教育 ,2014(09):135.

　　[134] 李方 . 后现代教学理念探微 [J]. 教育研究 ,2004(11).

　　[135] 熊和平 , 赵鹤龄 . 后现代批判视角我国近 20 年的教学过程本质研究 [J]. 比较教育研究 ,2003(02).

　　[136] 韩立福 . 后现代语境下的教学话语转型研究 [J]. 教育理论与实践 ,2007(21).

　　[137] 刘万伦 . 建构主义教学思想及其在我国的本土化问题 [J]. 比较教育研究 ,2005(07).

　　[138] 王艳玲 . 从"客观主义"到"建构主义"：教学认识论的变革与超越 [J]. 全球教育展望 ,2006,35(09).

　　[139] 钟丽佳 , 盛群力 . 建构主义教学理论之科学性探讨 [J]. 电化教育研究 ,2016,37(10).

　　[140] 庞维国 . 论学生的自主学习 [J]. 华东师范大学学报 (教育科学版),2001(02).

　　[141] 邓莉 . 如何在教学上落实 21 世纪技能：探究性学习及其反思和启示 [J]. 教育发展研究 ,2017,37(08).

　　[142] 李慧 , 张民选 , 王全喜 . 美国探究性学习管窥与启示——以高中生物学科为例 [J]. 外国中小学教育 ,2015(08).

　　[143] 胡春光 . 教师角色：从吉鲁的批判教育学中反思 [J]. 华中师范大学学报 (人文社会科学版),2008,48(06).

　　[144] 罗莎莎 , 靳玉乐 . 教师角色的历史演变及其启示 [J]. 现代大学教育 ,2020(03).

　　[145] 项贤明 . 教育的场所———一种对教育现象时空特性的尝试性分析 [J]. 北京大学教育评论 ,2003(04).

　　[146] 杨东平 . 新课程改革的得失和深化——兼与王策三教授交流 [J]. 当代教育科学 , 2014(06).

　　[147] 吴康宁 . 个案究竟是什么——兼谈个案研究不能承受之重 [J]. 教育研究 ,2020,41(11).

[148] 欧阳嘉煜 , 汪琼 .I-R-F 课堂话语结构研究述评 [J]. 全球教育展望 , 2021, 50(05).

[149] 张德禄 . 论话语基调的范围及体现 [J]. 外语教学与研究 ,1998(01).

[150] 阳荣威 , 卢敏 . 后喻文化时代师生关系解构与重构 [J]. 中国教育学刊 ,2013(03).

[152] 张华 . 核心素养与我国基础教育课程改革"再出发"[J]. 华东师范大学学报 (教育科学版),2016,34(01).

[153] 崔允漷 . 新课程改变了中小学课型了吗 ?——基于证据的初中课堂教学形态分析 [J]. 全球教育展望 ,2015,44(01).

（三）学位论文类

[1] 彭亮 . 课堂话语研究的方法论探析 [D]. 南京师范大学 ,2017.

[2] 黄山 . 课堂话语研究 : 学术史的考察 [D]. 华东师范大学 ,2018.

[3] 张绍军 . 我国新世纪基础教育课程改革从课程到课堂走向研究 [D]. 湖南师范大学 ,2016.

[4] 于波 .20 世纪我国中学数学课堂教学变革研究 [D]. 西南大学 ,2008.

[5] 贺新向 . 基于课堂教学改革的学校组织变革研究 [D]. 华东师范大学 ,2017.

[6] 王东 . 未来教室的教育功能研究 [D]. 华东师范大学 ,2016.

[7] 张绍军 . 我国新世纪基础教育课程改革从课程到课堂走向研究 [D]. 湖南师范大学 ,2016.

[8] 郁志珍 . 小学科学教师回音（Revoicing）话语策略的实证研究 [D]. 华东师范大学 ,2019.

[9] 田笑 . 二语课堂会话身份建构研究 [D]. 武汉大学 ,2017.66.

（四）其他类

[1] 人民网 . 中国少年先锋队章程 [EB ／ OL].
http://politics.people.com.cn/GB/8198/48360/48562/3441008.html,2005-06-03.

[2] 中华人民共和国教育部 . 基础教育课程改革纲要（试行）[EB ／ OL].
http://www.moe.gov.cn/srcsite/A26/jcj_kcjcgh/200106/t20010608_167343.html,2001-06-08.

[3] 中华人民共和国教育部 . 国家中长期教育改革和发展规划纲要（2010—2020 年 ）[EB/OL].http://www.moe.gov.cn/jyb_xwfb/s6052/moe_838/201008/t20100802_93704.html,2010-07-29.

[4] 中华人民共和国教育部 . 义务教育语文课程标准（2011 版）[EB ／ OL].
http://www.moe.gov.cn/srcsite/A26/s8001/201112/t20111228_167340.

html,2011-12-28.

二、英文参考文献

（一）著作类

[1] Drew, P. & Heritage, J. *Talk at Work: Interaction in Institutional Settings* [M]. Cambridge: Cambridge University Press, 1992. 3.

[2] Gumpsez, J. J. & Hymes, *D. Direction in Sociolinguistics: The Ethnography of Communication* [M]. Malden, MA: Basil Blackwell, 1986.

[3] George Psathas. *Conversation Analysis: the study of talk-in interaction* [M]. London: Sage Publications,1994.

[4] Hutchby, I. & Wooffitt, R. *Conversation analysis: Principles, practices, and applications* [M]. Cambridge: Polity Press, 1999.

[5] Hugh Mehan. *Learning lessons: Social organization in the classroom* [M]. Cambridge: Harvard University Press, 1979.

[6] Lemke, J. L. *Talking Science: Language, Learning, and Values* [M]. Norwood, NJ: Ablex, 1990.

[7] Saville - Troike, M. *The Ethnography of Communication: An Introduction* [M]. Oxford: Basic Blackwell, 1982,

（二）期刊类

[1] Aukerman, M., & Pandya, J. Z. Research and Policy: Rethinking Common Answers to Critical Questions about Classroom Discourse [J]. *Language Arts*, 2013, 91(1).

[2] Cazden, C. B. New Ideas for Research on Classroom Discourse [J]. *TESOL Quarterly*, 1995, 29(2).

[3] Crichton, H. Production and reception formats: an alternative participation framework for analysis of classroom discourse? [J].*British Educational Research Journal*, 2013, 39(1).

[4] Chiu, M. M. Flowing Toward Correct Contributions During Group Problem Solving: A Statistical Discourse Analysis [J]. *Journal of the LearningSciences*, 2008, 17(3).

[5] Chin, C. Classroom Interaction in Science: Teacher Questioning and Feedback to Students' Responses [J]. *International Journal of Science Education*, 2006, 28(11).

[6] Chapin, S. H., O'Connor, M. C. & Anderson, N. C. *Classroom Discussions: Using Math Talk to Help Students Learn. 1st ed.* [M]. Sausalito, CA: Math Solutions Publications, 2003.

[7] Dafouz, E., & Hibler, A. "Zip Your Lips" or "Keep Quiet": Main Teachers' and Language Assistants' Classroom Discourse in CLIL Settings [J]. *The Modern Language Journal*, 2013, 97(3).

[8] Ewald, H. R., & Wallace, D. L. Exploring Agency in Classroom Discourse or, Should David Have Told His Story? [J].*College Composition and Communication*, 1994, 45(3).

[9] Eckert, A. Nilsson, P. Introducing a Symbolic Interactionist Approach on Teaching Mathematics: The Case of Revoicing as an Interactional Strategy in the Teaching of Probability [J]. *Journal of Mathematics Teacher Education*, 2017.

[10] Forman, E. A., & Ansell, E. Orchestrating the Multiple Voices and Inscriptions of a Mathematics Classroom [J]. *Journal of the LearningSciences*, 2002, 11（2-3）.

[11] Forman, E. A., Larreamendy-Joerns, J. & Stein, M. K, et al. "You're Going to Want to Find out Which and Prove It": Collective Argumentation in a Mathematics Classroom [J]. *Learning & Instruction*, 1998, 8(6).

[12] Ferris, S.J. Revoicing: A Tool to Engage All Learners in Academic Conversations [J]. *Reading Teacher*, 2014, 67(5).

[13] Flood, V. J. & Abrahamson, D. Refining Mathematical Meanings through Multimodal Revoicing Interactions: The Case of "Faster" [C]. *Paper presented at the Annual Meeting of the American Educational Research Association.* Chicago: IL, 2015.

[14] Goodwin, C., & Heritage, J. Conversation Analysis [J]. *Annual Review of Anthropology*, 1990, 19.

[15] Howe, C. & Abedin, M. Classroom dialogue: a systematic review across four decades of research [J].*Cambridge Journal of Education*, 2013, 43(3).

[16] Herbel-Eisenmann, B. , Drake, C.&Cirillo, M. "Muddying the Clear Waters": Teachers' Take-up of the Linguistic Idea of Revoicing[J]. *Teaching & Teacher Education*, 2009, 25(2).

[17] Herbel-Eisenmann, B. Steele, M., Cirillo, M. (Developing) Teacher Discourse Moves: A Framework for Professional Development [J]. *Mathematics Teacher Educator*, 2013, 1(2).

[18] Hattan, C., Alexander, P. A. Prior knowledge and its activation in elementary classroom discourse [J]. *Read Writ* 33, 2020.

[19] Kumaravadivelu, B. Critical Classroom Discourse Analysis [J]. *TESOL Quarterly*, 1999, 33(3).

[20] King, B. W. Inverting virginity, abstinence, and conquest: Sexual agency and subjectivity in classroom conversation [J]. *Sexualities*. 2014, 17(3).

[21] Kwon, O. N. , Ju, M. K. Rasmussen, C. , et al. Utilization of Revoicing Based on Learners' Thinking in an Inquiry-Oriented Differential Equations Class. [J]. SNU Journal of Educational Research, 2008, 17: 111-124.

[22] Lyle, S. Dialogic Teaching: Discussing Theoretical Contexts and Reviewing Evidence from Classroom Practice [J]. *Language and Education*, 2008(3).

[23] Mercer, N. The Seeds of Time: Why Classroom Dialogue Needs a Temporal Analysis [J]. *The Journal of the Learning Sciences*, 2008, 17(1).

[24] Macbeth, D. Hugh Mehan's "Learning Lessons" Reconsidered: On the Differences between the Naturalistic and Critical Analysis of Classroom Discourse [J]. *American Educational Research Journal*, 2003, 40(1).

[25] Mills, S. R., Rice, C. T., Berliner, D. C., Rosseau, E. W., & Rousseau, E. W. The Correspondence between Teacher Questions and Student Answers in Classroom Discourse [J]. *The Journal of Experimental Education*, 1980, 48(3).

[26] Mehan, H. "What Time Is It, Denise?": Asking Known Information Questions in Classroom Discourse [J]. *Theory Into Practice*, 1979, 18(4).

[27] Nystrand, M. Research on the Role of Classroom Discourse as It Affects Reading Comprehension [J]. *Research in the Teaching of English*, 2006, 40(4).

[28] O'Connor, M. C. & Michaels, S. Aligning Academic Task and Participation Status Through Revoicing: Analysis of a Classroom Discourse Strategy [J]. *Anthropology & Education Quarterly*, 1993, 24(4).

[29] O'Connor M.C., Michaels, S. *Shifting Participant Frameworks: Orchestrating Thinking Practices in Group Discussion. In D. Hicks (Ed.) Discourse, Learning, and Schooling* [M]. New York, NY: Cambridge University Press, 1996.

[30] Rounds, P. L. Characterizing Successful Classroom Discourse for NNS Teaching Assistant Training [J]. *TESOL Quarterly*, 1987, 21(4).

[31] Shein, P. P. Seeing with Two Eyes: A Teacher's Use of Gestures in Questioning and Revoicing to Engage English Language Learners in the Repair of Mathematical Errors [J]. *Journal for Research in Mathematics Education*, 2012, 43(2).

[32] Straehler-Pohl, H., & Gellert, U. Towards a Bernsteinian language of description for mathematics classroom discourse [J]. *British Journal of Sociology of Education*, 2013, 34(3).

[33] Sacks, H. &Schegloff, E. A.& Jefferson, G. A. Simplest Systematics for the Organization of Turn-Taking for Conversation [J]. *Language*, 1974(4).

[34] Thoms, J. J. Review of the Research Process in Classroom Discourse Analysis: Current Perspectives, by K. Cole & J.zuengler [J].*The Modern Language Journal*, 2010, 94(2).

[35] Tytler, R. Aranda, G. Expert Teachers' Discursive Moves in Science Class-room Interactive Talk [J]. *International Journal of Science & Mathematics Education*, 2015, 13(2).

[36] Wells, Gordon. Reevaluating the I-R-F sequence: A proposal for the articulation of theories of activity and discourse for the analysis of teaching and learning in the classroom [J]. *Linguistics and Education*, 1993 (5).

[37] Waring, H. Z. Using explicit positive assessment in the language classroom: I-R-F, feedback, and learning opportunities [J]. *Modern Language Journal*, 2008, 92(4).

[38] Walshaw, M., & Anthony, G. The Teacher's Role in Classroom Discourse: A Review of Recent Research into Mathematics Classrooms [J]. *Review of Educational Research*, 2008, 78(3).

（三）有 ISBN 号的论文集

[1] Schegloff, E. A. Discourse as an Interactional Achievement: Some Uses of "Uh huh"and Other Things That Come between Sentences [C]. *In: Tannen, D. eds. Ana-lysing Discourse: Text and TalkWashington*. DC: Georgetown University Press, 1982. 71-93.

（四）学位论文类

[1] Susan Jean Mayer. *Analyzing Agency and Authority in the Discourse of Six High School English Classrooms* [D]. Harvard University, 2006.

[2] Olsen, B. S. *Teaching what they learn, learning what they live: Investigating beginning teachers constructing knowledge* [D]. University of California, Berkeley, 2002.

[3] Kim, S. *An analysis of teacher question types in inquiry-based classroom and traditional classroom settings* [D]. University of Iowa, 2015.

[4] Garcia, R. *Teacher talk in the classroom and the war metaphor* [D]. Teachers

College, Columbia University, 2013.

[5] Lee, S. *Teachers' feedback to foster scientific discourse in connected science classrooms* [D]. The Ohio State University, 2012.

后 记

本书是我在博士论文的框架上丰富而成，写到后记，意味着研究将近尾声。经过长时间的努力，心里应该有一种即将完成任务的满足感。漫长的写作时光显得严肃而费劲，但后记可能是本书中最自由真切的部分了。几年读博时光确实不易，但如果时光倒转让我能再选一次，我还是会读的，这是一件在我人生的"日程表"上的要事，不能随意抹去。平时同学们总是调侃说博士生活辛苦，希望能早日"上岸"，但是通过与几年的工作生活相比，我反而觉得，人生大部分时候都是辛苦的，读博的日子因为专注而显得平静而幸福。人的一生总是要面对一个个挑战，好比一路升级打怪，每一次都需要用尽全身的力气，赢了一级之后，总有更难的在前方等你，就好像辛苦翻过一座山，就有一座更高的山映入眼帘，而身后的路已经消失不见，你只能往前走，走到路的尽头，可能也没有别样绚丽的风景。可能人生就像剥洋葱，一层一层剥到最后，什么也没剩下，意义都在过程里，或者说在这个"过程"中的"相遇""体验""反思""感激"里，最后相信一切都是最好的安排，心平气和地去走未来的路。

温暖的"相遇"

有时候在宿舍跟师门的姐妹讨论问题，其他室友会说很羡慕我们师门的温暖的氛围，因为大家是在"真诚地相互支持"。导师陈旭远教授对师门每个人的负责和关怀是这种氛围的基础，老师的"言传身教"使我们珍惜这种"相遇"的缘分，并且尽量地为同门提供善意的支持。老师坚持每周一次师门论坛，即使 2019 年做手术，也在出院后尽快恢复了论坛。每次汇报之前我都有些紧张，因为要面对老师和同门专业眼光的审视，但是经过大家的讨论，思路总是更为清晰，视野也更为开阔，知道了下一步努力的方向。几年来，我从这种讨论中获益匪浅，也感受到了专业学习的乐趣。

专注的"体验"

记得有次跟朋友吃饭，她说起我好像近两个月都没出过校门，之前一直没觉得，被她一说还真是，每天"三点一线"式的生活，很容易忘了今天几号，因为每天所做的事情并无区别，所以很容易淡忘时间的刻度。忽然想起小说里修行的人都说"山中岁月容易过，世上繁华已千年"，佛经里也有"果真心若不散乱，度日如弹指间"。可见如果心系在一件事上，往往注意不到时间的流逝的。我并不是那种特别优秀的博士，但是却很珍惜这种"专注于"一件事的体验，想到工作以后，可能很难有大量特别完整的时间，静下心来阅读、思考和写作了，就越觉得应该珍惜这段时间。

冷静的"反思"

回头看这几年的生活，有压力、有进步更有很多需要继续努力的地方。2017年刚入学时，得知毕业条件后，一边是"压力山大"一边是"一头雾水"，不知该从何处着手，只感叹自己低估了读博的难度。一年级主要是上课、参加师门讨论、听讲座。一年级结束才发现很多同学都已经发了C刊，羡慕焦虑之余开始尝试写小论文。二年级上学期写了一篇跟老师讨论，发现自己还是存在很多问题，在写论文这件事情上，根本没上道。二年级下学期才在老师的指导下完成了一个研究，写出了一篇符合学术规范的小论文，后来又在老师的帮助下完成了一篇。第三年一直为大论文忙碌，转眼就到了第四年，既感受到了学术道路的不易，也感受到了努力之下的一些进步。但是更多的是找到了以后需要继续努力的途径。例如每天精读至少一篇优秀的小论文；将"记录"和写作作为一种生活方式；以及透过常人方法学的理论视角，"对象化"自己的生活，并持续进行深入的思考；最终选择一种简单、充实而有意义的生活。

临别的"感激"

写到最后，最难以割舍的还是给予我谆谆教诲的师长们和亲爱的同学们，首先要感谢是我的导师和师母。老师不但在学术上循循善诱、润物无声，还和师母一起带着我们去净月潭徒步，去玩真人版CS，还在我们有需要的时候让我们住在自家的房子里，这些温暖细致的关怀滋养着师门每一个年轻的心灵，让大家即使毕业多年后还是留恋不已。还要感谢东北师范大学课程与教学论专业的教授们，以及师门的师兄弟姐妹们，感谢毕业之后还来参加师门讨论并提出宝贵建议的王洋师姐；感谢为我提供访谈信息的孙敬陶老师、马颖师姐；感谢常伴身边和总是一起讨论的范姐、清芸、俊杰姐、春艳。感谢每次师门讨论中为我提出中肯建议的师门论坛的各位同门：刘冰、王嘉平、陈良、林欣、王虹、崔蔓芸、赫子轩、潘迪、祖小禾、郭伟、张萌、尚丽娜、郭享、陈雨濛、宋秋颖、赵心宇、李哲、齐紫辰、王嘉慧、王博、韩佳妤、闫安、魏铭萱、鞠莹莹、连婉彤、张天琪、吴迪、李明莉、张馨瑶。为避免挂一漏万，顾此失彼，难以一一列举他们的名字，但是研究是在与大家的讨论和交流中推进的，没有你们的支持，就没有本书的完成。我们互为求学路上最珍贵的伙伴，在此致以我最真诚的感谢和祝愿，希望大家顺利毕业，前程似锦。

相信一切都是最好的安排

写到最后，忽然想起印度的那几句极具哲理的格言，"无论你遇见谁，他都是对的人；无论发生什么事，那都是唯一会发生的事；不管事情开始于哪个时刻，都是对的时刻；已经结束的，就已经结束了"。感谢这几年里遇到的人，一起做过的事，一起拥有的美好或沮丧的回忆。此时此刻，这段路都已经告一段落，我将带着这丰富而珍贵的回忆继续前行。